英格兰乡村漫步 上

张志雄 著

上海财经大学出版社

目 录（上册）

第一章
温德米尔和鲍内斯

雨中的鲍内斯小镇柔美朦胧，它和著名的湖区小镇温德米尔在一起，像一对姐妹。温德米尔有连通外界的火车，所以更为出名。

004

第二章
安布尔塞德和格拉斯米尔

023

格拉斯米尔也是小镇，在群山环绕之中。我觉得格拉斯米尔最美之处就是与雄壮的大山如此亲密，它就在小镇的眼前。

第三章
凯西克

050

凯西克别有一番风情，这是我看到的最美妙的湖区小镇，只是它在湖区最北方。大部分人从伦敦方向过来，会先选择湖区南部的温德米尔和鲍内斯等地。

第四章
利物浦

没想到利物浦的河滨区在 2004 年被列为世界遗产，因为它曾经是世界性港口，如今是文化之都。不过，在我的印象中，利物浦代表了英国的工业，见证了英国经济的兴衰。

078

CONTENTS

第五章
埃文河畔斯特拉特福

莎士比亚新居附近有一家二手书店,在 1963 年就开业了。我很好奇何以有如此多的好书出现在这里?

100

第六章
巴斯(上)

126

翡翠般的池水,蜡黄色调的石柱石板,摇曳的火光,穿罗马浴场工作服的男人,恍惚间有种穿越感?

第七章
巴斯(下)

146

我想再谈谈奥斯汀与张爱玲,她们都以写小资生活见长,但奥斯汀是开创者,张爱玲是追随者。

第八章
巨石阵和索尔兹伯里

我边走边感悟周围的房子,越来越觉得这里是"中世纪"的。我说的"中世纪",不是说它们都来自中世纪,而是说它们的建筑风格是不统一的、随意的,由历史积淀而来。

180

第一章
温德米尔和鲍内斯

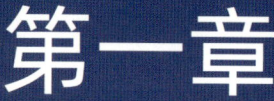

1

2019年夏天走读苏格兰两周后，我们从斯特灵（Stirling）往英格兰北部的湖区方向开，车程3个小时。行车2小时后，看到了"英格兰欢迎你"的字样。

这2个多小时走的是6车道的高速公路，在苏格兰可是少见。路上的车也很多，说明车道的设计符合车流需求。

英格兰湖区的面积相当于浙江千岛湖的4倍大小。我在那里安排了两处住宿的地方，就是考虑到湖区范围广大，不能住在一个中心辐射各个地方。

如果游客从伦敦到湖区（Lake District），先住在湖区南部的鲍内斯（Bowness）或温德米尔（Windermere）是合理的。而我们从北方的苏格兰南下，应该先去湖区北部的凯西克（Keswick）才对，这样只需要2个多小时就能到。

我设计行程时忽视了这点，先订了鲍内斯的酒店。

于是我们从高速公路下来，又开了45分钟才到酒店。

这段路就不好开了，路况很像苏格兰的山间道路，其实路途中的风景也很像苏格兰，只是稍微雅致一点吧。

我观察了苏格兰车况两周后，同意一位在英国的朋友的看法：他们貌似野蛮超车，其实是精确计算过的。

但昨天在苏格兰，我们看到对面车道上的一辆车超车了（也就是在我们对面的车道上驶过来），这时我们后面的一辆摩托车也超车了，迎面朝它冲过去。

我们只能佩服苏格兰司机都是好样的。

英格兰湖区的道路虽然是双车道，但每条车道都比苏格兰的窄。

我们的车大，今天的风也大，汽车有些飘。

不久，我看到一辆大白车远远驶来，但右边的司机、我的同行者胡杨一点也看不到。

我只能不断预报它疯狂开来了。

它是在上坡路，速度不减，在转弯处突然出现在胡杨面前。

胡杨遵守规则，一直在自己的车道上行驶，但一辆大车就这么迎面而来，毫不减速，让胡杨和我毫无安全感。

前面还发生过一件事。

胡杨要左转，他让了一些直行的车，见后面直行的车的距离很远，就左转了。

我在旁边也看到了。我是个谨慎到近乎胆小的司机，当时我也觉得后面车的安全距离足够了。

没想到后面车的车主非但不减速，还疯狂按喇叭，好像冒犯了他。

两个回合下来，我们异口同声地说："苏格兰司机牛，英格兰司机更牛。"

我发现英国人在没有开车时非常谦让，比如在超市里，他们无意识挡了你的道，都会说"对不起"。

可到了开车的时候，判若两人。这种毛病，其他国家的人有不少，但没有英国人这么多吧。

今天早上苏格兰下雨了，我们在高速公路上是雨中行。

希望湖区不一样，不下雨。

我们一直望着远方的光明处，希望那是蓝天的所在。

但一路上的天空依然是乱云飞渡。

到了湖区，天空还是乌云密布。不久，雨还是下了，并且没有停歇的意思。

天气也冷，只有15摄氏度。

2

我们抵达鲍内斯的乡村酒店已经快下午4点了。老板娘问我们是不是坐飞机来的,我们说是从苏格兰开车过来的,她听了脸色有些奇怪。

我们冒着雨去鲍内斯镇上的意大利餐厅吃饭。我儿子从小就在上海国际学校学习,英语是他学校的第一语言。但不知怎的,他在苏格兰生活了两周就染上了当地乡音,餐厅的伙计不得不纠正他的发音。我们在旁忍俊不禁。

结账时,餐厅提出要给小费。

在苏格兰只有一家餐厅提出可以给也可以不给小费,其他地方没有收小费的现象。

英格兰人不是老嘲笑苏格兰人小气吗?

马上有朋友在微信上提醒我们,现在英格兰地区很多饭店都把小费直接打入账单了。他印象中是从2017年开始,一开始不知道,在包含小费的基础上又给了小费。

胡杨则冷冷一笑:"哪有农村人收小费的?都是城里人收的。"

雨中的鲍内斯小镇柔美朦胧,它和著名的湖区小镇温德米尔在一起,像一对姐妹。温德米尔有连通外界的火车,所以更为出名。

我很想继续冒雨在鲍内斯的湖畔走走,但这种想法不受欢迎。儿子和他的胡杨叔叔一路上买了几张碟片,一直没机会看,黄昏后的乡村酒店正是机会。

我很理解。

他们没有我曾经风餐露宿漫游的体验,他们更喜欢虚拟的现实,而我觉得风雨兼程是旅行的一部分。既然小伙伴们喜欢宅在室内,百无聊赖的我就去观察一下自己住的乡村酒店。

其实这种乡村酒店很讨巧,客房内连冰箱都没有,我从小镇超市买来的意大

酒店房间的装饰很别致

利火腿,只能寄放在老板娘房间的冰箱内。

这家酒店房间号称有 37 平方米,但根据我往日住酒店的经验,实际面积应该少了一半。可我还是看到了老板娘的用心之处。

酒店的洗手间都有很敞亮的窗户对着外面的绿地,透过窗口就可以看到远处草地上的羊。这很难得,我们在苏格兰或欧洲其他地方,几乎都没有见过。

酒店房间的装饰很别致。鸭子玩具门档很可爱,其他的灯具虽不豪华,却也有设计想法。我过去为了装修自家的房子,几乎跑遍上海滩,最难找的就是一件符合周遭环境的灯具。

3

我还有事情可做,阅读《乡村生活》(*Country Life*)。

我大半年前计划来英格兰乡村,在英国陪女儿读书的朋友就推荐我订阅《乡村生活》。这本杂志是周刊,每周都会从英国寄到我们公司。

我年轻时开始做媒体工作。1991 年,我进入《上海证券报》,那时是全世界传统媒体(电视、报纸和杂志)的最高峰,没多久却江河日下,中国也不能避免。我在 2002 年创业,还是选择创办《价值》(*Value*)杂志,纯属延续年轻时的梦想而已,但没有顾及现实,坚持十多年后只能停刊。可我对杂志还是有情结的,所以对这份至少有百年历史的《乡村生活》很感兴趣。

我让同事萧亮等人将《乡村生活》的精彩文章与专栏翻译出来,然后大家讨论。我们很快发现,《乡村生活》杂志不同于我们熟悉的偏向大众的英文杂志,它有很强的乡土性、传统性和英国性,真不容易理解。

因此萧亮有过疑虑,我则认为,正是这种文化上的难解才最值得我们了解。我也买过几本有关英国乡村书籍的中译本,如《我们的村庄》《威尔特郡的乡野生灵》《一九〇六:英伦乡野手记》。但这些书至少写于一百年前,与今天隔了一层,我的感觉融不进去。

先看 2019 年 1 月 23 日的英国《乡村生活》杂志吧。

《痛苦与求助》(Oh, the Agony!)是杂志的一个专栏,属于读者来信栏目。我做媒体时,最关心的是与读者互动,当然会很在意这个栏目。

一篇标题是《美丽新世界》(A Brave New World)的互动内容如下。

读者求助:

我儿子已将近 6 岁,却还无法拼写他自己的名字。但他却能在电子设备上熟练地"滑动"或"缩放",查找英格兰的任何一处地点。最近还发现他在使用电子书,我跟他谈论过禁止在家中使用电子设备的问题。我担忧的是,学校更多使用的是电子设备,这样做是否会对他的学习产生不利影响?

栏目解答:

我知道这很令人遗憾,但恐怕这就是我们需要面对的美丽新世界。与曾祖父一代的图书馆、独具风格的书写、情书、文档以及美丽的办公桌说再见是一件既困难又痛苦的事,这是个巨大且令人叹息的改变。当我们这代人与墨水瓶、羽毛笔以及封蜡说再见时,我们的先祖可能也感同身受。

眼下的时代充斥着各种防火墙、花样繁多的网络诈骗、令人头大的手机套餐合约、饱含自恋色彩的自拍照、不靠谱的新闻以及各种网络欺凌,但这是个千变万化、时尚

酒店房间内的鸭子玩具门档

潮流风靡全球的时代。至少在这样一个瞬息万变的世界里，你的儿子可以向你解释那些不可思议的新科技。

4

《文化斗士雅典娜》（Athena Cultural Crusader）是《乡村生活》比较有思想性的一个栏目。雅典娜是智慧的象征，栏目的观点自然比较特立独行。

全球都进入了大众化时代，但"雅典娜"却认为我们不能被大众化思潮所绑架，专家的意见更为重要。

这篇文章的标题是《对专业性的罕见赞扬》（A Rare Note of Praise for Expertise）。

近期，英国广播公司（BBC）正在播出一档旨在找出最强舞者的王牌电

视节目《最强舞者》(The Greatest Dancer)。比赛没有年龄或表演形式上的限制,任何舞者都可以参与评选以竞逐50000英镑的奖金。舞者当着专家评审的面表演,而事实上真正决定舞者命运的却是隐藏在单向玻璃镜后方的大众评审(大众评审可以单方面看到舞者,而舞者却看不到玻璃镜后的大众评审,误以为面前的专家才是评委)。

当大众评审的支持率达到75%时,玻璃镜就会打开并露出坐在观众席上的大众评委,这就意味着舞蹈表演通过,可以进入下一轮的比拼。

鲍内斯小镇

虽然这样做是为了提高收视率，也备受观众推崇，但第一期节目上的一幕，却暴露了这一方式并不合理的一面。一位芭蕾舞者展示了精彩绝伦的表演，但支持率却没有达到75%，专家们为大众评审不公正的评价感到沮丧。他们甚至呼吁旁边的观众一起为该选手声援。

但最终玻璃镜还是没有打开，一位专家表示"我真的不能理解（如此精彩夺目的表演都无法晋级）"，另一位专家则评论说"我感到很失望，极其失望"。

这虽然只是一档娱乐节目，却给我们上了极为严肃的一课。令人诧异的是，"公众意见可以决定文化政策"的观点已经被政府以及其他领域的机构广泛接受。比如去年，遗产彩票基金会（the Heritage Lottery Fund）就在咨询文件中表达自己"捍卫国民遗产的民主性，珍视且希望传承到未来"的态度，也就是说，允许民众来定义何为遗产，以及什么东西应该成为遗产，同时鼓励以社区推动的方式来处理当地遗产与传统文化。

雅典娜承认公众对艺术、文化与遗产的支持是极为重要的。而且，当看到有很多人陶醉于各种活动、文物的展出以及寻访历史古迹时，她感到非常高兴。但是，雅典娜坚持认为，这些东西的重要性并不仅仅在于其流行性或是否广受欢迎。

事实上，经验、知识以及对事物的理解，三者一同构筑成专业性的基础，同时又与不同的文化形式密不可分。只有那些术业有专攻、钻研非流行文化的人，才能给大众带来新的认知、令人感兴趣的内容以及全新的素材。

5

2019年1月23日的《乡村生活》有一篇特写《让我们开始编织吧！》（Get Weaving），摘译如下：

9月一个阳光明媚的上午，在萨默塞特平原地区的穆斯格雷夫家族农场（Musgrove family farm）上，一片柳海随风荡起阵阵涟漪。柳枝相互摩挲，沙沙声与低语声互相交织，犹如管弦乐队在演奏一般。艾伦·穆斯格雷夫（Ellen Musgrove）带我一边沿着柳条畦前行，一边告诉我不同柳条品种的名字：迪基草坪（Dicky Meadows）、佛兰德红（Flanders Red）、蓝色条纹（Blue Streak）、布列塔尼绿（Brittany Green）。她在一堆栗色枝干前停了下来，"这是'黑槌'（Black Maul），当地种植最广泛且最适宜加工的品种。它用途广泛，从篮子的编织到栅栏的制作，可以满足包括编结、修边、捆扎、方形工件、表面装饰以及镶边在内的所有加工要求。"

另一边则是花艺师钟爱的有着扭曲怪异枝干的龙爪柳，还有粉色或蓝色的可供试用的细柳条枝。"各品种间的差异在于所需的浸润与软化程度不同，"穆斯格雷夫解释道，"必须软化至木心，然后，柳枝自己就会变得像琴弦一样富有弹性。如此一来，你就可以对它进行捆束、编织，还有打结的操作。"

我们来到一处高大的大棚屋内，几名年轻人正在制作柳木棺材。马丁现年24岁，6年前从家乡拉脱维亚来到这里。"他是我们团队中最年轻的，但也是速度最快的。"穆斯格雷夫称赞道，"他能够在一周5天内制作7副棺材。"马丁点头示意，说道："我热爱我的工作，这份工作对我来说驾轻就熟。有时候，家族的人会过来参与编织工作，我很高兴可以帮助他们。"

公司已经传到了穆斯格雷夫家族的第四代人手中，随着绿色殡葬的兴起，公司在9年前开始加工柳条棺材。"我们从最初的1名编织工，发展到现在的7名全职编织工，"穆斯格雷夫女士说道，"同时，园林设计对柳树的需求很大，比如使用柳条打造穹顶、隧道，制造拱门和框架等，创意家和艺术家都需要用到柳树。我们比往常更繁忙了，同时还种植了20英亩（约8万平方米）柳树。"柳木似乎迎来了自己的黄金时代，这与以往的情况不同。二战后，风行塑料和其他制造材料，那时的柳木贸易极为萧条，穆斯格雷夫家族是最早开始种植柳树、存活下来的两家之一。

6

再看看2019年1月23日的杂志文章《此处有金子》（There's Gold in Them Thar Hills）中的片段。

这是苏格兰的一个寒冷而美丽的清晨，佩斯郡（Perthshire）的山丘上覆盖着一层白霜，艾伦·苏特（Alan Souter）正在一条小溪边向我传授淘金的基础知识。淘金的第一条准则令我印象深刻，那就是要为淘金的位置保密，万一不小心发现的是苏格兰的"黄金之国"呢？第二条准则则是：淡定一些，不要寄予过高的期望。

苏特先生兴高采烈地说："佩斯郡可能是苏格兰最好的黄金产区，即使我们今天只找到0.1克，那也已经非常幸运。"我们准备穿上防水靴在冰冷刺骨的水中待上一天。"这和钓鱼是一样的——都是在寻求刺激。"

事实上，这确实是一样的：按照目前全世界范围内的价格来看，0.1克的黄金价值约为3英镑。然而，黄金热就是对巨大成功的梦想。最近几年来，随着诸多发现黄金的奇闻轶事的发生，苏格兰正在迅速变成另一个克朗代克

（Klondike）（加拿大育空地区的克朗代克流域曾经是一个热门淘金地区）。从前在那里只有寥寥数名淘金者，而现在队伍已经发展到数百人了。

据报道，一名神秘的淘金者曾于2016年在一条无名的苏格兰河中捞到了重达85克的金块，这是英国有史以来发现的最大的金块之一，价值约为5万英镑。此条消息一出，人们深受鼓舞。2015年，有人在旺洛克黑德小镇的洛瑟山涉矿村（Lowther Hills, Wanlockhead）附近发现了价值1万英镑的特大金块，而19世纪一块马头大小的金块也是在这里被发现的。

事实上，像这样大的金块非常罕见，它们通常隔几个世纪才会出现一次。话虽如此，如果说有人能帮我找到类似大小的金块，那这个人一定是苏特先生。他曾经是一名来自斯佩塞（Speyside）的地理老师，现年75岁的他已经拥有50年的淘金经验了。他那浓密的黑色眉毛和白胡须很容易让人们联想起当年加州淘金热中的淘金者。二者区别在于他会驾驶着自己的房车四处探索，而不是像当年的淘金者那样骑马游荡。

这并不意味着淘金的艺术相比过去发生了很大的变化。苏特先生拿出一口老式煎锅，递给我一支铺有网格的小砂锅大小的碗。我们从河床上舀起了许多砾石，然后将其中那些相对较大的石块给筛了出去。

然后剩下的就是一种由淤泥和更为细小的砾石所组成的糊状物，这"可能会让你一夜暴富"。如果足够幸运的话，我们最终可能会在里面找到一些黄金微粒。借用淘金热流传下来的一句话——我们必须看看事情是如何进展的。

7

黑夜风雨中，羊似乎在叫唤。我们所住的鲍内斯酒店对面的草地上有很多羊。

我们在苏格兰洛蒙德湖（Loch Lomond）湖畔的农场时，眼前都是牛。现在满眼都是羊。

微信朋友圈留言道："对晚上睡眠有帮助。"

8

来英格兰的第二天，早上5点多，我发现外面没有下雨，开始兴奋。不到7点，我就起来了。昨天到这里后就一直在下雨，不能尽快了解湖区的人情风貌，让我不免有点失落。

先从酒店右侧的对面走起。

一个农场里两只棕灰色的兔子在奔跑，门口立着一个出售的告示牌。胡杨读了当地乡村杂志广告，知道英国农场普遍偏小，只有加拿大农场的十分之一。

农场旁边有一条路，进去不久，就见到一些人家，给我印象深刻的是路旁的树林极为出彩，每家每户的花园都在努力装扮经营着。

我在苏格兰已经注意到英式花园与日本园林神奇地相似，今天感受更深了，这里的一些场景可以照搬到日本去。英国与日本的花园都质朴自然，求真，尽量减少人工的痕迹。这里的苍苔石头、道路、墙和树，无不让我想到日本。

我终于走到路的尽头，那是一大片草坪，有只野兔跑了过去。

9

我们回到乡村酒店喝口水，重新出发，酒店对面的转弯处有一条路。走进去，里面只有一户人家，唯一特色是门口像放石狮子那般摆放着两座玩具式的大炮。如果在风水盛行的亚洲文化圈，我会认为这样的布置是有想法的，但在这里就不清楚了。

左手边有一条大路，路右边竖着一块酒店的牌子，我走进去转了转，发现乱乱的。我想当然地认为这片地区都是以干净美丽为荣的，因为环境对人是有影响的。其实未必。

这时我发现马路对面有一条路，便走了过去。从路牌上看，这是一条私家道路，也就是除本地主人外，其他人是不能走的。

我直觉里面很深，很深。

我见路口标牌有酒店名字，自己可否作为酒店的早餐者进去看看？

这条路真是很长，走了一段路后，两边突然开阔起来，一边的草地上两匹马在吃草。这里的住家比我刚才去的农场附近的那块区域更为阔大。

再走一段森林般曲径通幽的路，前面出现一大块平地，这是酒店所在了。

但私家道路还没到尽头，只不过路边醒目的牌子上，用英文、日文还有中文明确告诉我这种好奇者：请止步。

我在牌子旁边徘徊了一会儿。

如果仅仅是好奇，我就转身回去了。

可我有另一种理由要走进去，不是为了寻找美。

我拿出早年职业记者的精神，即便遭到里面的人嘲讽，也要走完这段路。

我小心翼翼地走进这片私人领地，里面果然大气。我觉得要修正之前认为的英国与日本园林相似的观点。因为英国的精品花园真是大气，而日本人是"螺蛳壳里做道场"，格局还是小。

这里每一家的环境都是内有花园，外面被大片的树木包围着。

太阳突然出现了，阳光照在花园洋房和树木上，真是灿烂。

要回去了，我边往回走，边再次审视周边的环境。

酒店标牌

我住的乡村小酒店虽然舒服美好,然而中国只需一代人就能达到这个水准。但我现在身处的环境,中国几代人都未必赶得上。

英国传统是私人的利益最重要,而重中之重是财产权。只有注重财产权,环境才会越来越优美。

我们回到酒店。

我的小伙伴胡杨是第一次来英国。我告诉他:根据我这么多年研究和观察英国的经验,我形容英国就是一个字:深。

永远不要小看英国。它不动声色,藏富于民。

鲍内斯乡村酒店的餐具

我们经常说低调的奢华,这用在英国人身上才合适。

在酒店用早餐时,不禁哑然失笑。

我8年前来到英伦,回上海写了一本《思想英国》。我这次来苏格兰和英格兰,避开大城市,只走乡村,就是避免思想。我对这场乡村之旅的愿景是遇见美好。

没想到刚才又"思想"了。

10

鲍内斯乡村酒店的每日早餐由很和善的老板亲自服务,他和妻子就住在一楼餐厅旁。今天他家的大黑狗偷偷溜到餐厅,头高高抬起,想吃我们的早餐,它见我们始终无动于衷,发出了不愉快的声音。

小餐厅不仅窗外风景佳,食物味道也不错。细心的朋友看到我在朋友圈发的餐具,查到这是英国名瓷波特梅里恩(Portmeirion),是设计师苏珊·威廉姆斯-埃利斯应父亲要求专为他们居住的乡村小镇波特梅里恩设计的,其中植物园(Botanic Garden)系列从20世纪70年代起就大受欢迎。

瓷器设计师苏珊

第二章

安布尔塞德和格拉斯米尔

1

虽然我昨晚只睡了 4 个小时，今天还是兴致勃勃地去游览湖区知名小镇安布尔塞德（Ambleside）。

我进入安布尔塞德后，马上将它命名为"石头小镇"。镇上的石头建筑很不上镜，可我在现场分明看到这些砖石是五颜六色的，只是很低调，没有夸张的亮色。

这些石头看似黑压压的，其实是大自然的原色。

我爱极了这种大自然的原色，更何况有这么多漂亮的小酒店和鲜花的衬托。

安布尔塞德教堂也是石头垒的，教堂前面的石头上写着："我要向山举目，我的帮助从何而来？我的帮助从造天地的耶和华而来。"

我每次读到这些文字，就觉得《圣经》中文译得太美了。每个不懂汉语的人，都会为读不懂中文《圣经》而遗憾吧。鲁迅的弟弟——出色的散文家周作人说过，他的白话文写作来自阅读中文《圣经》。

教堂对面是教会的活动中心，教友们正在聚餐，他们也邀请我们一起午餐。

但我的小伙伴们说自己的胃口已饱，无可奈何。

我是希望在里面哪怕喝一碗汤也好。

这是与当地教友交流最畅快的时候了。

继续看石头房子吧。

最热门的景点是 17 世纪英国常见的小型"桥屋"，就是架在河流上的房子。当时是为了逃避税收，因为它建在河上，不是在土地上。

我更喜欢桥屋另一边的房子和树丛，每栋房子的后花园都倚河而建，小桥流水人家。英国的绣球花颜色典雅，白中透着粉红，跟房屋墙面自然的石头搭配起来真美。

2

我们在河边看到一家很小的杂货店，里面的东西很好玩，但没有开门。我们问旁人才知道，这家店也是旁边一家餐厅和咖啡馆老板开的，他在修水磨坊呢。

老板一会儿赶来了，得知我们是中国人，就说自己多年前到过上海和西安等地，记得长江。

店里有3副望远镜，其中两副望远镜来自巴黎的网球俱乐部和赛马俱乐部，我们去年冬天观看过巴黎赛马会，就选后者吧，作为怀念。

我们买了3件东西。

老板说总价43.5英镑，打个折，收40英镑。

我们出来后，儿子突然说："不对，老板算错了，应该是53.5英镑，我们要再给他10英镑。"

儿子跑回店里，我尾随，看老板反应。

老板一脸惊诧，然后说这是自己的错误，既然成交，就不能再收钱。

儿子则坚持把钱塞他手里，他最后收下了。

我们在捕捉湖区小镇的风味，胡杨则根据当地房产商的橱窗和纸质资料，了解到安布尔塞德和温德米尔的房价情况：比较好的公寓一套30万英镑左右；独栋房屋一般都是两层带私家花园，价格40万到60万英镑；庄园80万至110万英镑。

胡杨说，这些价格的房子都是他看得上的，看不上的比这些价格还低。

胡杨看到湖区求售的庄园，最贵的是130万英镑。

我们中国人即便买这些房子，也是出租，获得固定收益。我们是无法融入英国乡村社会的，伦敦才是中国人最容易待得住的地方，它发展多元化，包容性强，但生活成本也昂贵。

安布尔塞德教堂

3

下午我们去湖区的另一个小镇格拉斯米尔（Grasmere）。路上看到一群鸭子在绿色山坡上，显得生机勃勃。小镇外的停车场旁有一群羊在大树下乘凉。

停车场不远处就是19世纪英国浪漫派诗人华兹华斯（William Wordsworth）的故居鸽舍（Dove Cottage）。华兹华斯也被称为湖畔诗人，今天湖区这么有名，与他有关。

我大学的时候读过他的一些诗歌，就想象湖区的情景，梦想有一天去那里。

遗憾的是，鸽舍在维修，无法参观。

管理人员说可以买票观看展现鸽舍的视频，我马上拒绝。本来名人故居虚拟的成分就多，我来这里也就是抒发一下感情，不会在"虚拟的虚拟"上浪费时间。

好在英国《经济学人》编辑安·沃罗（Ann Wroe）写过一篇鸽舍的游记《华兹华斯永恒之光》，给我印象不错，摘录几段：

鸽舍位居格拉斯米尔镇，是华兹华斯的家宅。1799年到1808年间，他经常散步后回到这里，在此孕育许多他最好的诗。他的写作生涯非常长，一直到1850年。然而最后几十年间，缪斯女神并不经常眷顾他，创作并不很出色。他像丁尼生一样成为英国知名的诗人，创作丰富但不尽然精彩。相对来说，他一生中在鸽舍写下的诗特别出色，抒情而浪漫。

这些诗歌充满了神的感召，事事物物充满了天堂的圣灵之光。因为鸽舍非常昏暗狭窄，显出诗的灵动，特别吸引人。这栋白色小屋的北边、南边和东边都是陡峭的山坡地，只有在西南边开阔地面对格拉斯米尔湖和环绕的山峦。华兹华斯的妹妹陶乐丝常说："多彩多姿的云朵和它们的影子追逐着山峦。"

威廉·华兹华斯
浪漫派诗人
1770—1850 年

出生时我们睡眠我们忘怀：
灵魂像星辰一样升起，
曾在他方沉寂，
悠远而至；
非全然忘怀，
亦非全然赤裸，
伴随恩典荣耀
我们来自上苍
祂是我们的归属。
——《永生颂》（节选）

凝视天上的彩虹，我心悸动
初生之时，曾经如是；
我已成年，理当如斯；
我将衰老，依然如故；
若非如是，宁断吾身。
——《每当我看到天上的彩虹》（节选）

绵密如星辰
在银河里闪烁
无垠地伸展
在水之湄；
一眼望穿千万朵
颔首恣意妄情地舞。
——《咏水仙》（节选）

4

格拉斯米尔也是小镇，在群山环绕之中。

小镇一直在发展旅游业，建筑都是以花岗岩和石板岩的材质为主，还有艺术品商店、餐馆、姜饼店等。但20世纪30年代英国出版的《巴茨福德旅行指南》就对小镇的维多利亚时期的建筑风格颇有微词："19世纪的房子里充斥着上流社会所谓的绅士风范，挨近它们都会让人心生厌恶。这些建筑看上去似乎哪儿都不对。石板瓦颜色毫无柔和之美；屋顶看上去粗陋无比，让人心生寒意；山墙又宽又丑，木制的镶边看上去俗不可耐；满眼皆是拱形窗，75%的房子都会用竹制桌子和蜘蛛抱蛋做装饰。"

格拉斯米尔教区教堂的最大特色是铺满了芬芳的干草。教堂人员告诉我们，13世纪时，教堂所在的地下埋葬了人们的遗体，为了冲淡味道，铺了这些干草。

我怎么记得在某地的教堂也听到过类似的故事呢？

传统就此保存下来了。

这个传统好不好？见仁见智，但他们延续下来了。

这才是保存传统的精髓。

我们则经常用所谓的新观念破旧事物，结果传统荡然无存。

我觉得格拉斯米尔最美之处就是与雄壮的大山如此亲密，它就在小镇的眼前。

5

黄昏时分我们回到鲍内斯小镇。这里中国游人甚多，有的餐厅出现了中文字体。

格拉斯米尔教区教堂

在镇上一家很不错的餐厅享用晚餐，1公斤牛排供两人食用，做得很好。青口也鲜美，尤其是最后用面包蘸汤汁，好吃。意大利面倒是一般。

晚餐后，走到鲍内斯湖边，我喜欢一丛丛的紫色小花，虽然光线不好，可它们还是给人以生气。

我们登上山丘平台，来到小镇上最好的一家酒店，居高临下看湖，前面是一大片蓝色的绣球花，挺好。普通房间价，每晚4700元人民币。

6

具有百年历史的《乡村生活》杂志把一些很奇怪的栏目保存到现在。

比如它有一个对比栏目：《乡村老鼠》（Country Mouse）和《城镇老鼠》（Town Mouse）。

2019年1月30日的《乡村生活》的《乡村老鼠》栏目的标题是《大自然的生命之吻》（Nature's Kiss of Life）。

虽说春季阳光明媚，空气中弥漫着椰子与香草的浓郁气息，其芬芳点燃了花朵绽放的光芒，但对于春季来临前的浪漫主义者来说，那句"当荆豆过了花期，接吻也就不合时宜"（When gorse is out of bloom, kissing is out of season）的古老乡村谚语带给他们的无疑是一个好消息。为什么这样说？那是因为作为一种多刺灌木类植物，你每个月都能看到盛开着的荆豆花。它的特别之处就在于从来不会向季节的变化妥协（这句谚语真正想表达的含义是：荆豆花始终在绽放，不存在花期的问题，既然如此，那任何时候接吻都是适宜的，这种谚语自然会为浪漫主义者喜欢）。

但是狩猎季还没有结束，我最后一天登上了奇平卡姆登（Chipping

Campden）附近的科茨沃尔德（Cotswold）丘陵。事实证明，因为山区陡峭的驾车路线，这已然算得上是最佳选择了。首先映入眼帘的是一片榉木林，树木巍峨地矗立，在微风中温柔地抚摸着天空，但榉木林开始消退的迹象已经出现，未来可能会失去它们。

我们正在失去各种珍贵的林木，政府却没有将其视为优先处理的问题，我感到无比心痛。

如果你从其他地方驾车经过，或可看到迅疾掠过留茬地的山鹑与绿地上空的野鸡。这是一个让我们可以充分享受乡村美景的瞬间，但令人伤感的是，未来一些美景可能不复存在。

《城镇老鼠》栏目的标题是《家居装饰》（Home Improvements）。

本周，我们庆祝了孩子入学考试季的结束。我很久之前就承诺过，带他去伦敦皮卡迪利大街（Piccadilly Street）来上一份傍晚茶，作为对他努力学习的奖励。但这就意味着我要额外完成另一项艰巨任务：对于另一个无法一同前往的孩子，我应该如何平复他内心颇为嫉妒的不满情绪呢？

在关于生命不公的一番激烈辩论后，我们终于骑上自行车出门了。领着孩子穿过伦敦市中心是一种全新的体验，自行车道是新修的，整个出行也变得轻松愉快了。进入海德公园后，我的心情一下子好了不少，以至于我欣然接受了孩子想参观阿普斯利宅邸（Apsley House）的请求。

我们对于拿破仑究竟是怎样一个人有些困惑，安东尼奥·卡诺瓦（Antonio Canova）那尊将拿破仑塑造成和平缔造者的大型裸体雕像对于解答我们心中的疑问没有任何帮助。一直以为英国士兵身着蓝色外套的错误观念，使得我们观看滑铁卢战役画作的时候有些茫然。但不管怎么说，里面丰富的内容还是给我们留下了深刻印象。

回到家中，让人感到安慰的是我们还留有一些傍晚茶后剩下的糕点。我们一边拿着橙红色的奶油松饼大快朵颐，一边议论着家中简陋的桌子。要是上面能摆放一些阿普斯利宅邸那样的银质装饰品该有多好？不过上面得改成动物图案并插上鲜花。唉，这房间本来也配不上那样美丽的装饰品，更别提这桌子还有资金的问题了。

7

我和同事萧亮不清楚《乡村生活》把乡村和城市两只"老鼠"放在一起的用意何在，也许编辑在有意无意间突出英国乡村生活美好的一面，同时又辅以城镇生活无奈或困扰的一面加以衬托。

再看 2019 年 2 月 20 日的《乡村生活》杂志的两只"老鼠"。

波特的故居

《乡村老鼠》栏目的标题是《夜深人静》(In the Dead of Night)。

我习惯于晚上带着自家宠物狗出去散步,它是一只名为尼姆罗德(Nimrod)的拉布拉多。此时的月亮通常会躲在淡淡的云层后面,但昨晚那缥缈的月光实在是太过明亮了,搞得附近像是点了灯似的。光线非常不自然,以至于我几乎能看到草地上那渐渐结起的冰霜。现在是晚上10点,而这亮度就像白昼一般,一旁的尼姆罗德也是满脸困惑。

我丈夫西蒙在外面晾着一些鸡肉,一只仓鸮正在上面大快朵颐,它掠过我们头顶,同时发出了令人汗毛直立的叫声,旁边的尼姆罗德也被吓了一跳。

几分钟后,山谷另一端传出了雌狐那高亢且让人毛骨悚然的嘶叫声,我甚至怀疑这是人类在极端痛苦下发出的悲鸣。我丈夫西蒙当了40年的猎场看守,他不知花了多少夜晚来追寻狐狸的踪迹,也对狐狸的狡诈与勇气极为佩服。

波特世界博物馆

在他看来，狐狸们一直在"奔跑"——这是雄性为了寻找配偶而远行，我们经常听到的是雌性的尖叫声——雌狐通常会在3月产下一窝幼崽。

《城镇老鼠》栏目的标题是《猜猜是谁？》（Guess who？）。

本周，我妻子一直在中东旅行，这是我们不甚了解的一部分世界，她寄回了博物馆、城堡、清真寺以及阳光下被棕榈树环绕的海岸线的照片，这番景象与2月的伦敦相差甚远。我希望能在她回来的时候给她一个惊喜。听说她要回来，一位朋友给我发了一张1961年他在军用飞机上拍摄的阿布扎比（Abu Dhabi）（阿拉伯联合酋长国中最大的酋长国）的照片。

妻子外出的这段时间正巧碰上情人节，虽然情人节并不是我特别关心的节日，但孩子们看到我情人节独处后还是有些不安。为了平复他们的担忧，我同意放学后举办一个小小的情人节餐会，换句话说，来一次添加了布丁蛋糕的晚餐。后来，我非常感动地发现了两张匿名卡片，其中一张被小心翼翼地做成了心形，立在我的床头柜上。另一张制作相对粗糙一些的则被放在了我的办公桌上。上面写着"给爱一个机会"，以及颇为直白的告诫"不要发脾气"。我想不出还有谁会如此了解我了。

8

来英格兰的第三天，早上11点出发，去创作《彼得兔的故事》的女作家毕翠克丝·波特（Beatrix Potter，1866—1943年）的故居丘顶（Hill Top）。车到达目的地，发现这个叫丘顶的地方没有任何景点的迹象。

这里的家居环境不错，我们也就停车瞧瞧。这时出来一位慈眉善目的老太太，问我们："有什么需要帮忙吗？"

我们问她，波特的丘顶在哪里啊？她指给我们路线后，告诉我们这地方共有四个丘顶，人们经常弄错。

看来，老太太已经习惯家门口突然冒出一辆汽车，里面的人很迷茫地环顾四周。

我们再次搜寻波特的故居丘顶，发现它今天不开门。

我们只能开回鲍内斯小镇，去看波特世界博物馆（The World of Beatrix Potter）——展示女作家笔下各种生动形象的所在地。波特不仅创造了彼得兔，还创造了其他令孩子难忘的兔子本杰明、鸭子杰米玛、松鼠提米脚尖儿等形象。

生于1866年的波特，家庭富裕，原来生活在伦敦。她与《彼得兔的故事》编辑沃恩相爱后，沃恩竟然在一个月后死于白血病。悲痛欲绝的波特来到湖区，在1905年买下了丘顶山庄。

波特47岁时嫁给了性格温和的乡村律师，婚后她写了《小猪布兰德的故事》，书里有两只小猪携手过桥的场景，这是他们婚姻幸福的写照。

波特还是一个环保主义者，她对湖区的贡献很大，成为继19世纪的湖畔诗人华兹华斯后的第二位湖区名人。

儿子小时候，我为他选童书，读过波特的书，印象不深；这次来英国之前，又读她的书，还是兴趣不大。

我喜欢的童书是《柳林风声》《彼得·潘》和《夏洛的网》等。

来到英国乡村，尤其这两天在湖区逛悠，我才慢慢体会到波特为什么受英国人喜欢了，她写的是英国人最熟悉的风土人情。特别是我昨天早晨在对面的农场中，看到两只兔子欢快地跑着，我立刻进入了波特的世界。

这就像我2018年夏天去瑞士之前，对当地的女作家约翰娜·施皮里

（Johanna Spyri）写的《海蒂》毫无兴趣；可去了之后，明白《海蒂》就是瑞士人和瑞士风土的象征，也就一下子读懂了。

我过去喜欢的童话，都是以形象与性格取胜，脱离了环境描写，仍然可读。

这两种作品没什么优劣之分，只是结合风土的作品，对没去过当地生活的读者来说，接受起来困难一些，需要机缘凑巧。

波特世界博物馆里的各种动物形象真是生动，我看到它们，联想自己看的都是外国童话书籍，这些作品似乎总能以真正的童趣融入形象中。

中国的儿童漫画或童话，总是散发着成人味，装天真装可爱，连淘气也是成人式的恶搞，不是孩子的，如《喜羊羊与灰太狼》。

9

走出波特世界博物馆，外面还是下着雨。我原计划是走乡村酒店附近的步道，可以比较轻松地到达观景点，看温德米尔全貌。

雨天让我们只能坐船游湖，游船也有各种线路，我们坐的是75分钟行程的。这船的目的地是安布尔塞德，我们昨天去过的石头小镇。

在船上观察湖水与环湖的山势，与大开大合的苏格兰湖区的差别极大，但我们还是很惊讶英格兰有如此浓密的植被。胡杨说这个只有在东南亚的泰国才能看到，处于高纬度的英国原本是无法做到的，但英国冰川时代结束得比欧洲大陆晚，所以英国的土壤肥力比其他地方强。

10

吃完午餐，快下午4点了。外面仍然在下雨，下雨。

我们只能选择室内活动了。

附近山上有一座布莱克威尔工艺美术屋（Blackwell The Arts & Crafts House），也可以说是一家小博物馆。

我是到了湖区才知道这座美术屋的存在。比较特别的是，它在"猫途鹰"旅游网站上超越了鲍内斯其他景点，名列第一。

我开始有些怀疑，毕竟大众的趣味是值得琢磨的，我在其他地方就遇见过不值得一去的所谓排名第一的景点。

但我注意到它建于1900年左右，据介绍是英国工艺美术运动最好的一个案例。

这是我喜欢的。

11

根据官方指南，1898年，布莱克威尔工艺美术屋由贝利·斯科特（Baillie Scott，1865—1945年）设计，是他在英国设计的最大、最重要的现存建筑之一。1999年，湖区艺术组织买下工艺美术屋，随后对其进行挽救、修复，于2001年开放。

在发展欧洲住宅建筑以及设计工艺美术时期的建筑、家具和家居装饰方面，贝利·斯科特是一位重要人物。工艺美术运动的发起是为了反对工业革命导致机械化日益占主导地位，由约翰·拉斯金和威廉·莫里斯领导。该运动试图重新确立设计师和手艺人所具有的重要性和价值，提倡一种简单的生活，而家则是充满和谐与美好的地方。

让布莱克威尔显得尤其特别的是，它被设计成一栋度假屋，而不是住宅居所，因此从设计上看，它无须像很多大房子那样拘泥于家用需求的满足。富有的项目委托人确实让贝利·斯科特有机会展示自己所能做到的，而所有这些都位于湖区美丽的环境中。

12

在美术屋门厅，首先映入眼帘的是波特的素描和她用过的椅子。

这是借机告知观者，美术屋与热门的波特几乎是同时代的产物。

我走入别墅正厅，惊呼来对了，因为它将带给我不同的体验。

我之前就喜欢英国的工艺美术运动。它是手工艺的，不像机械化那般划一；但又是实用艺术，不是太个性化。

工艺美术运动的作品不是完全传统的，形式上已经不太繁琐；可又不会过于现代，不考虑舒适性而只考虑自身的形式表达。

可我过去只在博物馆看过一些工艺美术的展品，没有看到过一家度假屋的各种设计风格如此统一。

换句话说，美术屋的所有设计是为工艺美术运动理念服务的。它们是有机结合的。

说到"有机"，这可是我几十年来不想也不敢用的词。

我之前最后一次用"有机"，是在初一。

我记得初一教政治课的老师是陈副校长，一个有文化的老教师。

从中学乃至大学，几乎所有的副课老师都会被我有意无意地捉弄，因为我会故意问一些他们无法回答的问题。

代课老师能做的是，要么借其他事情发难、惩罚我；要么恼羞成怒，当然要给我点颜色瞧瞧。

但我感觉得大于失，看到某些老师"以其昏昏，使人昭昭"，我的捉弄只是想让他们明白这是在浪费我们的青春。

可我唯独没敢和陈副校长叫板,因为他在少年的我眼里是有水平的。当然,那时我还是少年啊!

那天,我抢着回答,说到所谓的真理是"有机"的。

这是套话。

我在之前和之后都没有听到有人解释过。

但陈副校长问我:"什么是有机的?"

我当时傻了。

竟有老师对我这个淘气少年的问题认真的。

我没有仔细听陈副校长怎么解释什么是有机,我只是感到羞耻,原来词语不能滥用。

40年过去了,我今天故意用了"有机"一词。

我虽然在很多年前已经明白了"有机",但总有一种难言之隐,让我放弃使用它。

有机,对,布莱克威尔有机地显示出工艺美术运动的理念。

13

据官方指南,在布莱克威尔的每一处,斯科特都充分利用了光、空间、色彩、不同材料和装饰细节的建筑元素,创造出一种非常特殊的建筑体验。鲜活生动的室内装饰结合了丰富的石膏制品、复杂的金属制品、彩色玻璃、石制品、威廉·德·摩根(William De Morgan)瓷砖和橡木雕刻镶板,几乎每个房间都绘有雏菊、风铃草、玫瑰、花楸、山楂树和橡树的不同图案。尽管装饰细节非常丰富,但效果并不过分复杂或凌乱。每个元素都巧妙地融入总体装饰方案中,从而形成一个完美结合的整体。

布莱克威尔工艺美术屋

一进入正厅，就好像回到了中世纪时期。眼睛不由自主地看向橡木镶板上方高处的6扇彩色玻璃窗，玻璃窗上描绘的是霍尔特家族以及与霍尔特家族相关联的机构，分别是：拉格比公学、埃克塞特学院、基督教会学院、牛津、曼彻斯特城、曼彻斯特大学。

与中世纪时期的大厅一样，布莱克威尔的正厅是主要的娱乐区，也是客人聚在一起放松的地方。这块空间因为使用推拉门而显得更加流畅优美。正厅还有一扇门，通向南面的草坪，让人们能看到花园和远处更宽阔的风景。

正厅墙壁下方部分覆有精致饰带的橡木护壁板，描绘了缠绕交织的花楸浆果。斯科特的家居设计旨在与建筑互补，并以简单优雅的形式遵循同样的精湛工艺原则，进而为19世纪后期过于拥挤和挑剔的室内装饰提供另一个出路。斯科特在布莱克威尔还几乎为每间房间配置了临窗座位或壁龛式座位，这种方法减少了放置其他家具的需要。

餐厅与正厅一样，也融入了一些这一时期醒目的现代元素。对壁炉的处理非常巧妙，且壁炉两边的彩色玻璃体现出强烈的新艺术风格。

餐厅里简单的木镶板衬托着房间里的主要元素，即令人惊叹且极为罕见的木版印刷的粗麻布墙布。这面墙布得到了精心保存，不过原来的蓝色背景在很久以前就褪成了棕色。其大胆的设计中描绘了鸟儿、雏菊和圆叶风铃草，另外还有遍布整座房子的红楸这一装饰主题。

白色会客厅是斯科特设计得最好的室内装饰，与正厅的阳刚之气形成鲜明对比，这间房间充满了令人愉快的浪漫和女性气息。房间里同样有许多描绘鸟儿、树叶、玫瑰、山楂果和橡子的雕刻品。这些自然形态在天花板的石膏装饰图案中营造出一种拜占庭式的风格，且一直奇迹般地保存完好。会客厅的每一部分都充分利用屋外的风景。傍晚时分，随着太阳落至科尼斯顿

（Coniston）丘原背后，金色的阳光便涌入会客厅。

大壁炉是这座房子里最复杂也最精美的地方。壁炉融合了许多不同的元素：彩色玻璃、陶瓷砖、木雕柱头、凹室、石制品、马赛克拼花地板、一对漂亮的铁艺搪瓷壁炉柴架和一个双层壁炉架。壁炉架不仅仅局限于壁炉，还可以变成一个可以用来展示陶瓷的架子。这些从下往上逐渐变窄的柱子顶端是向外分开的勾勒出小鸟、果实和树叶的木雕柱头。

白色会客厅内还有一排漂亮但朴素的凸窗，能够看到从温德米尔到科尼斯顿丘原的壮丽景色。光线不仅仅是从天上落下，也经由窗外的湖泊向上反射到天花板上，让错综复杂的石膏装饰图案变得清晰可见。

14

2019年2月13日《乡村生活》杂志的《文化斗士雅典娜》栏目的《为何要像保护乡村一样保护城市？》（Why Our Cities Need the Rural Treatment）一文，也谈到了工艺美术运动对英国乡村保护起到的作用，并希望今天也如法炮制到保护英国城市。

工艺美术运动给当代英国带来的贡献不胜枚举，其中一项就是对国家历史文化遗产的理解与鉴赏。以英国历史文化保护运动为例，作为当代一股明显且积极向上的力量，它对历史的关注很大程度上是受到了威廉·莫里斯与约翰·拉斯金的影响。对于这种远见，表示欣赏，但也为其中的缺点感到震惊。

准确地说，英国工艺美术运动是对工业革命的一种反抗，它聚焦乡村历史文化遗产的保护。在该运动的背景下，一个名为"国家信托"（National Trust）的组织于1895年成立，该组织坚信美好的事物与景观能够使人身心愉悦。也就在两年之后，赞美田园生活及其手工艺传统的《乡村生活》正式创刊了。

对于当时来说，这预示着20世纪前30年间个人、机构还有国家要求保护乡村遗产的高昂情绪，其中包括在伦敦城市周边建立绿化带、买下西威科姆（West Wycombe）小镇以及城堡和修道院遗址的保护。

相比之下，同期伦敦与英国其他大城市都交给了开发商。虽然人们知道何为乡村牧歌之美，但对于城市环境美丽且有价值的原因却不太清楚。位于城市边缘地区的房屋不是损毁，就是变成了一片绿地。具体来说，就相当于一个个零散的村落。

那些年代久远、质量上乘的房屋都被无情地摧毁了。20世纪二三十年代，有人站出来反对保护位于伦敦西区的贵族房屋，但是，他们从不支持乡村保护运动，其中一个原因就是经济利益。

乡村与城市保护间的分歧从未消失过。面对不断加速的城市化进程，如何处理好两者间的分歧正变得越来越重要。这并不是要我们停止乡村保护运动，而是用于市中心再造所需要的资金和城市生活的节奏都在发生着巨大变化，而我们在如何解决这些问题的方向上并没有达成共识。

在一些备受关注的案例中，我们或许可以动员群众个体来实现一些建筑的保护，但这样做是远远不够的。我们需要像保护乡村那样去思考英国城市之所以特别的原因，珍惜其独有的特点。如果我们不去采取措施进行拯救，曼彻斯特很快就会变成伦敦，伦敦也很快就会变得和上海一样——千篇一律。

15

走出屋外，回望布莱克威尔，一座高高耸立在山坡上的宏伟建筑，融合了斯科特重新诠释的当地乡土建筑元素。粗糙的白色水洗墙、坡度陡峭的威斯特摩兰（Westmorland）石板屋顶、圆柱形烟囱和许多山墙，这些不禁让人想起16和17世纪的湖区农舍建筑。不过，斯科特所做的改良又营造出一种惊人的现代效果。简洁清晰的线条和最少的装饰创造出一种完整的平面协调感，砂岩窗竖框完全齐平地安在立面内，而不是像传统做法那样嵌入墙壁。走到花园大平台前，天上下着雨，远处的树木草地和远山，显得一片朦胧。

我拍下了不远处花园的一棵形如巨大西兰花的树，感叹"我怎么会这么喜欢一棵大树"，发在微信朋友圈里。

没想到评论那么多：

"我喜欢这棵大树，茂盛聚财气""心情好就是不一样""亭亭如盖的感觉""有点倔强，有点坦然""树王""深夜仍在发朋友圈，不容易啊，外表是铁人，内心是诗人""这棵树，与日本皇宫前的树相比，修饰很少，自然生长，坦然""一半在地上吸取营养，一半在尘世洒下阴凉。所谓根深叶茂，人们往往只看到叶茂，而想不到根深，像主编吧，因为有了多年的读书加思考的积累，才会有大家今日看到的累累硕果，背后的努力主编自知吧""绿色的温柔""喜欢就是喜欢，没有理由""每次在国外看到一棵大树下加一把长条椅的场景，总会去那里坐坐，心情自然就清净愉悦了""看到它是不是就像看到你自己""我也喜欢大树，觉得这是自然的馈赠，上帝的祝福，喜欢就是喜欢，没有理由""是因为怕，树看上去扎实，给人以有所依赖的安全感""我也喜欢几人怀抱的大树，并与之合影""枝繁叶茂，生机盎然，给人向上的力量""真好看，保存了，谢主编""我也喜欢树，各种姿态的""总觉得喜欢这棵树的人，内心很强大，而且善于独处，也善于包容。我很喜欢这棵树""好大一棵树，还需围护栏""一棵树，扎根在一个地方，就永远都不会离开，树对自己脚下这片土地的爱，何尝不胜过这世间所有的情感呢""说了半天好想知道这究竟是什么树""确实像西兰花""有了扎实的根基，才能有后续的枝繁叶茂，才有了现在的参天大树，喜欢这种大地生灵的感觉""应该比美国历史悠久"……

16

深夜继续阅读《乡村生活》杂志，2019年1月30日，《痛苦与求助》栏目的标题《活在须臾之间》（Living in the Moment）。

读者求助：

我知道自己缺乏一种自由随性的特质，我希望自己能变得更有冒险精神，但如果没有列出一份冗长的清单或周密细致地安排，我无法做任何事。我的脑子里所想的永远都是"如果某某情况发生"之类的东西，而且我也相信，因为这个原因，周围的人很讨厌我。我到底应该怎样做才能学会放松和享受自己的生活呢？

栏目解答：

只要花上少量的钱，你就可以登上一艘转港游轮（repositioning cruise，转港游轮的价格要低于普通游轮，区别在于这种游轮的登船和下船地点不同，比如受季节等因素影响）。船员在航行过程中需要重新定位游轮的目的地，从不知名的地点到游客们付费登上游轮的港口，也可能横跨辽阔的海洋而几乎没有几个停靠港——人们称之为"海上休闲"，如果你选择在冬季出行，那价格甚至可能比暖气还要廉价。

这样一来，你可以列出各种条目，就好像你是在做什么计划安排一样，而事实上，你又不可能犯任何错误，而所做的一切又只能是凭感觉而已。你在旅行途中可能会遇到安大略的牙医，学会名为兰巴达（Lambada，一种巴西现代舞）的舞蹈，或者会来到圣赫勒拿岛（Saint Helena），当然，你是相对安全的，而且还有全天候的自助餐。但有一点，你所做的任何计划对于你的旅行都不会产生任何影响，祝你旅途愉快！

布莱克威尔花园里的大树

17

2019年2月20日《乡村生活》杂志的《读者来信》栏目。

《登高望远》（A Head for Heights）

有只狐狸每周都会数次拜访我们的花园，它一般都会在阳光明媚的时候溜进来。我注意到它通常会睡在花园后面树篱的底下。最近，这只狐狸一直躺在8英尺（2.5米）高的树篱上方，有时又会沿着树篱的顶部行走。之后令我惊讶的是，我发现它居然睡在距离地面16英尺（5米）高的树上。这是一种正常行为吗？抑或是一种狡猾的生物在寻求一个更为安全宁静的栖身之所？

《我相信我能飞》（I Believe I can Fly）

有一天，当我走进卧室时，看到家里的贵宾犬迪伦打开了窗户——这是它平时和我们玩空中接物所学会的技能。然后我们家的刚毛猎狐梗（一种为猎狐而产生的犬种，产自英国）巴吉尔，突然从我身边一闪而过，冲着敞开着的窗户跳了出去。我冲到窗前向外望去，它正在花园里。没有比从这么高的地方跳下去更糟糕的事情了，大雨浸透了草坪，我肯定这给它着陆时带来了一些缓冲——毫无疑问，它落地后立马就跑了！

数周后，我把这事告诉了自己的一个老朋友，我说巴吉尔是如此的与众不同，还有刚毛猎狐梗是一种多么奇特的物种。我朋友略微思索了一下，这样回答道：像这种敢这样把自己给扔出去的物种，的确很奇特。

第三章

凯西克

1

早上，从英格兰湖区的鲍内斯搬到 30 公里远的北部小镇凯西克。

湖区北部的德温特湖（Derwent Water）似乎评价不错，车行驶到半山腰停下后，我们沿步道上山，不久就可以看见德温特湖的全貌。

虽然天气阴沉沉的，湖面没有色彩，可还是有长卷般的画面感。

胡杨赞此湖有苏格兰遗风，他太喜欢苏格兰了，认为英格兰比不上它。

我则比较接受各种风土的格调。

事实上，在苏格兰这些地方，观湖最好的办法就是登山，然后在山上观赏整个湖的风景。

现在天气不佳，略有遗憾。

我们的车刚下山时，就发现有辆车停在路边。再细看，车旁有个女人坐在山头的椅子上，闭目养神。

我们马上在前面的路边停车，走回来看个究竟。

我们走近她，她对我们笑了。

她的容貌看上去至少 80 岁了。

我们面面相觑，暗想等自己上了 80 岁，还能不能开车在一个观景的地方停下，坐在椅上静观风景？

老太后面有一条山泉在潺潺流动。我记得年轻时候见海派大师吴昌硕画一老翁在露天闭目养神，可我觉得今天这一幕里的老太更让我心动。

我们将车开到德温特湖近前，沿湖边观水。天气仍然阴沉沉的，湖水也没有在山上看时那么壮观，可一旁有野花相伴，煞是好看。

说真的，这次来英国乡村，通过英式花园的启蒙和熏陶，真正体会到了野花之美和趣味，现在看湖边到处蔓延的野花正是如此。

我抬头观望有点阳光渗透在湖对岸的山谷间，这种淡雅有宋代青绿山水画的韵味。

湖边有只狗丑得可爱。有朋友见照片说可能是珍贵的巴西菲勒犬，很凶猛，中国是禁止饲养的。这只狗居然没牵绳，陪伴着一位孤零零的红衣服男子，有种说不清的寂寞感。

男子附近，一群孩子在教练的指导下划船。有的男孩干脆跳下水去，推着船，让船跑得更快。吵闹一片。

我注意到，红衣男子一直凝视着对岸，对身旁的孩子们毫不在意。

他真有什么伤心事？还是他就喜欢这么消遣寂寞？

2

去附近的卡塞里格石圈（Castlerigg Stone Circle），这是三四千年前的一组石头，共48块。有人认为这是古人的聚会处，也有人认为这是时钟。我对此有点好奇。

但我对石头圈的外围山色更为激动。我曾在汽车内多次看到如此沁人心脾的绿意盎然，如此层次分明的绿色景致，今天终于可以徜徉其中尽情感受了。

远处海拔868米的布伦卡思拉山（Blencathra），是湖区最雄伟的几座山峰之一，也是徒步爱好者心中的最爱。据《英国小镇秘境之旅》一书介绍，2014年，第八代朗斯代尔伯爵休·劳瑟（Hugh Lowther）为了支付遗产税，不得不出售他拥有的这座山。当地人担心所托非人，打算筹集资金来购买这座山。他们通过脸书一共筹集了25万英镑，但还是远远少于175万英镑的市价。

布伦卡思拉山待售2年后，劳瑟通过卖掉一幅画筹到了交遗产税的钱，便不打算出售这片土地了。

记得年轻的时候出外旅行，有几次我在野外放声大叫，宣泄后心里感觉很舒服。

此刻我站在石头圈外，突然又有了呼唤的欲求。来了，就喊吧。我知道石头圈里外都是人，可我喊了又如何？

于是我断断续续地喊了几嗓子。

没有早年那么放肆，但我觉得很有趣。

Castlerigg Stone Circle 卡塞里格石圈

3

凯西克别有一番风情,这是我看到的最美妙的湖区小镇,只是它在湖区最北方。大部分人从伦敦方向过来,会先选择湖区南部的温德米尔和鲍内斯等地。

在主街上的牛排餐厅用餐,它的底层花园很别致。

我们住的酒店位置很好,靠近主街,门前有一个"希望公园"。

走进去,草地上有3个圆形花坛,由大及小,最小的像一只大蛋糕。朋友评论:"这个花坛的渐变色设计,需要花不少时间栽种,国内一般都是一个颜色一大片,这个差距真不小。"

继续深入,在黄昏时分,我们面对的是一块梦幻般的花坛。无数色彩缤纷的花儿在你面前晃动,仿佛进入《爱丽丝漫游奇境记》中的仙境,怎不梦幻?

"希望公园"里的花坛

这是继苏格兰的考德城堡后，我第二次被英式花园征服了。我从未体验过这种令人陶醉、如梦如幻的花之世界，它们扑面而来，闯入你的梦中。

4

看过一些有关英国园林艺术的书，觉得还是清华建筑系教授陈志华先生写的最为清晰深刻。下面是他的一些主要观点：

欧洲的造园艺术，有过三个最重要时期：从16世纪中叶往后的一百年，是意大利领导潮流；从17世纪中叶往后的一百年，是法国领导潮流；从18世纪中叶起，领导潮流的就是英国。所以，写英国的造园艺术，只要写18世纪就可以了。

首先是以培根和洛克为代表的英国经验主义给18世纪造园艺术的革命准备了哲学基础和美学基础。

经验主义者的美学在几个基本点上跟欧洲大陆的古典主义对立。例如，培根不赞成从古希腊人到古典主义者一贯主张的美在比例的和谐的看法。他说："凡是高度的美都在比例上显得有点儿古怪。"而比例的和谐是古典主义造园艺术的根本。培根强调动态的美，强调灵心妙运和想象，而想象的特征在于"放纵自由"。

其次，17世纪中叶英国发生了资产阶级革命，18世纪，革命继续深入。作为宫廷文化的古典主义失去了它的政治基础，规则的几何式园林被看作专制主义的象征，压迫和强制的象征。

第三，启蒙思想家大都是自然神论者，他们中绝大多数人认为自然状态优于文明。他们反对园林中一切不自然的东西：把几何布局专横地硬加给不同的地形；修剪树木不许它们自由生长；用压力逼迫水柱向天空喷出；等等。

第四，从15世纪起，英国的资本主义开始深入农业。经过宗教改革和政治革命，天主教会和旧贵族的大批土地转到了新贵族和农业资产者手中，到18世纪中叶，这个过程大体完成。地产规模变小了，但大都成为新式的牧场和农庄。

农业的繁荣，山河的开发，改变了人们跟自然的关系，人们觉得自然亲切和可爱了。这就为自然风致园的诞生和发展准备了审美心理的必要条件。

第五，18世纪的自然风致园就是从这些新贵族的牧场和农庄里发展起来的。他们大多是辉格党人，温和的启蒙思想家，鼓吹民主自由和宪章运动。他们的造园艺术理论是他们的哲学和政治思想的一部分。他们反对图解专制政体的几何园林，提倡象征自由的不规则的园林。这些新贵族的文化教养很高，都是文人、学者、政治家、思想家等一时俊彦。他们不但躬身造园，而且著书立说，建设造园理论，所以使这场造园艺术的革命声势浩大，半个世纪里就波及整个欧洲，打败了足足有两千年历史的传统。

第六，因为"文艺之士"在自然风致园的形成和发展中起着重要作用，所以，18世纪的造园史是跟文学史和美术史同步的。这期间文学史和美术史的基本内容是从古典主义向浪漫主义过渡，造园艺术也明显地反映着这个过程。自然风致园的胜利就是浪漫主义精神的胜利。浪漫主义的精神是情感、想象、好奇、心灵的解放和个性的自由，未经人工扰动的大自然是这种精神最好的寄托处和抒发者。

5

最后，很重要的一点是，英国自然风致园的形成和发展，始终是在中国造园艺术的强烈影响之下的。18世纪全欧洲的启蒙思想家都向东方，尤其是向中国，借鉴政治、伦理等思想，对中国的文学、艺术、园林等文化的各个领域发生了浓厚的兴趣，造成了"中国热"。

不过，英国的自然风致园其实是园林化的庄园。所以，它们或许很近似中国唐代的辋川别业和平泉庄之类的庄园园林，而与明清时代，也就是18世纪，当时中国的城市私家园林和皇家园林都是十分不同的。英国庄园园林范围广阔，造园艺术是装点自然本身；而中国明清两代的私家园林范围局促，是用自然因素装点庭院。因此，虽然中国的城市私家园林更富有想象力，但毕竟不免于矫揉造作；而英国的自然风致园则更舒展开阔得多，更真切自然得多，没有中国明清私家小型园林那种闭塞、郁闷的弊病。

6

夜幕降临，已是晚上9点30分了，要是在苏格兰，这会儿还是白天。一般欧洲小镇这时已经很安静，凯西克仍然热闹非凡，一家售卖鱼和薯条的店铺前，排队的人还是很多。

主街上的书店到日落的9点30分才关门。书店的老太太看见儿子买的一本书，就说这本书很好，她刚读过。然后他们两人就这位作者的其他书交流起来。

出了书店，儿子想起这么多年经常与海外书店老板交流的经验，说："外国卖书的人自己也读书的。"

我理解他想说什么。

其实，20年前，国内那些有意思的小书店老板也读书的，我经常与他们交流。现在这些书店基本上消失了。如今开的都是网红书店，供人喝咖啡社交，书只是摆设。有的网红书店的书高高在上，想拿来翻翻看是不可能的，就是要看清楚也需要望远镜。老板不是读书人，里面也没有读书人。

英国还是一个书香社会。

凯西克
Keswick

7

深夜读 2019 年 2 月 27 日《乡村生活》杂志的《读者来信》栏目。

《不明访客》（Unidentified Guests）

我们住在苏格兰乡村的一幢老式大房子里。深秋以后，家中经常会有许多老鼠出没，我们会使用预先摆好诱饵的陷阱来捕捉它们。除此之外，我们还会采用诱饵盘，效果也很好。但我们发现这些陷阱经常会被盖上各种小石块、砂砾、板条，还有灰泥等地板下方常见的东西。

这种情况已经发生过多次了，其中一些石块是一般老鼠无法搬动的，真想知道在我们家房子的下面究竟住着什么样的动物。我们这里除了红松鼠以外，平时看不到什么老鼠活动的迹象，所以我们的地板下没准住着其他各种"超级老鼠"，或许是它们在极力阻止自己的亲朋好友误入陷阱？

如果你们有过类似的经历，我们非常渴望能与您分享我们家的奇遇。

《您需要点菜吗？》（Can I Take Your Order Please？）

那天在切斯特（Chester）附近的高速公路服务区内，这个调皮的小家伙停下来与我们共进午餐。它独自一鸟，非常温顺，吃着我丈夫手上拿着的食物。这只棕鸟颜色非常迷人，我们正在计划另一次旅行，希望下次还能再见到它。

8

"Agromenes" 应该是《乡村生活》杂志的一个传统栏目，我不知道它是什么意思。但这个栏目的文章是杂志中最有深度和独立性的，往往代表了英国人很有意思的一面。

2019年3月13日这一期的Agromenes专栏的标题是《约翰逊先生，别太乐观了》（Don't Count Your Chickens，Mr Johnson）。

如果你极其富有，为美国共和党募集过巨额资金，享有慈善家的美誉，旗下拥有美式橄榄球俱乐部——纽约喷气机队，同时又是美国总统唐纳德·特朗普的朋友，那被任命为美国驻英大使也就不足为奇了。如此雄厚的背景，是否能称得上一位训练有素的外交官也不那么重要了。或许正因如此，身为强生家族一员的伍迪·约翰逊才会认为，英国与欧洲的农业模式就像"博物馆"一样，美国农业所采用的模式才能代表未来。

但是很明显，约翰逊先生的这一论点值得怀疑，论点的依据也是站不住脚的。美国农业的保护主义是全世界最严重的，他们有全球最高的农场补贴与最广泛的进口限制，颁布植物检疫条例来阻止国外食品进口的同时，却拒绝承认其他国家有权通过食品安全措施来保护自己的国民。

如此双重标准，是源于美国人自认"我们的法规肯定是最好的"。事实上，美国农业游说团体的强大影响力意味着他们的标准显然更低，故而食源性疾病的概率要高得多。

约翰逊先生为鸡的氯化消毒辩护，但他没有告诉我们的是氯化消毒的原因——保存环境不佳使得氯化消毒变得至关重要。动物健康状况的不理想，再加上远低于英国的畜牧和加工标准，意味着他们必须采用化学方法来处理滋生的病原体。

在欧洲，我们会根据卫生与畜牧业法规强制执行，如此一来，氯化消毒并非必须，主要原因在于通过氯化消毒来减少病菌接触感染的方法并没那么有效。事实上，我们担心抗生素滥用的危害而加以限制，杜绝打过激素的牛肉在市面上销售。出于英国对生物与人类健康的关注，我们不会认可许多美国屠宰场松懈的执法态度，毕竟这也不符合我们的标准。

你无法去指责约翰逊先生，因为他并不知道事情的真相，他手上只有来自美国农业游说团体的宣传材料，一份多年来一直在大力鼓吹的材料。这就是为什么每次我们试图与美国达成自由贸易协定的努力都失败了。

美国希望通过自由贸易，英国能取消其健康与安全规定、动物健康条例，以及对化学品使用的管制，而美国则无须做出任何改变。这将让美国大量补贴的农产品和所有富含激素的牛肉以及经过氯化消毒的鸡肉一起销往英国。

事实上，美国农民的生产模式才像"博物馆"一般，他们的生产模式是过时的，且消耗土地资源，越来越多的人开始反对这种工业化的农业模式。大农业公司以往忽视了消费者所担忧的食品安全和动物健康问题，但现在随着越来越多的消费者提出了更高要求，这些公司不得不改变。

约翰逊先生的帝国主义式胡诌已经过时了。现在的新农业位于大西洋的这一边，而不是一个既得利益者将利润置于动物与人类健康之上的国家。英国人不会为了取悦美国大企业而降低自己的标准，美国大公司已经在其国内市场遭到挫败，所以在下次给我们说教之前，约翰逊先生应该先听取一些与时俱进的建议。

9

2019年7月3日我们从上海来英国，游走苏格兰两周，然后来到英格兰湖区，今天已经是7月21日，快20天了。

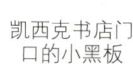

凯西克书店门口的小黑板

昨晚在微信朋友圈写走读札记，兴奋得睡不着，深夜快3点才睡去，早上7点醒来。

昨天黄昏，我们在酒店附近竟然没有看到德温特湖，觉得奇怪。我们住的酒店就叫湖边酒店啊。

早上我一个人走出酒店，按照指示湖边方向的路牌走。

走过昨天黄昏迷幻的花园，一转弯，再走几分钟就是湖了。

太遗憾了，昨天夕阳西下，天地突然披上异彩，我们酒店旁的高尔夫球场草地在落日的余晖中，涂上了一抹耀眼的金黄。

如果我们再多走几步路，就可以看到日落时分的德温特湖了。

今天天气预报，直到下午都是阴天，之后肯定下雨。我们明天就要离开凯西克小镇，只能错过了。

在湖边看了一会儿，忽然见到旁边的山丘上有人在行走。

我去看看哪里有入口。

入口的小门永远是关着的，这是为了防止山坡上的羊走失。我刚才没注意到。打开铁门，沿步道走了几步，左边是湖和成群的大雁，右边是大山和满地的羊。周遭甚是辽阔。

但我独自一人出来，必须早点回去。

10

酒店门口的草地上，胡杨正在与一条狗玩耍。

原来刚才胡杨见到一只脖子上有白带的黑狗，嘴里叼着几根树枝，走来走去。

胡杨好奇地看着它。

酒店的狗

凯西克小店的细节

凯西克湖边的狗

　　那狗跑到胡杨前面，把一根树枝放在他面前，用爪子敲了敲树枝，然后身子弓起来。

　　胡杨一愣，这架势是干什么呢？

　　胡杨不敢造次，他仅仅用脚把树枝挑了起来。

　　那狗又把树枝叼过来，用爪子敲敲树枝，然后弓起身体。

在胡杨眼里，狗弓起身体，这可能是攻击的姿势啊！

胡杨能做的，还是用脚把树枝挑起。

狗呢？

它把树枝再次叼到胡杨面前，继续用爪子拍拍树枝。

胡杨真是绝望了。

这时旁边有位卖手工艺品的小贩告诉胡杨，狗是邀请他玩游戏啊。

什么游戏？

把树枝捡起来，扔到远处，狗会把它捡回来。

然后继续。

大家都尝试着与狗玩游戏，果然。

有趣的是，这只狗嘴里叼了几根树枝，它总是把前面最短的树枝放在我们面前，作为游戏道具，其他树枝还是衔在嘴里。

那根短树枝，被它来来回回地玩，越来越短，最后短得已经无法叼住了。

我们下午回到酒店门口时，狗还在叼着树枝玩，只是嘴里的树枝更长了。

旁人告诉我们，这只狗是旁边酒店的，它每天找人与自己玩捡树枝游戏。

11

这时教堂的钟声提醒我们，今天是礼拜天。2000年，我游学法国，有个周日早晨，听到小镇上的教堂钟声，见居民纷纷走出家门前往教堂。原本小镇非常清静，几乎见不到人。

我们在欧洲走读，每次至少安排一个星期天去当地的教堂礼拜，感受当地人的感情与信仰。

我们没有选择小镇主街上的教堂，而是去稍远的主教堂约翰教堂。约翰教堂周围非常安静，一瞬间让我们怀疑它是不是没开门。等我们走进去，才发现里面几乎挤满了教友。

今天教堂主讲的是神学教授，他神情庄重，风度翩翩。唱诗班的女士穿着深蓝色的衣服，而牧师的袍子是绿色的，都好看。

上海的教堂一般要容纳几百人乃至上千人礼拜，会有教堂的义工给大家分发葡萄汁和薄饼，代表基督的宝血和身体。而欧洲教堂，人们是排着队一起喝葡萄酒吃薄饼，寓意同是一个身体，同饮一杯酒。当然每人拿着酒杯喝完后，会用纸巾擦一下杯子边沿。

我在欧洲经常观察圣餐礼拜仪式，但这是我第一次与大家一起领圣餐，感觉很特别。

礼拜结束后，邻座的人好奇地问我们来自哪里，是本地人吗？

我们其实每次去欧洲各地的教堂做礼拜，当地人都会好奇。

胡杨与我儿子分别在和两对夫妇聊天。

我儿子的谈话对象是本土英格兰人，儿子一路上领教了苏格兰人与英格兰人的彼此不以为然，他就夸赞英格兰多么美丽。

胡杨的谈话对象出生于苏格兰，他就自然地称赞苏格兰高地之美。

我在两者中间，觉得很有趣。

在教堂门口，我们又遇到了送别大家的本堂牧师，我在欧洲第一次想与当地的牧师聊几句。

他说自己把大家喝剩下的葡萄酒全喝了，有趣。

牧师告诉我们：今天在附近的一个地方，会搭一个可容纳三千人的帐篷，进行讲道活动，欢迎我们去。

我们坦陈可能无法去了，毕竟人在旅途身不由己，但看得出牧师很兴奋，于是祝他的教区宗教复兴。

这时一位女孩子拿杯水来给他喝,刚才的仪式上,她在一边帮忙。

牧师主动告诉我们,这是自己的女儿,我赶紧让他们合影留念。

12

礼拜后,我们在凯西克街头看看商店。

我们走进一家二手货店,徘徊多时。我见店内有大量的披头士唱片,便问店员,是不是你们老板对披头士情有独钟?

女店员说:不是,是英国人很喜欢披头士,所以它们很好卖。

儿子找到了一张皇后乐队的黑胶唱片。儿子见我在家里地下室收藏了大量的黑胶唱片,以为家里有唱机,其实早坏了。我在20世纪80年代末期确实收藏了不少当时发行的黑胶唱片,但已经好久没有听了。

在这些二手货中,能看到当年英国人的喜好,比如一张1949年的英格兰-苏格兰足球比赛的门票;一枚青年农场主俱乐部的徽章,售价18英镑,但胡杨觉得太贵。

儿子从小喜欢文具,他急着去凯西克著名的铅笔博物馆。可到了那里,除了那枝广告上宣传的巨型铅笔,空无一物,实在浪费时间和门票费。

路上有家1901年由意大利人创办的冰淇淋店,冰淇淋倒是不错,店家洋洋自得地介绍这是第四代家族企业。

在儿子的坚持下,我们又去了凯西克主街上的书店。儿子小时候,我就常带他去上海的季风书店。后来每次去香港的铜锣湾诚品书店,我总是将他放在儿童图书专区,让他自己随意选书;再大一些,又让他在小说专区随意读书。或许这养成了他喜欢逛书店的习惯吧。

我们这次看到了书店的老板夫妇，他们在小黑板上写着"没有书店的小镇不是小镇"，完全正确。

书店内的书实在太多，只能延伸到外面了。

书没法放，是读书人的普遍苦恼，但书多正是读书人追求的。我进到一家书店，如果书册寥寥，不管店面装潢得多漂亮，马上转身离开，因为老板不是爱书人，自然不会有好书。

儿子对小镇书店的书目赞不绝口。

关于花园的书，书店内有整整一书橱；关于湖区的书，又装满了两到三个书橱。湖区的书，不仅是实用的导览手册，还多涉及历史与科学，是读书人挑选出来的书籍。

胡杨淘到一本好书，说的是一位市场部经理，突然觉得人生没什么意义，就来湖区做了农场主，写下了在这里生活的365日。

13

2019年3月13日的《乡村生活》杂志，有一篇《女性的田野，务农的梦想》（Fields of Female，Farming Dreams），描写的是英国女农场主的故事。

英国18万农民中有17%是女性。英国农场主联合会（National Farmers' Union）2019年首次任命了女性[米内特·巴特斯女士（Minette Batters）]来担任主席，她在威尔特郡经营着一座占地约300英亩（120万平方米）的农场，同时还与人合作成立了一家名为"牛肉女郎"（Ladies in Beef）的商业组织。

巴特斯刚接管农场的时候，仅有20头混有西门塔尔血统的乳牛（一种瑞士血统的牛）；而现在，她已经拥有了300头赫里福德郡牛、一群绵羊、一处户外婚礼专用场地，以及一家餐饮公司。

西约克郡一位养牛的农场主瑞秋·哈洛斯（Rachel Hallos）坚持认为，今天在农业劳作上，机器承担了大量工作，原先男性在体力上占有的先天优势越来越不明显，如此一来或许女性更有优势。她非常确信的一点是：不论你的性别是什么，最关键在于你是否擅长自己的工作。

当农场主的女儿哈洛斯在接管公公的占地2000英亩（800万平方米）的农场时，已经是两个孩子的母亲了。她的商科背景给农场经营带来了一定帮助。在经过18个春秋之后，得益于现代农业创新和社交网络媒体，哈洛斯为自己"给农场带来了翻天覆地的变化"而倍感自豪。现在，她已经拥有了一群血统优良的牛、一群绵羊（春天产下300只羔羊），而且在假日期间，农场还可以短期出租。

她说："从事农业从来不是单单只做某件事那么简单，它要求你同时展开多项业务，我祖父过去就常常骑马或拉着车去赚外快。"

约克郡的农民以脾气暴躁或不友好著称，但哈洛斯很少遇到不愉快的事情，"总的来说，其他农民似乎接受了我，女性不会自我膨胀，而且也很乐意去协商"。

哈洛斯会通过脸书联系种畜的买卖，在推特上询问有关加料系统的使用问题，"当你陷入困境的时候，你会很高兴有人能给你提供帮助。我与之交流的人里面，有很多人都是女农场主，我们不会怯于发问"。

佩塔·达恩利（Peta Darnley）是德文郡一位农场主的女儿，但她从来没有考虑过自己去务农。她先是从事广告业，后来又曾就职于英国广播公司。她的丈夫伊沃（Ivo）是一名基金经理，他们夫妇带着3个孩子一起居住在诺丁山。

她的公婆请她协助打理内瑟伍德庄园（Netherwood）的一处具有历史意义的田庄时，从经济层面上考虑，达恩利是有理由接受这一提议的。"虽然伊沃心系于此，但他现在还不想成为一名农场主；我在他眼里是一个敢于接受挑战的人，否则他也不会娶我。"

起初，她非常怀念在公司与同事们相处所积累的情谊，而在庄园不管驾驶拖拉机还是算账，都是需要自己独立完成的，而且需要做的事情还很多。达恩利很快发现，内瑟伍德庄园附近的耕作历史可以追溯到13世纪，庄园的打理就像企业一般，需要不断发展并扩大业务范围以保持可持续性发展。

应该说，这座庄园现在既有耕地又有苹果酒农场，除此之外，达恩利还涉足高端旅游，拥有两处度假别墅，同时她还支持当地从事手工制作的企业。因为当地的槲寄生很有名，她每年12月都会在线经营一家槲寄生店铺——出售大量自家果园的槲寄生球。

她最新的经营举措是将废弃的农场建筑改造成一家名为"彭森"的旅游餐厅，这家餐厅于1月份开始营业，由厨师李·韦斯科特（Lee Westcott）负责，所使用的材料包括菜籽油、肉类、蜂蜜，以及庄园生产的面粉。它旨在体现韦斯科特先生"从庄园到餐盘"的理念。

14

继续我们的女农场主的故事。

劳拉·科比特（Laura Corbett）以为自己会嫁给农场主，而当她嫁给一位农贸商人后，她决定自己当一名农场主，来帮助父亲经营自家位于马尔伯勒（Marlborough）丘陵地带占地900英亩（360万平方米）的农场。她如今承认：

"事后看来,这是一个更好的选择,我无法和丈夫一起工作,但和父亲的合作非常愉快。"

这一决定意味着科比特夫妇和他们两个孩子可以搬进农舍,这也是一个年轻家庭所梦想的。挑战在于如何从农场中赚取另一笔收入。她回忆道:"在最初的几年里,我经常自我反思,但最终才意识到,为了农场的未来,我们必须卖掉奶牛。"自20世纪50年代以来,从事农业的收入水平就一直没有改变过,务农与你对它的爱有关,你必须去权衡自己的付出是否值得。

现在科比特拥有100只布尔山羊——它的名字在南非语中意为"农夫的山羊",她希望将这一品种数量扩大到300只,这是一个完美的解决方案,因为小布尔山羊的肉又瘦又多汁味美,以它为食材的菜谱也有很多,这和平时搭配咖喱的山羊肉大不相同。

山羊养殖仍处于起步阶段,但科比特希望自己的养殖事业能在未来几年得到长足的发展,业务涵盖范围更广。2018年的夏天,她还在谷仓里举办了一系列"山羊普拉提"的活动。普拉提是一种类似瑜伽的运动,"山羊普拉提"就是让客人一边做普拉提一边让山羊站在自己身上的锻炼加按摩方式。

为了满足自己长久以来对牛的热爱,她还为自己的牧场买了一小群稀有的白帕克牛——一种常年生活在户外且不需要太多照看的牛。

15

凯西克虽说是个只有5000多居民的小镇,但电影院和剧院都有,后者就在湖边。

在天气预报预测下午6点会下大雨之前,我们回到我早上已经勘察过的德温特湖步道,走上一段。

这次英国之行，相比去年的瑞士夏天走读，步道走少了，关键是天气不好。

湖边步道视野开阔，走在上面真是身心愉快。

德温特湖，安逸如画。

安逸是表面的，现在起大风了。

一位女划船手在湖面上路过我们这里，我热情地向她挥手，她面目严肃，不理睬我。这可是我在欧美社会从没有碰到的事情。不一会儿，明白了，前方帆船因风太大，翻船了，她与后面的划船手都是去救援的。

帆船翻过来了。

但风实在太大，它又翻了。

这时搞笑的场面又在我们身边出现了。有一对夫妻带着狗来到湖边，其中一只狗跑到我们这里，呆呆地注视我们好久。

另一只狗跑过来，要它一起回去，它就是不理。

胡杨早上与狗交流有心得了，他拿起树枝扔在湖边，狗狗果然去捡树枝了。

游戏开始了。

主人来找他的狗，但狗就是不回去。主人气得扬长而去。

游戏继续。

主人也不能丢下不管啊，只能回来。

主人的脸色很难看，我与他热情地打招呼，他也不理我。

我理解，就像你把人家的孩子留在身边玩，不让父母带他回去，谁都不乐意。

这事不能再任性了。

我们赶紧离开狗狗。

狗狗追了我们一阵，放弃了。

主人趁机一把揪住它的脖颈，拴绳，然后狠狠揍几下。

过了一会儿，他们走到我们前面，那只听话的狗狗自由地奔跑，而淘气狗被主人紧紧牵着。

说起淘气狗，我想起曾经在香港西贡海滩游玩，有只淘气狗在水里玩嗨了，拒绝同主人回去，而且在海里游得很远。

我在旁看得笑死了，最后还是有人划着小船，把狗抱了回来。

我跟胡杨说，我们也是淘气狗，天黑前就是不愿回酒店。

风雨大了，我们在湖边的山丘，与群羊在一起，观看美景。

我们从山丘下来，看到相关文字介绍，原来这里在1750年左右就已经被认为是观湖的最佳景点了：

1748年，克劳公园（Crow Park）内高大的橡树林被砍倒后，前往凯西克参观的游客们可以看到环绕着森林与牧场的山脉以及湖泊的全新景致。

美丽的景色为越来越多的人熟知。这里的山谷吸引了许多游客、艺术家以及作家前来。其中包括画家托马斯·史密斯（Thomas Smith），他以德温特湖为主题的画作是最早描绘该湖的作品之一。除此之外，还有诗人托马斯·格雷（Thomas Gray），他于1769年参观了克劳公园，此行被记录在一本知名的旅游杂志上。

以下是托马斯·格雷的大湖区文化风景发现之旅日志的开篇部分：

10月4日

我步行至克劳公园。这里高低不平的牧场，曾经是一片被古老橡树环抱的林间空地。大树根仍然留在地面上，却没有树木生长出来。如果还剩下一棵树的话，这里将会是一处无与伦比的美景。史密斯从这里给湖面取景的判断是正确的。这里是一处贴近湖边且平缓的高地，并不太高，但可以俯瞰博罗代尔峡谷（Borrowdale Vally）。

托马斯·格雷 1769 年

16

在酒店不远处的一家米其林一星餐厅晚餐。

前菜（开胃小吃）、主菜和甜点，米其林餐厅都是这三道，吃得太饱。

不像在中国，这些欧洲的米其林餐厅价格并不贵，与其他餐厅差不多，有时更便宜。米其林餐厅的麻烦是一般要提前一天预订，我们在苏格兰斯凯岛的波特里就没预订，然后连续两天没有位置。

我点的羊腿非常嫩，味道鲜美，是我记忆中最好吃的羊肉。

这家餐厅的菜单后面还附有"历史上的今天"，有些别致。

历史上的今天

1403 年 7 月 21 日，英王亨利四世在什鲁斯伯里战役（Battle of Shrewsbury）中打败了绰号"性急者"（Hotspur）的诺森伯兰伯爵亨利·珀西（Henry Percy）所领导的叛军。这是英国弓箭手历史上第一次在英国领土上同时出现在双方军队之中的战斗，充分展示出了长弓的致命威力。

1545 年 7 月 21 日，法国军队入侵怀特岛（Isle of Wight）。但是，法国人对当地形势了解甚少，岛上的当地民兵在班布里奇高地（Bembridge Down）对

2019年7月21日菜单

开胃小吃

1. 窑生西葫芦炖豌豆柠檬汤（全素）
2. 野蘑菇配甜椒洋葱外加芥末籽酱熏鸡
3. 时鲜水果盏与苹果冰糕（全素）
4. 蜂蜜羊乳酪配甜菜根与火龙果沙拉
5. 熏鲑鱼与对虾康配梅尔加吐司与酸模叶油

主菜

1. 带汁烤牛上股肉配约克夏热布丁糕
2. 油炸鸡胸肉配蓝纹芝士酱
3. 烤羊肉配百里香与红醋栗调味汁
4. 茄子咖喱饭（全素）
5. 煎鳕鱼片配青提以及豌豆与白葡萄酒奶油

餐后甜点

1. 柠檬面包与黄油布丁配蛋挞
2. 山莓伊顿麦斯
3. 热巧克力蛋糕配黑樱桃酒
4. 英式大湖区冰淇淋
5. 精选坎布里亚奶酪

咖啡

1. 埃塞俄比亚咖啡
2. 卡布奇诺咖啡
3. 标准浓缩咖啡
4. 双倍浓缩咖啡
5. 拿铁咖啡
6. 咖啡利口酒

有关身体对部分食品过敏的问题，具体请咨询店员。

法军展开了抵抗。法国人攻打该岛已多年,而这也是他们最后一次试图攻下该岛。

1796年7月21日,著名的苏格兰诗人罗伯特·彭斯(Robert Burns)在邓弗里斯逝世,年仅37岁。

1897年7月21日,建于原米尔班克(Millbank)监狱遗址上的伦敦泰特美术馆正式对外开放,当时只有67幅作品。

1925年7月21日,马尔科姆·坎贝尔爵士(Sir Malcolm Campbell)驾驶阳光游艇在威尔士盘迪恩沙滩时速达到150.33英里(240公里)。他的儿子唐纳德·坎贝尔(Donald Campbell)子承父业,同时创下了陆地与水上的速度新纪录。

1960年7月21日,英国游艇驾驶员弗朗西斯·奇切斯特(Francis Chichester)驾驶着吉普赛—莫斯号帆船驶入纽约港——创下了40天单船穿越大西洋的纪录。

1974年7月21日,英国国家警察计算机系统(PNC)开始上线运行。

1994年7月21日,约翰·史密斯(John Smith)意外死亡后,托尼·布莱尔接任工党领袖。

2013年7月21日,来自英国的克里斯·弗罗姆(Chris Froome)赢得了第100次环法自行车赛冠军,这是英国连续第二次夺冠。弗罗姆的队友布拉德利·威金斯爵士(Sir Bradley Wiggins)则是2012年第一个赢得该比赛冠军的英国人。

2014年7月21日,前利物浦中场兼英格兰队长杰拉德(Steven Gerrard)从国际足坛退役,在代表国家队14年的职业生涯中,他总共在114场国际比赛中出场。

第四章

利物浦

1

早上我们离开德温特湖边的小镇酒店，当车行到山坡高处时，发现此地观景绝佳，在此处居住的居民可能多是凯西克的精英。

我们停下车，细细品味周围的房子和花园。

我们一直没有在很晴朗的日子里观看过德温特湖，现在还是如此。不过，此时远山与湖面很有层次地展现在我们跟前，后面朦胧的山色自有其美丽之处。前方金黄色的野草随光线的变化而变幻色彩，也很动人。朋友圈的留言是："梦幻般的黄草地在绿树环抱中就像一位舞者，风一吹就舞动起来。"

最后望一眼湖区，上车。

2

车路过利物浦（Liverpool），虽然只是城市的边缘，仍然可以看到这座昔日的工业城市当年形成的风格，城市建筑很统一，没有什么绿地和花园。

一切尽可能地追求高度实用，可见当年的城市居民为英国现代化转型所做的贡献，很像今天的中国人。

儿子是超级球迷，他见我们来利物浦，当然要去利物浦足球队的大本营安菲尔德球场（Anfield Stadium）看看。球场与苏格兰的威士忌酒厂一样，游客可以组团参观，但球场规模很大，到处可见向导。

胡杨说，像利物浦等工业城市当年发展足球、建设足球场，是模仿古罗马人的斗兽场，转移阶级矛盾，让大众有所宣泄。不过，作为品牌经营，利物浦队的红色标志在球场被运用到极致，也确实好看。

利物浦足球俱乐部的内部设计都是粗眉大眼，连洗手间的标志都很夸张、醒目、粗犷，很"罗马"。

历史悠久的利物浦队曾经辉煌过，沉沦过，近来又再度辉煌。2019年利物浦获得欧冠杯冠军。儿子说，当时的现场欢呼声震耳欲聋，威力相当于二级地震。

如果我是利物浦球迷，也会将嗓子喊哑的。记得在2000年的巴黎，法国队获得欧洲杯冠军，街上一片欢腾，我也很想在酒馆里与球迷们一起欢呼。

球场外有利物浦球队20世纪60年代的传奇教练香克利（Bill Shankly）的雕塑，儿子激动不已地介绍他的名言："足球无关生死，足球高于生死。"

同样作为一个中国球迷，儿子比我不幸多了。我在80年代和90年代早期曾经是中国球迷，看到过中国足球的巅峰状态。我儿子现在看中国足球，那可是一场场空欢喜。为了赢得球迷的自尊，儿子连中国队与关岛、菲律宾这种弱队比赛也要看，这要在过去我们是不屑一顾的。更令人哭笑不得的是，菲律宾队还能逼平中国队！我都不好意思向他提及这场比赛，他赛前可是信誓旦旦地说要看中国队怎么痛斩菲律宾队的。

儿子游览利物浦足球俱乐部后，买了一件红色队服，在球衣后面打了9号，并写上约书亚（Joshua）的英文名。

下午3点多，我们还没吃午餐，要是平时，儿子早就饿了，今天他却很迷狂。他很认真地说："如果让我来这里，我可以一天不吃饭。"

嗯。

他又真诚地说："当然要我两天不吃饭，我是不愿意的。"

我马上说："对，要有底线思维。"

昨天晚上，在凯西克餐厅，餐后付小费，合理的数目是10英镑。

可我们只有20英镑纸币，其他的都是零钱。

我们有了分歧，反对者认为不能给这么零碎的钱，不礼貌。

我则想法很简单：侍者不会这么考虑问题，他认的是小费。

儿子赞同我的想法。

他说,《孟子》里讲不吃嗟来之食是虚假的,人要饿死了,本能会要吃的。

我赞同:是,这时吃是最大的尊严。活下去,终有一天会获得尊严的。

3

没想到利物浦的河滨区在 2004 年被列为世界遗产,因为它曾经是世界性港口,如今是文化之都。

不过,在我的印象中,利物浦代表了英国的工业,见证了英国经济的兴衰。

胡杨在英国书店买了一本《我们所失去的:大不列颠的衰落》(*What We Have Lost: The Dismantling of Great Britain*),作者是一位七旬老人詹姆斯·汉密尔顿-帕特森(James Hamilton-Paterson)。

这本书的背景是英国脱欧暴露的社会普遍的怀旧情绪。我和胡杨直觉这是一本不错的书,就像《乡村生活》中的文章一样,帕特森有英国人的写作特点,他的观点与论据会在不经意间透露给你,但却没有一个很明显的脉络和框架,需要慢慢体会。

帕特森开头就说数年前去萨塞克斯郡拜访一位退役的英国皇家空军军官,他已 80 多岁了。

一夜寒霜过后的清晨,空中撒上了冬季的尘土。望着后面那连绵起伏的唐斯丘陵,白雪覆顶,犹如拍打在岸边的浪花一般。

帕特森走进孤零零的小木屋。这位老人明显有收藏癖,他裹着棉衣,身后堆积如山的报纸摇摇欲坠,屋子中间勉强留出一条过道。有些报纸用绳子捆了起来,但大多数都任意堆放,杂乱不堪。如果把楼梯比作一条向上倾斜的冰缝,那这堆报纸就像是冰缝下那齐膝深的冰碛一般。房间里散发着煤油

传奇教练香克利雕塑

利物浦安菲尔德球场

与霉菌的异味，天气如此寒冷，帕特森甚至可以看到自己呼出的空气。

帕特森穿行于更多堆积如山的报纸之间，来到了一片"林间空地"，一座壁炉和一张堆满杂物的沙发映入眼帘，还有一张折叠式牌桌和一把椅子。出乎意料的是，桌上很干净，绿色的台面上摆放着书写用纸、钢笔、墨水、一套文具和一本支票簿，除此之外，还有一摞贴了邮票的信封，上面已经填好了地址。

原来这位老人每天都会从家里堆积如山、摇摇欲坠的旧报纸和杂志堆里随机挑出一个地址寄信。大多数寄往商铺，其他信件的收件人地址则是某邮箱或门牌号，全都是他写给广告的回复。这些广告至少都是60年前的，有些甚至是20世纪20年代的，大多是他青少年时期的广告：驶德美爱驰公司生产的轮毂，成对繁殖的小白鼠，还有晶体检波接收机等。他舔了舔信封封口，脑海里浮现出整洁而又繁忙的伯明翰工厂，黑乡（位于英格兰西米德兰兹郡，原为重工业地带），或者是芙丽布斯特生发药——在安斯蒂一条宁静的住宅街上，一栋半独立式住宅前的低矮砖墙上，一只家猫正在温暖的阳光下打着盹。住宅的后院里有座大木屋，里面摆放着一箱箱空瓶子，墙边架子上放着一罐罐五颜六色的液体，之后会统一注入空瓶中。空气中弥漫着一股樟脑的味道，拿着漏斗的中年人长着一头好发，坐在木屋那头的妻子正在粘胶标签上写着地址，一旁的女儿则熟练地给装好液体的瓶子盖上木塞并穿上金属线。

4

对于曾经的皇家空军中校来说，他写信回复的广告越多，过去在他心中也就愈加真切：比如15岁的毕业生可通过陆海军三军（还有商船队）所提供的实习训练获得相关资质，以替代大批战时被迫入伍的复员军人；或者是在那个汽油无须定量配给的时代，从35家为全球生产各型号汽车的公司中挑选一家作为自己的雇主，体面的工资可以使每个男性开上汽车；英国大工业正在摆脱战时计划经济模式以开启未来的重建：煤炭、钢铁、造船、飞机、铁路、电力生产（甚至还有核能）。

似此虚幻般的世界正是这些广告的核心本质之展示。在威士忌与怀旧念想的双重刺激下，这位萨塞克斯郡的老鳏夫选择躲藏在"纸质堡垒"后面苟延残喘。一切都是幻想，这点他或多或少还是清楚的。毕竟在中校退役的时候，那支他曾经服役过的、在全球范围内都颇具影响力的空军正在逐渐凋零，后来仅剩下为数不多的飞机——几乎没有英国完全自主生产的飞机，剩下的是那些跨国巨头或是别国军工企业的产品。

5

可以想象，对这样一位陌生人的短暂拜访给帕特森带来了挥之不去的阴霾，使他儿时的记忆不断发酵。他出生时正值第二次世界大战，20岁之前，他和小伙伴们都理所当然地认为他们所购买、使用或是看得见的产品，无论是大街上、空中或是海上，几乎所有东西都是英国公司在本国生产的。20世纪50年代，马路上几乎每辆汽车或卡车都是由英国设计制造的，只有福特和沃克斯豪尔是美国品牌，只不过它们是在英国生产，供应英国当地市场而已（沃克斯豪尔于1925年被美国通用汽车公司收购）。那时他周围没有外国品牌的汽车，或许偶尔会看到菲亚特、德拉哈耶、怪异的马格雷风格（Maigret Style）的雪铁龙——差不多也就这几个了。去伦敦码头或是任何一个英国港口上走一趟，管保大部分船只的注册地都在英国，每艘船都是由英国船厂制造。甚至有相当比重的外国注册船只也是由英国船厂生产的，因为那时全球一半的商船船队都会选择英国制造的船只。

那个年代，二战时期的螺旋桨飞机很快就让位于喷气式飞机，几乎所有的飞机都是英国设计制造的。差不多所有盘旋在人们头顶上的机啸和轰鸣声都出自英国军用飞机。

英国制造的蒸汽机车仍然在国家广阔的铁路网上轰鸣，包括1938年创下蒸汽机车最快行驶速度记录的A4系列"野鸭"（Mallard）蒸汽机车（现在依然保持着这项记录）。飞奔在伦敦市郊的电气火车，冷凝器释放的酚醛树脂留下了一股淡淡的抗菌剂味道。迅捷无声的无轨电车，满足了人们在各种环境下的出行需求，也是英国的发明；还有那些从埃尔瑟姆（Eltham）站开出的老式有轨电车，沿着维尔霍尔路（Well Hall Road）前行，嘎吱作响，不时擦出电火花。

帕特森想当然地认为他所穿的衣服也是英国制造的。他上学时，睡在隔壁铺位的是一个名叫班纳曼的男孩儿。他自然会身穿自家的班纳曼牌睡衣，这是一家由亨利·班纳曼（Henry Bannerman）创立于19世纪初的家族企业，有一家位于曼彻斯特的棉纺厂。他们宿舍内的其他人大多穿维耶勒法兰绒睡衣，这是19世纪末英国生产的毛棉混纺产品。夏天他们通常会穿埃尔特克斯（Artex）牌网眼衬衫，这是英国19世纪时期的一种布料，直到今天依然在生产。还有就是创立于萨默赛特郡的其乐牌凉鞋，在脚趾上方部位有一个旭日形的孔眼。冬天他们会穿布克陶（Bukta）牌短裤在操场上跑步——这又是一家19世纪时期创立于曼彻斯特的企业。

这样的例子不胜枚举。虽然大部分原材料是进口的，但大英帝国及其殖民地出口的产品如此之多，所以这并不能改变产品本身的英国烙印。孩子往往都只看眼前，所以这么多年来，他始终没有意识到背后早已隐藏着的不祥之兆：似这般快乐的时光不可能永远持续。当他11岁的时候，学校里一位小伙伴拥有一辆做工精细的机械玩具车，光滑发亮的红色车身，顶上还有小缝隙。

缝隙下方隐藏着一块非常灵敏的气流隔板，对着顶部吹气或者说话，可以控制汽车发动、停止或者倒退。当时尚未进入电子时代，所以这就像变魔术一般。制作该玩具的是德国著名的玩具公司——旭格（Schuco）（该公司今天依然存在）。还有铁路模型实景玩具的处境也差不多，若不是英国巴赛特－洛克（Bassett-Lowke）公司位于伦敦高霍尔本（High Holborn）街的玩具店，恐怕人们也只能去买德国制造的同类产品了。如果是这样，想象一下数年后，帕特森作为一名交换生参观了莱茵河畔的法兰克福，坐在火车上的他一定会有一种古怪且难以言表的感觉：火车站还有那些附属建筑物是如此似曾相识。

11岁的帕特森还不知何为衰落，印度的独立以及其他那些同样走上独立之路的殖民地又意味着什么；他完全不了解英国究竟如何浪费了美国在战后通过马歇尔计划所给予的援助而没有重建已经破旧不堪的基础设施；他也无法预料到英国会在他接下来的人生中一蹶不振，也没有想到在未来的一二十年里，他过去熟悉且从未怀疑过的品牌或逐渐走向死亡，或惨遭外资收购。差不多就在同一时期内，整个国家及其基础设施所依赖的各种行业都坍塌于尘土之中，钢铁与煤矿，造船，摩托与汽车，棉纺厂与威特尼毛毯，甚至还有飞机制造，这是何等的讽刺。而那些一息尚存的行业呢？毫无疑问，英国政客们会悉数将其卖给出价最高的竞标者，就像拍卖商在豪宅废墟里清理出最后一件值钱货一样。只要不是"发霉变质"的东西都会被拿来卖掉，大不列颠就像一个跳蚤市场，为了金钱而把自己毁掉。所有东西都要卖掉！有些知名品牌看上去好像得以幸存，但实际上却落入了外资之手。这表面上给人一种从未改变过的熟悉感，直至你某一天突然发觉真相而备受打击。这就好比宾利和劳斯莱斯有一天成为德国公司的，进而给帕特森父母那一辈人带来很大的打击，恍如看到太阳从西边升起一般。

6

帕特森认为：

由于近期的一系列政治活动，尤其是2016年的全民脱欧公投，"怀旧"一词不出意料地成为热门话题，给英国工业的衰败增添了一番究竟是纯属意外还是命中注定的争论，从而使问题更加复杂与扑朔迷离。怀旧方式不尽相同，但无论其形式如何，剔除其中无谓的、虚幻的那一部分则是我们必须要做的事情，比如赞美对家的美好回忆，而自己却从来没有真正体会过。在经过事实检验之前，对于那些自诩爱国之士在1979年前后所作出的一系列政治决定，我们无法判断他们的真实动机。他们假装要为国家谋福利，却使我们越来越失去了"大不列颠"的色彩；他们不断激起人们的信心与对未来的愿景，而这所有的一切却依然有如大众脑海中那颤动着的海市蜃楼一般。

44年后仓促做出的"脱欧"决定并未经过深思熟虑，实属孤陋寡闻之举，这就引发了下面这个问题：那些主张脱欧的人想把英国打造成一个怎样的"独立"国家？人们在这个问题上并未达成根本性共识，有些人坚信英国会在21世纪后打造出自己的全球贸易链，并再一次主宰全球命运。但即便是在这些人所描绘的愿景里，同样是不切实际与怀旧色彩并重。这很奇怪，因为从政治与社会环境的角度来看，55岁以下的人不可能重拾英国1973年同丹麦和爱尔兰一道签字加入"欧洲大家庭"时的记忆片段。2016年，各种有关重回入欧前岁月的言论甚嚣尘上，但这种幻想在很大程度上所基于的都是旧时新闻短片或者是小报所虚构的"昔日美好时光"。

2017年，当特雷莎·梅首相正式致信布鲁塞尔的欧盟总部确认英国脱欧的意向后,一家名为舆观调查网(YouGov)的市场调研公司就英国人脱欧后想要恢复的一些传统展开了调查。4月1日,英国《卫报》专栏作家约翰·克雷斯(John Crace)这样写道:

> 位列第一的是死刑,在主张脱欧的群体中,52%的人希望恢复死刑。幸好我们没有对此进行公投,否则英国将和中国、沙特阿拉伯还有美国一样要对囚犯执行死刑了。其他一些受到脱欧派青睐的传统包括:恢复之前的深蓝色护照,再次启用十进制货币之前的货币单位体系,英式度量标准,白炽灯泡,允许在酒吧与饭店吸烟,以及校园体罚。脱欧本是为了开拓21世纪英国主权的新局面,而不是对20世纪五六十年代的追忆与幻想,可这个理念却变得越来越难以维系。令人难以理解的是,我自己就出生在1956年,而那些同样经历过20世纪50年代贫困艰苦的人居然会想要重回那个时代。

出生于1941年的帕特森对于战后糟糕的生活水平有着比约翰·克雷斯更为深刻的记忆,对于希望重回那个年代的想法,他更是难以理解。垂垂老矣之人已然没有多少优势可言,但尚存的其中一个优势就在于:当看到那些只有自己一半年纪的政客们表情严肃地公开发表言论之时,这些老人们还能够对此表示高度质疑。

虽然"怀旧"一词源于希腊语,意为"思乡",但今天英国人所怀念的并不是他们自己出生的年代。令人困惑的是,二战期间的壮丽画面与军事装备依然被不断提起,对于那些多年来一直怀念二战时期的成年人来说,简直就是奉若神明。帕特森儿时记忆中的喷火战斗机、飓风战斗机,还有兰开斯特轰炸机飞行时的声音依然在他耳边回荡;桑葚人工港那庞大得简直与牛津市中心卡尔法克斯十字路口极不匹配的预制路段，还有盟军为了诺曼底登陆而实行的大规模集结。

帕特森对于战争的回忆肯定来自母亲与其他成年人。由于颠沛流离，生命遭受威胁而痛恨战争，他们关于战争的回忆远非胜利的欢呼，而是鲜血、痛苦，还有妻小与丈夫或父亲分离的担忧。对于早已远去的战争岁月，75岁以下的人不可能存有一丝记忆，或许这就是为什么当战时残存下来的飞行编队从头顶呼啸而过庆祝多年前战争胜利的时刻，帕特森的内心会毫无波澜。

如果说有人与我年龄相仿，而且有充分理由对战后那段时期表示怀念，那必定是因为他对这6年极具破坏力的战争厌恶至极，因为这段历史糟糕到极点，未来无论如何都不可能更差，而战后重建让人们抱着美好的憧憬。1945年新工党的当选令保守党旧政权感到震惊，当选后他们着手推行一项早在战前就该实行的社会改革计划。我们今天经常会忘记的是，虽然20世纪30年代的英国曾是世界上最大且最富有的帝国中心，但就和德国国防军在入侵前对1940年的英国所描述的一样，欧洲条件最差的贫民窟也在英国。1945年后大部分英国人的生活仅维持在温饱水平，然而，政府给出的一些承诺使他们略感慰藉，比如，全民住房保障，清理贫民窟计划，免费健康服务，15岁以前的义务教育，以及共创美好未来的共识。至少空袭警报声已经沉寂了，取而代之的是牛奶瓶的叮当声，因为人们每天会收到三分之一品脱（150毫升）的免费牛奶，它们被装在沉重的金属箱子里运送到全国各地的学校。

7

英国人在人们心目中最大的特点是冷静、精明且有分寸。帕特森则认为，他花了数十年才完全明白自己是如何被这个假象蒙蔽的。事实上，英国就是一个"骑墙派之国"。"我们表面上看上去很镇定,好像并不懒散或优柔寡断,但实际上却像那端坐在墙头上的'矮胖子先生'(Humpty Dumpty),内心充满着摇摆不定的焦虑,纠结着一旦局势有变,从哪边跳下去会相对更好一些。"

长期以来形成的自由、放任、懒惰的国民性格特点,加上"矮胖子先生"的心态影响了英国人对待工商与金融的态度,整个政府系统只重视短期效益的思维方式根深蒂固,其结果是灾难性的:全国自上而下没有人愿意承担风险。这种对风险的厌恶情绪显而易见,比方说,如果无法保证周五股市收盘前为股东实现盈利,那周一就绝不投资——从财政部再到各大银行,这种现象很普遍。由于英国拒绝在新项目和技术上投资,在关键时刻也未给予大量的政府支持,这些项目和技术反而在别的地方被抢购一空并得到了迅速发展。比如,埃里克·莱思韦特(Eric Laithwaite, 1921—1997年)在直线感应电机方面的研究成果促成了世界上第一辆磁悬浮列车的问世,这辆在伯明翰机场运营往来的客运列车曾大受欢迎,但因其从未进行过升级,被迫于11年后的1995年停止运营,今天英国连一条磁悬浮列车也没有;然而这项技术却在韩国、中国和日本得到了稳步发展,已有多种高速列车投入运营或者待运营,尤其从城市到机场的线路繁多,其他一些国家目前也在筹划这样的线路。

8

《我们所失去的:大不列颠的衰落》一书后面的章节是关于"火车与飞机""汽车""造船业""国防""摩托车""核能与渔业"以及"工程设计与建造",这些都太具体,我直接跳到最后的结论。

20世纪下半叶,英国大量行业衰落,原因是什么?帕特森写道:

首先需要指出的是，人们过分夸大了撒切尔夫人"最后一击"的影响。所谓"最后一击"，是指撒切尔夫人起到了压垮英国重工业最后一根稻草的作用。说起重工业，油腻顽固的污垢，罢工抗议活动，还有小资产阶级的正直品质与爱国主义情怀的缺乏，诸如此类的描述都与重工业有着千丝万缕的联系，撒切尔夫人对重工业的厌恶虽是发自内心，却也丝毫不加掩饰。然而实事求是，多数英国制造业陷入困境的时间要远早于她1979年开始执政之时。

第二次世界大战结束以来，无论是历届英国政府、工会领袖还是各级管理者，都从来没有为了国家的繁荣昌盛（而非仅为了生存）制订过清晰缜密的长期发展计划，其实施自然无从谈起。面对困境，除了注入大量公共资金以延缓崩溃的到来，国家并没有找到任何补救的方法。也正因如此，撒切尔夫人确信英国国有大工业时代已然结束的观点也就顺理成章了，就像她肯定银行与保险等新兴部门可取而代之一样，即：借助欧洲单一市场框架向服务业转移。但撒切尔夫人犯了一个令人难以容忍的错误，那就是她推行转变的方式过于野蛮。政府抛弃了之前的"北部振兴计划"，全然罔顾其可能带来的社会后果，取而代之的是一个全新的以伦敦为中心的所谓"东南部振兴计划"。依照英国政府的传统，当局并没有制订合适的计划以减轻二战以来最大的经济动荡带来的严重社会后果。

像这种缺乏系统规划的历史传统可以追溯到工业革命时期，不幸的是，发起工业革命的就是英国。伴随着当时一系列陆陆续续的发明，工业革命就这样匆匆上阵了。但工业革命真正开始腾飞的阶段却是1870年前后，这要感谢那些头戴高顶礼帽、下套肥大裤子的天才科学家们，当然，还有大批劳工的贡献。也正是从这里开始，就像多数创新者的遭遇一样，英国最终付出了相应的代价：前人历尽艰辛铺下科技前进的道路，而后人则踩着前人的脚印相对轻松地实现超越。就技术创新而言，它从来都不是为英国所垄断的。大量构思发明的融合与相互间的交流启发不断在工业化国家中涌现。虽然大英帝国版图下的殖民地市场非常庞大，从某种程度上扭曲了贸易出口数字，从而给人们一种比实际情况更好的错觉，但以下数字依然很能说明问题：1880年代中期，英国占有全球制成品出口量的43%，而同期德国、美国分别占比16%和6%。到了1913年，英国的份额下降为32%，而德国则上升至20%，美国也达到14%。事实证明，在跟上科技进步的道路上，英国可谓是步履维艰。英国人很少从自己发明的新技术领域中赚取相应的经济利益，举个简单的例子，当时年轻的威廉·亨利·珀金爵士（William Henry Perkin, 1838—1907年），偶然发现了苯胺染料，但棉花产业却并未从他的发明中获得经济上的利益。在更新厂房设备的问题上，英国人做得更差，未能跟上国外竞争对手追求设备效率与精度提高的步伐，这种失败可以说是长期性的。在两次世界大战中，要不是英国公司在和平时期进口的数千台德制与美制机床，恐怕连飞机零部件与发动机的量产都无法实现，因为英国缺少国产机床。

劳动阶层技能水平低下，住房条件简陋，温饱问题亟待解决，除此之外，同样严重的还有投资力度不足。在缺乏国家全面计划的情况下，直到20世纪20年代与30年代，也只有不到四分之一的英国人接受过中等或高等教育，所以即便历届政府定下明确目标，也不可能建立一支熟练的劳动力队伍——更何况这从来不是政府的目标。第二次世界大战期间，英国工业蓬勃发展，那是因为它得到了联合政府与战时内阁的鼎力支持而拥有绝对优先权。

一个公开且痛苦的事实是：英国的工业财富与生产在很大程度上依赖于一个受教育程度有限的下层阶级，并在1945年之后的几十年里不可阻挡地摧毁了整个国家工业体系。

Liverpool

披头士乐队

利物浦

9

撒切尔夫人想要学习美国人的做法，即把国家当成是一家公司来管理，让首相与其内阁成员扮演总裁与董事会的角色，6500万公民则变成了"广大股东"。当时诸如哈耶克与弗里德曼等美国新自由主义经济学家的理论甚嚣尘上，撒切尔夫人对他们的主张过于迷信。此等理论颂扬私营部门，斥责政府部门开支。然而，英国人天生的自由放任态度从未表现出任何类型的管理才能。董事会成员们主要来自上层社会，比起伦敦周边各郡以外的地方，这些人更感兴趣的是伦敦金融区，他们显然是无能且不称职的。今天，看着国家经济的萎靡与贫富悬殊的不断扩大，"英国股份有限公司"的悲惨结局可谓暴露无遗。

"英国股份有限公司"的大规模私有化所带来的一大失败就是：英国经济总量中的80%都变成了服务业，他们甚至连一袋钉子都生产不出来。

常识告诉我们，为了应付不确定性可能带来的风险，最安全的做法是打造一个产业多元化的经济体，一个主要由银行家和美甲店所组成的经济体显然是不合格的。

与"英国股份有限公司"不同的是美国在其国家利益岌岌可危之时所表现出来的高度灵活性。不仅如此，美国政府还是世界上最大的风险资本家。

正如经济学家玛丽安娜·马祖卡托（Mariana Mazzucato）所讲述的那样，当一个行业濒临崩溃之际，美国政府在是否出手拯救（这也是新自由主义的拥趸们在政府干预经济问题上所能容忍的最大极限）的问题上非但没有丝毫犹豫，反而异常精明地通过长期投资的方法打造出全新的市场。比如，我们都知道，那种在自家小车库里起家创业，再发展到后来身家数十亿美元的私营小企业，可以说是硅谷备受追捧的标志性励志鸡汤，但你是否知道，在此之前，它们扎根的土壤早已是沃野万里。硅谷目前强大的经济实力，得益于政府在它早期发展阶段所给予的关键性支持。马祖卡托非常详细地阐明了一个事实，那就是苹果旗下的播放器（iPod）、平板电脑（iPad）还有智能手机（iPhone）等一系列产品获得了很大的成功，其背后几乎每一项新技术所根植的项目都获得了联邦政府的大力资助。这些新技术包括：互联网、全球定位系统（GPS）、锂离子电池、硬盘、触摸屏、语音识别，甚至是苹果产品上所使用的语音识别接口（SIRI）。

而相形见绌的是，只要是短期内股东分红无法得到保证，"英国股份有限公司"根本不愿给予私营部门以任何支持，英国人的意识形态和财政部都不会答应，所以有些事情也就不难理解了：为什么2019年获诺贝尔化学奖的英国人斯坦利·惠廷厄姆（Stanley Whittingham）会在20世纪70年代他为埃克森美孚工作期间发明可充电型锂电池，为什么今天他是纽约宾汉姆顿大学的教授（而非他的母校牛津大学）。的确，美国政府从未想过将其资助的研究成果转化为苹果手机，因为这是企业家所应扮演的角色，比如说已故的史蒂夫·乔布斯，他们具有将创新转化为现金的能力，但为这一切奠定下基础的却是用美国纳税人的钱所资助的研究项目。

10

更深层次的意义在于，英国倒退的背后是一个多世纪以来都未曾改变的事实：英国民众普遍不成熟的心智，这就意味着他们对社会的一些态度始终没有什么改变。1939年，乔治·奥威尔在自己一篇题为《男孩周刊》（Boys' Weeklie）的文章中对此进行了一番评述，他认为这种态度或精神是狄更斯与吉卜林的结合体——"沉浸在1910年的错误幻想之中"。奥威尔指出，这绝非偶然，这种思维只是巩固了卡姆罗斯勋爵等媒体巨头的地位，他旗下的联合出版公司还同时拥有《每日电讯报》与《金融时报》。看看英国年轻人被灌输的思想观念吧：政府放任自由的资本主义是没有任何问题的；以漫画形式把其他国家的人刻画成无足轻重的存在；大英帝国就是永远屹立不倒的慈善企业；等等。

如果再看看这些出版公司的所有者都是些什么人，那么你很难相信这只是一种巧合。如果我们把历史快进到近80年后2016年的脱欧全民公投，你会发现《每日邮报》（董事长是第四任罗瑟米尔子爵乔纳森·哈姆斯沃斯，个人净资产10亿英镑）、《每日快报》（所有者理查德·戴斯蒙德，个人净资产22.5亿英镑）等报纸都在大肆鼓吹或传递着同样的价值观。其他报刊包括《每日电讯报》（跨境逃税的巴克莱兄弟，即弗雷德里克爵士与大卫爵士，两人的净资产总计约65亿英镑）、《泰晤士报》和《太阳报》（默多克，全球媒体大亨，个人净资产120亿英镑）等。这份名单所列出的不是普通人，更不是什么激进分子。但如果乔治·奥威尔还活着的话，这些大亨们对英国民众情绪的控制手腕是他再熟悉不过的了。在他们的舆论控制下，人们被灌输了各种思想，比如：外国人都是可笑的（详见《太阳报》文章《去你的德洛尔》，德洛尔时任欧共体委员会主席）；英国人天生就更优越（喜欢吹嘘"我们赢得了第二次世界大战的胜利"，更不用说1966年的足球世界杯冠军）；还有就是在文学作品中继续幻想着大不列颠帝国在各种未知海域的霸权。与所有顽固执拗、自欺欺人的行为一样，这种毒瘤式爱国主义只会徒增感伤。

颇具讽刺意味的是，大英帝国在19世纪时期的对外扩张，非但没有减轻英国人故步自封的心态，反而还可能助长了民众对外国人的蔑视。今天，"我们为帝国曾经给数十个国家所带来的破坏而感到痛惜，理应如此；但我们却没有付出足够多的时间与精力去衡量帝国给我们自己所带来的伤害。我们已经步入21世纪，比起文明的缺乏，这种自诩尊贵且仇视外界的思想要糟糕得多。

英国人不愿学习外语，越来越多的学校也不愿教外语，其后果无疑会在经济层面上表现出来。看看英国人在那些与之贸易的国家面前所表现出来的傲慢与做作——如何对待自己国家的工人阶级更是不必多说——这种态度在过去的半个世纪里几乎没有任何改变"。

11

最近40年以来，"英国股份有限公司"的一大讽刺是保守党不知贱卖了多少国家财产。在目睹撒切尔夫人长达6年的执政后，英国前任首相哈罗德·麦克米兰在1985年11月8日的托利党改革派演说上郁郁指出，无论是个人还是国家，在遇到资金困难时抛售资产的现象非常普遍。先是乔治王朝时期的银器，高级酒吧的奢华家具，然后是卡纳莱托的画作。和罗伯特·安东尼·艾登（1955—1957年出任英国首相）不同，麦克米兰出生中产阶级家庭而非乡绅。但作为一名名副其实的托利党人，他和其他贵族一样，为祖上的土地与世代相传之物惨遭抛售而感到恐惧，他把自己看作是这些"祖传之物"的保管人而非所有者。

"政府从未考虑过的是，如果从国家层面上来看，这些收购与抛售行为会给我们的士气带来什么样的负面影响。当深受人们喜爱的品牌彻底消亡或被外资吞并的时候，曾经熟悉的东西不断地遭到无情肢解，从某种意义上来说，生命与自己所生活的国度也更加陌生，这给人们带来的是一种无法用言语表达的哀伤。当然，任何我们所熟悉的事物都可能会毫无征兆地离我们远去，但如果人们有充足理由相信，我们拥有那些能带来同等价值与享受的东西来取而代之，那这种损失也更容易为人们所接受。而如果缺乏这种信心，则会导致士气下降，从而一点一点地影响人们如何看待自己国家与治理方式的态度。"

第五章

埃文河畔斯特拉特福

1

我们离开利物浦，继续出发，此时已经是下午4点多了。

我忽然有灵感，让胡杨看看导航目标是不是埃文河畔斯特拉特福（Stratford-upon-Avon）。胡杨果然是将导航设定为去斯特拉特福，但它与埃文河畔斯特拉特福是两个地方。如果事先没有研究，很容易将两个地名混为一谈。

途中有些塞车，我们前面的司机是个白发男人，他竟然边开车边看报纸，而且头版看完，开始看二版。

现在报纸落伍了，大家都在看手机，这个就显得特别了。

我左边车的司机在啃苹果。

英国的司机秩序感强，即便看报的司机留出很大的空当，旁边的司机也不会趁机插进去。

其实这样大家开车都比较放松。

我们今天一直在高速公路行驶，比苏格兰的路强太多。只是这路面还是有些狭窄了点，看着旁边驶过的那些大卡车、大客车，如果司机猛地打个喷嚏，我们会不会有麻烦？

虽然我在苏格兰就一路"吐槽"当地的路让人开得多不舒服，但从财政角度来看，这很合理。相反，我们中国在一些很偏僻的地方修筑了良好的高速公路，今后怎么维护确实是个问题。

2

晚上8点多，我们终于来到埃文河畔斯特拉特福，一个保留了诸多精美的历史建筑的小镇。

斯特拉特福民宿

我们匆忙办好民宿公寓的入住手续，就去附近的超市购物。这家超市，我们在英国只见过一次，但质量和品种似乎是英国的超市中最好的。可惜的是，我们当时急着去吃晚餐，忘了记下这家精品超市的名字。

胡杨到英国，开始是买午餐肉，然后喜欢上了鱼罐头，在这家超市又买了不少花花绿绿的鱼罐头。

我则买了4瓶巴罗洛（Barolo）葡萄酒，这是意大利最著名的红酒，价格贵，但确实好喝。

我们在公寓对面的泰式餐厅用餐，他家好像改良了泰餐，可能担心西方人吃不了辣，把大部分饮食的口味变得酸甜。我们特意要了酸辣调料，才有点感觉。

毕竟快3个星期没有在餐厅吃过米饭了。

有意思的是，给欧美人吃的中国菜也是偏酸甜的，不符合我们的口味。

上海菜曾经也被认为偏甜，但现在口味也变得偏咸偏辣。

欧美人似乎接受不了我们那么重的辣味。欧美人非常喜欢甜食，到处是甜甜的。

3

民宿是一幢看似很传统的英国楼房，我们住在顶层。

乍一看，黑色的木梁与白墙的黑白架构很像狂放的现代书法艺术，有足够的审美表现力。

但很快，我们发现这套房间不适合居住，里面弯弯绕绕，每个门框高低不一，有几个很低矮，非常容易撞头，我当天晚上就撞了两次，很疼。

房间其实是阁楼改造的，布局压抑，以前应该是放货物或者仆人住的。现在因为面积比较大，反倒价格定得高，很不合理。

民宿的主人应该是个印度女人，在订房网上介绍时，没有现场照片，也没有说明这是阁楼。

这不厚道。

我们在欧洲，到目前至少有三次因为要求大面积的屋子而住了很压抑的阁楼。网上的民宿都不会明说是阁楼，以后遇到标注面积很大的屋子，要警惕了。

但防不胜防，我们只能做好第四次住阁楼的准备。

这事只能自我排解了。

我只能将这个黑白配的阁楼看成自己在书法的丛林中穿梭，审美不错。

喝着美妙的意大利巴罗洛红酒，吃着奶酪、橄榄与火腿，在朋友圈写走读札记，读《乡村生活》杂志，斜窗凉风习习，一直到凌晨2点，睡去。

斯特拉特福民宿

我在大学时代读过林语堂的书，觉得他过于强调生活的舒适和享乐，不大欣赏。但前阵子，我又翻阅林语堂的书，发现他也许是对的。人生所有的苦难烦恼如果都用审美的眼光去看，不失为一种解脱与超越。

4

2019年2月13日《乡村生活》的封面故事是《乡村生活婚礼指南》（The Country Life guide to wedding），在"婚礼的决定"（Decisions, decisions）一节中，作者列举了一些对比性的选择，有些是我们中国人比较陌生的。

第一个选择是"教堂还是婚姻登记处"。我们觉得这两者并不矛盾，先结婚登记然后去教堂举办婚礼。可在英国的乡村小镇，附近连邮局都不太可能有，更别说婚姻登记处了。然而，几乎每个村子都会有座教堂，对于教友在教堂举行婚礼是非常方便的，而且在同一座教堂，自己的祖辈们也同样做出过承诺，把自己托付给另一个人的行为也会变得令人向往。

不过，无神论者、人文主义者和希望快速结婚的人，就偏爱结婚登记处的方便。

第二与第三个选择是"国内与国外"和"城市和乡村"，没有什么新意。

第四个选择是"夏季婚礼与冬季婚礼"，这种选择在上海基本上不存在。在英国乡村，冬季气候非常糟糕，严重的时候，有一半的宾客会受暴风雪的影响无法前来参加婚礼。

第五个选择是"大型婚礼与简约婚礼"，之所以有这样的选择，是因为想要举办一场中等规模的婚礼难度很大。简约婚礼就是只邀请直系亲属和挚友，那么其他熟人和同事就不会因没被邀请而生气。否则的话，你就必须举办一场大型婚礼。一场中等规模的婚礼很难选择宾客，因为大多数朋友都得邀请，肯定还有一些人也希望得到邀请，一旦有所疏漏，就很容易冒犯到那些被忽略的人。与新郎新娘父母交情深的人通常也要出现在受邀宾客的名单上。

从这方面来看，英国乡村的社交关系比上海更为复杂。

第六、第七和第八的"周末与工作日""坐哪一桌"和"办婚礼与私奔"，对我们中国人的经验与观念来说没什么新鲜感。

5

同一期杂志《乡村老鼠》栏目的文章是《所有的小事情》（All the Small Things）。

简单的小事情能给我带来无穷无尽的乐趣。花园平台处的石板已经刷得锃亮，整个花园看起来亮堂了许多。我打算再买些雪花莲，因为它们在春季的复苏绽放令人动容——无论怎样都不嫌多。我现在已经开始期待明年的景象了。

这些日子，我一直把钱用在那些日常用品上，我买了全伦敦最棒的剃须刀。它的确很昂贵，但毕竟我每天都要刮胡子。我还升级了家里的枕头，因为人一辈子有1/3的时间都是用于睡眠的。

我的儿子查理定下了每周读一本书的目标，好主意，似乎值得支持一下。我的妻子安娜也准备休息一年丰富一下自己的生活，我则打算多去几次电影院。此外，我准备在减少每天食物摄入量的同时提高饮食质量。我经常在想，精致的面包与优质的黄油就足以带来一次绝佳的美食之旅，但前提是在餐馆里享用。我现在每天都会吃上一些，既美味又经济。最让人舒服的就是户外环境：对于灵魂来说，自由与整洁的感觉实在是太美妙了。

《城市老鼠》栏目的文章是《早餐时的煎熬》（The Trials of Breakfast）。

作为英国 BBC 第四频道早间新闻栏目的长期听众，最近我们家对该栏目的忠诚度有点儿动摇。并非我们不想看新闻，而是每天一大清早，新闻播报员就不厌其烦地对关于政治瘫痪问题展开分析，实在是令人心烦。

不过 BBC 最棒的地方就在于你可以根据自己的情绪与偏好来调整频道，从而能收听各种不同的电台。我的家人调侃我，说他们以前还从未发现我会霸着广播频道不放。对此我机智地回应道，要么你们谁能赶在我之前坐到餐桌前，否则听什么频道我说了算。

不过话说回来，即便我能决定早餐时听什么频道，这也没什么价值。因为我的一个孩子每天早上都要为歌剧《大卫和歌利亚》（David and Goliath）的表演而排练。他们每天早上都会一边走向餐桌，一边唱着歌："我们是军人，我们是上帝的军人！"

另一个孩子则自学成了一名史前"专家"。记得他某天早上大谈史前历史时提到了一个单词"Patholithic"，我突然觉得与其说是他把这个词和石器时代最早且跨度最长的那段时期（Paleolithic，意为"旧石器时代"）给搞混了，倒不如说这是最能形容我那天早上心情的单词了（Patholithic 这个词本身并不存在，但其中的前缀部分"patho"有痛苦与疾病之意，作者实际上是幽默地指出，自己本来早餐时听广播的时间已经少得可怜，还得耐着性子听另一个孩子漏洞百出地大谈史前历史，这让他颇有些无奈）。

6

这期《乡村生活》的《痛苦与求助》栏目让人印象深刻。

题目是《原谅并忘却？》（Forgive and Forget？）

读者求助：

您好，我妻子去年出轨了，但我们都想维持婚姻关系，所以我就没有继续追究下去。但我实在是控制不住自己，脑海里总会浮现出她和其他男人在一起的画面，这实在太让人煎熬了。我已经原谅她曾经出轨了，但怎样才能忘记这件事呢？

栏目解答：

已经发生过的事情无法改变。你能渡过这一难关，还有你妻子也没有继续出轨，这很好。我教你一个有趣且实用的办法：你们可曾想过拿那个第三者来开玩笑吗？他是你的朋友吗？他的脚长得怎么样？是不是和怪物蒙克一样丑？是不是方向感也很差？你们可以私下就这些缺陷进行些调侃，但请记住，语气应该是戏谑、亲切而不带任何恶意的。

私下里把这些笑话讲出来会很有用。这样在你妻子眼里，第三者的形象不再神秘，你的妻子也会逐渐淡忘他。这样你的形象会更加高大，而第三者的形象立马就渺小了许多。你现在是一个有风度的人，对你妻子的吸引力又增加了。如果你实在忘不掉，那就想想奥兹巫师（《绿野仙踪》里的巫师）最后也不过是个躲在帘子后面的小老头而已。你要是这样想，痛苦就会减轻不少，祝你好运！

7

2019年2月13日的《乡村生活》的Agromenes栏目也保持了一贯的观点

独特:虽然全球气候变暖对英国有利,但不能忘记对其他地方的危害,如果大家不联手对抗气候变化,产生的危害将威胁整个地球。

《几多欢喜几多愁》(Some Like it Hot)

乌头与雪花莲已开始绽放,水仙花也含苞待放。很快,圣大卫日(St. David's Day)所需佩戴的胸花就不难找到了(圣大卫日是威尔士国庆节,人们有佩戴水仙花和韭葱的习俗),但从气象日历上看,3月1日才是春季的开始。多年来,以现在这个时间点来说,我们大概还要再等上几个星期才能看到花苞出现。难怪我们过去经常使用星占年历来测算春天到来的时间,照此推算,我们今年得等到3月20日昼夜平分之时。

今年的1月份烈日当头,画眉欢快地鸣啭着,这说明上面两种测算方法都不太准确。事实上,根据英国林地信托基金会提供的数据,春天其实在去年11月的时候就已经到来了。

旧规则已不再适用,我想蝴蝶和我们一样困惑。比起那只在圣诞节期间现身于梅瑟蒂德菲尔(Merthyr Tydfil)的小蛱蝶,去年12月7日出现在剑桥郡(Cambridgeshire)的大西洋赤蛱蝶更是让人吃惊。要知道蛱蝶在剑桥郡出现的正常时间是每年的5月7日,现在却整整提前了5个月。我们还注意到,雪花莲绽放的时间提早了一个月;另外,我们不用等到3月,去年11月就可以看到榛树发芽;还有读者来信,说是节礼日(Boxing Day)那天,有蓝山雀在户外巢箱里出现。

这使得英国气象局相信,植物生长的季节延长了一个月,花朵绽放的提前与落叶时节的延后,这对于英国来说并不是坏事,或许这也解释了为什么很多英国人都不怎么担心全球变暖，主要是气候变化能给英国带来好处。

英国的香槟酒质量正在超越法国，英国的萨赛克斯郡可能会成为新的勃艮第，英国也将变成旅游胜地，尤其是在英镑继续贬值的前提条件下。

当然，气候变暖也会带来很多威胁——更为频繁的洪水、疾病还有极端气候。对于很多国家来说，气候变化是极为严重的问题，相比之下，英国还是非常幸运的。

以塔斯马尼亚岛（Tasmania）为例，该岛屿因其原始风貌与环境未遭到破坏而闻名全世界，现如今却因气候变化而失去了往日的光彩。塔斯马尼亚岛就像一个古老的王国，岛上很多树木的树龄已超过千年，岛上国家公园中生长的高山植被不同于地球上其他任何地区。可是因为气候变化的影响，岛上的雨林、平原还有荒野开始消失，昔日美丽的风景逐渐变成了沙漠。影响远不止这些，后来火灾也来了，带有高热效应的雷电让岛屿燃烧了起来，加上稀缺的降水使得该地区变得异常干旱。

有些地方则是另一番画面。受全球气温升高的影响，海平面的上升不可避免，孟加拉国不得不每年重新安置数以万计的国民。许多环太平洋岛国也不得不面临着不久后即将被淹没的事实。在非洲地区，酷热难耐加剧了荒漠化的进程，使得贫穷的地区越来越穷。

我们身处英国确实很幸运，气候变化给英国带来了好的一面，但对于全球来说却并非如此。正如之前提到的，春天已然提前到来，而前来授粉的昆虫却还参照以前的时间，这就意味着它们来得太晚了；在我们所熟悉的植物中，诸如山毛榉和羽扇豆之类的作物也会受到气候变化的威胁。

2月的阳光虽有些反常，却点亮了英国乡村之美。忽略当下的美好时光与独特美景固然是愚蠢的，但我们绝不能忘记正遭受气候变化影响的其他国家，如果我们不携手对抗气候变化，它所产生的危害会将整个地球置于危险境地。

8

到斯特拉特福的第二天早晨，我们在民宿隔壁的茶室吃早餐。茶室建于1931年，自称是本地历史最悠久的，而在伦敦，始于19世纪的茶室比比皆是。我推测正是20世纪初期英国完成了工业化的转折，人们开始热衷户外休闲活动，于是大众旅游业才真正发达。作为莎士比亚故乡的斯特拉特福，也成了热门旅游小镇。

今天重点游玩与莎士比亚有关的居所，路上偶遇都铎世界博物馆（Tudor World Museum）。这里没有什么都铎时代的旧物，但一些反映那个时代的场景布置和巧妙的游戏，设计得很生动。例如我们进来的时候，都拿到了一张小卡片，告诉每个人的假想身份，比如我是年轻的诗人肯特。等到离开博物馆的门口，可以看到每个人的人生结局，肯特在29岁因间谍罪被逮捕处死。我们5个人，除了一个人飞黄腾达，其他人的命运都很差。

这符合都铎时代的动荡特征。

9

莎士比亚故居（Shakespeare's Birthplace）在热闹的大街上。

据《莎士比亚的工作、生活和时代》（官方指南）介绍，威廉·莎士比亚于1564年4月26日在斯特拉特福的圣三一教堂（Holy Trinity Church）接受洗礼。他出生的精确日期现在无人知晓，但是传统上是在4月23日庆祝，因为婴儿出生3天后受洗是这里的风俗。

16世纪婴儿夭折率很高，这一地区只有三分之一的孩子可以活到成年，莎士比亚的父母约翰和玛丽此前已经失去了两个女婴。威廉出生后，黑死病席卷斯特拉特福，小镇上 15% 的人口染病死亡。很可能玛丽带着她年幼的儿子住在距此 6.4 公里、相对安全的威尔克特农村娘家，直到感染的威胁解除。

曾任大英博物馆馆长的尼尔·麦克格雷格介绍，约翰·莎士比亚是个手套商，生意做得不错。1556 年，他在斯特拉特福的汉利大街买了一栋房子，也就是今天的莎士比亚故居。由于拥有产业，他获得了出任公职的机会：数次被选举为镇长（全镇的最高职位）和高级市政官。

自 16 世纪 70 年代起，约翰似乎开始走背运了，非法贸易和高利贷给他招惹了不少麻烦。他先是把自己的产业抵押出去，1580 年又失去了部分财产，后来因为欠债被捕。最合乎情理的解释是，他花了 20 年时间做到当地的最高长官，有点忘乎所以了——他因为没有按时去教堂做礼拜，于 1586 年被解除公职。更糟的是，1592 年他是当地 9 名被控的"抗拒者"之一（即拒不参加英国国教礼拜仪式者），罪名是"惧债不出"——害怕公开露面会被逮捕。因为当时逮捕经常在礼拜天进行。

如果这是事实，按鲁迅的说法，家道的变故会给少年威廉带来刺激，让他深刻理解人生与社会的。

但这是传统的说法。《如何邂逅莎士比亚》一书的作者保罗·埃德蒙森认为，约翰·莎士比亚通过羊毛生意赚取了大笔钱财，起初威廉·莎士比亚去伦敦的主要原因其实是作为长子帮助父亲打理羊毛和其他生意。据说约翰售卖房产和土地是因为他想把钱投到别处。1590 年，他得到亨里大街西翼一处更大的宅子，且一直保留着。约翰的遗嘱没有保存下来，我们无法得知他究竟有多富有，但如果他家中当时的确有钱，就能解释为何 1594 年威廉·莎士比亚能与人合伙创办"张伯伦勋爵剧团"并购其股份，以及在 1597 年购入

莎士比亚故居

豪宅"新坊"(New Place)了。莎士比亚可能继承了大笔钱财,如此一来,1601年其父去世之后他做出的可观投资就能说得通了。

我之前一直以为莎士比亚也是一位出色的企业家与投资家,这在世界大文豪中可谓首屈一指了,可后一种说法则马上将莎士比亚划入了"富二代"的行列。

我没有认真考证过后一种说法究竟有多少真实性。可是,不管莎士比亚的作品还是他的人生,都透露着一种极其"不凡",这是许多人不愿意认同的。

莎士比亚故居

他们经常希望通过各种猜想，将莎士比亚和其作品拉入所谓"常识性"。

莎士比亚故居的庭院有两位演员正在表演莎士比亚戏剧，我们点《麦克白》，他们演了片段，一位演员即便坐在轮椅上，仍然声情并茂，极为投入。

1847年，这座砖木结构的莎士比亚故居挂牌出售。据说美国马戏团老板费尼斯·巴纳姆准备买下它，将其拆掉后运往美国，然后把它们还原打造成北美著名的旅游胜地。

这时著名英国作家狄更斯筹集了3000英镑将其买下，保留了当时已处于严重失修状态的莎士比亚故居。

10

我们接着去莎士比亚的新居或者说豪宅"新坊"。

现在里面已经没有什么东西了，但花园委实不错。

正如维夫·克鲁特的《莎士比亚传》所言，除了重大事件，关于莎士比亚的人生，人们所知甚少（当然对那个时代而言这很平常）。没人知道他是如何进入演艺界，又是如何挤出时间经营一个小型的地产王国，做一个全职演员（当然不是一流演员），同时写出37本剧作（基本上一年创作3本）。没人知道离开学校之后他做了什么，也没人知道在斯特拉特福的家庭生活和伦敦的单身汉生活之间，他是如何分配时间的。

在伦敦，莎士比亚基本上就是一个精明的上班族。从1587年直到1610年左右，他居住在伦敦周围各式各样的公寓里，但是他的主要居所一直在斯特拉特福，这样做在纳税上更节省。应家庭和生意之需，他一年至少回一次斯特拉特福，再待上几周（一般是四旬斋期间，剧院关闭之时）。

为艺术在阁楼里忍饥挨饿，可不是莎士比亚的行事作风。除了写作剧本和诗歌，他还是一个精明的商人、企业家以及狡猾的避税者。莎士比亚不仅在伦敦的剧院登台演出，而且是几个剧院的股东之一，剧院收入按百分比抽成给他，因此他的大多数剧作都在这些剧院上演。回到斯特拉特福的家中，莎士比亚实施了包含地产、房产和什一税权在内的合理的投资组合策略。

莎士比亚33岁时购置的新居是斯特拉特福最大（有的说是第二大）的房屋，而且是唯一带院子的一家，并且是15世纪80年代的中世纪房屋；里面有10个壁炉，意味着有20到30个房间。

当时，莎士比亚已经被评为斯特拉特福最发达的人之一。从新居所在的小教堂选区的主要户主名单中，人们发现20户存有谷物的人家中，只有两家的存货比莎士比亚的多。

相传18世纪的屋主因为饱受游客骚扰，一怒之下把原房子给毁了，只留下基座。

11

莎士比亚的富有被一封现收藏在莎士比亚出生地信托基金会的信证实。

1793年，人们在斯特拉特福档案馆的众多文件中发现了这封目前所知现存的唯一一封写给莎士比亚的信。信件背面写着寄给"我亲爱的朋友和同乡——威廉·莎士比亚先生""1598年10月写于卡特巷贝尔街"，署名理查德·奎尼。

在斯特拉特福，奎尼和莎士比亚两家人很熟。1598年，奎尼因城市公务作为市议员和法院执行官来到伦敦，当时斯特拉特福天灾人祸不断，正处于困难时期。奎尼希望莎士比亚筹款来帮助他所代表的城镇解决债务问题："亲爱的同胞，我斗胆向你这位朋友寻求帮助，希望你能借给我30英镑。"

不过，莎士比亚未必看到过这封信，因为它出现在奎尼的档案里。也许这封信还没寄给莎士比亚，奎尼与莎士比亚就在伦敦相见了。

2010年，在莎士比亚新居的考古发掘中，发现了一枚骰子。它由骨头制成，7毫米见方，比现代标准尺寸的骰子小很多。也许莎士比亚会用它与孩子们玩耍，骰子也用于赌博，这个主题经常出现在莎士比亚的戏剧中。

莎士比亚出生地信托基金会还收藏了一枚疑似莎士比亚的印章戒指，表面刻有首字母W和S。这枚戒指发现于1810年，地点位于斯特拉特福的圣三一教堂附近的一处田野中。

坊间传言，1596年，莎士比亚年仅11岁的独子哈姆内特夭亡（可能死于黑死病），这让莎士比亚很难过，他或许是在掩埋儿子的尸体后弄丢了戒指。

莎士比亚作为有地位的商人，应该有这样的印章戒指，但他在1616年认证遗嘱时用的不是"印章"（这个词上被打了个叉），而是亲笔签名。这说明他的戒指已经丢失。

12

最后去霍尔农庄（Hall's Croft）。

1607年，莎士比亚的女儿苏珊娜嫁给了医生约翰·霍尔。霍尔富有可靠，是一位有一定名气的医生，只比莎士比亚小5岁。

当时有些医生搞天文，而其他的医生放血。霍尔喜欢用植物、草药、动物提取物、宝石和石头进行治疗，霍尔农庄后面的花园里种满了霍尔行医笔记中提到的各种草药。

特拉斯特福圣三一大教堂的教区记事录显示，"威廉·莎士比亚绅士"的下葬时间是1616年4月25日。在当地，能被授予绅士头衔的人凤毛麟角。从传统上来说，莎士比亚的死亡时间应该是在下葬前几天。

莎士比亚死亡的确切时间与死因都不明。几十年后，有人说他是因为与朋友欢聚，喝大了，受到感染，后来发热致死。

但根据霍尔医生的记录，莎士比亚去世的那一年，伤寒爆发，他极有可能死于伤寒。1616年3月25日莎士比亚签署了最后的遗嘱和证明，这在当时是行将就木的习惯做法。

据说莎士比亚的墓志铭是自己写的：

好朋友，看在耶稣份上，
莫要挖掘这里的墓葬。
全此碑石者老天保佑，
移我骸骨者要受诅咒。

圣三一大教堂很古老朴素，就在莎士比亚的新居旁边。

13

斯特拉特福有多家品位不俗的书店，与小镇的规模不成比例。应该是书商认为来莎士比亚故乡的人，都是爱读书的文化人，所以值得在这里开书店。

莎士比亚新居附近有一家二手书店，在1963年就开业了。我很好奇何以有如此多的好书出现在这里？店员告诉我，这些书主要来自主人去世后，家人将其藏书委托书店售卖。

我们在斯特拉特福小镇上东逛西看，来到莎士比亚剧院，晚上有7点15分和7点30分两场演出。但演出的内容我们不熟，而且时间持续2小时40分，我估计这么疲劳，一定会在下半场睡着吧。

剧院商店里写在各种礼品上的莎士比亚金句，很有意思。早上的都铎世

莎士比亚故居的两位戏剧演员

斯特拉特福的书店

界博物馆也有猜莎士比亚金句在哪部作品的游戏，我已经有些入迷了。

我暂时不会通读《莎士比亚戏剧全集》，但仍然可以读一些金句过瘾。我回上海，第一时间买了本《莎士比亚百科》，随意读来：

"我怎能把你和夏天相比拟？你比夏天更可爱更温和：狂风会把5月的花苞吹落地，夏天也嫌太短促，匆匆而过。"（《莎士比亚十四行诗》第十八首）

"大群的市民们，好像一窝失去蜂王的蜜蜂，为了替他复仇，到场乱闯，逢人便刺。"（《亨利六世》中）

"啊，理查！凭着我的沉重的心灵之眼，我看见你的光荣像一颗流星，从天空中降落到卑贱的地上。"（《理查二世》）

"我们叫作玫瑰的这一种花，要是换了个名字，它的香味还是同样的芬芳。"（《罗密欧与朱丽叶》）

"我的慷慨像海一样浩渺，我的爱情也像海一样深沉；我给你的越多，我自己也越富有，因为这两者都是无穷尽的。"（《罗密欧与朱丽叶》）

"离别是这样甜蜜的凄清，我真要向你道晚安直到天明！"（《罗密欧与朱丽叶》）

"疯子、情人和诗人，都是幻想的产儿。"（《仲夏夜之梦》）

"告诉我爱情生长在何方？是在脑海？还是在心房？"（《威尼斯商人》）

"在这风雨飘摇、国家多故的时候，我们惊魂初定，喘息未复。"（《亨利四世》上）

"可是，小子，在你这胸膛里面，是没有信义、忠诚和正直的地位的；它只是塞满了一腔子的脏腑和横膜。"（《亨利四世》上）

"过去与未来都是好的，现在的一切却

为他们所憎恶。"(《亨利四世》下)

"友谊在别的事情上都是可靠的,在恋爱的事情上却不能信托;所以恋人们都是用他们自己的唇舌。谁生着眼睛,让他自己去传达情愫吧,总不要请别人代劳。"(《无事生非》)

"阴谋啊!你在百鬼横行的夜里,还觉得不好意思显露你的险恶的容貌吗?"(《裘力斯·凯撒》)

"懦夫在未死以前,就已经死过好多次;勇士一生只死一次。"(《裘力斯·凯撒》)

"因为我喜爱光荣的名字,甚于恐惧死亡。"(《裘力斯·凯撒》)

"奇怪啊!奇怪啊!奇怪到无可再奇怪的奇怪!奇怪而又奇怪!说不出来的奇怪!"(《皆大欢喜》)

"它们不过是悲哀的装饰和衣服;可是我的郁结的心事却是无法表现出来的。"(《哈姆雷特》)

"好好地吊死常常可以防止坏的婚姻。"(《第十二夜》)

"女人在被人追求的时候是个天使;无论什么东西,一到了人家手里,便一切都完了;无论什么事情,也只有正在进行的时候兴趣最为浓厚。"(《特洛伊罗斯与克瑞西达》)

"只要人类在呼吸,眼睛看得见,我这诗就活着,使你的生命绵延。"(《莎士比亚十四行诗》第十八首)

"这样,你就能吃掉吃人的死神,而死神一死,死亡就不会再发生。"(《莎士比亚十四行诗》第一四六首)

"在一颗小小的泪珠里,却能隐藏着多少奸诈和虚伪?"(《情女怨》)

"法律虽然暂时昏睡也并没有死去。"(《一报还一报》)

"您这是要我向魔鬼求救了！"（《一报还一报》）

"吹吧，风啊！胀破了你的脸颊，猛烈地吹吧！你，瀑布一样的倾盆大雨，尽管倒泻下来。"（《李尔王》）

"哀号吧，哀号吧，哀号吧，哀号吧！啊！你们都是些石头一样的人。"（《李尔王》）

"最凶恶的野兽做伴侣，比起无情的人类来，它们要善良得多。"《雅典的泰门》）

"我从来没有见过这样阴郁而又光明的日子。"（《麦克白》）

"一个结了婚的青年是个泄了气的汉子。"（《终成眷属》）

"构成我们的料子也就是那梦幻的料子；我们短暂的一生，前后都环绕在鼾睡之中。"（《暴风雨》）

"五㖊的水深处躺着你的父亲，他的遗骨已然化作珊瑚，他的眼睛是耀眼的明珠，他消失的全身没有一处不曾受到海水神奇的变幻化成瑰宝，富丽而珍怪。"（《暴风雨》）

14

既然不看莎士比亚戏剧，我们就继续走走斯特拉特福吧。

我们从气温只有15摄氏度、最多20摄氏度的英国北方来到白天30摄氏度的英格兰中部，艳阳高照，有些不适应。现在太阳西沉，我们可以悠闲地逛逛这个小镇了。

我们在埃文河畔看到天鹅排着队回家。我记得2017年夏天傍晚，在比利时布鲁日也看到天鹅排队回家的场面，但那次看天鹅归家的背景和位置绝佳。

在河畔附近的公园里，有四男一女在一座亭子排练话剧，其中一位做导演。

我们不知他们是业余还是专业的，我看了一会，觉得挺有趣的。

这种场面在中国，好像发生在 20 世纪 80 年代吧。

河边有几位在聊天和谈情说爱，我看到有位女士的穿着和气质都优雅，有淑女之风，我很想邀请她拍一张照。但她身旁有男友，不合适。

远处的草地上一帮人在野炊和玩耍。

河边有类似房车的房船，有一对老夫妇住在里面。先生做菜，然后两人在船头饮酒吃菜，最后老太太去洗碗。

我的好奇引起老太太的注意，她也好奇地问我从何而来。

我发现英国小镇的人们隐私感很强，他们不喜欢被拍照。

15

来斯特拉特福的第一夜，我们在超市里采购了大量食物，要尽快吃掉，晚餐就在民宿吃吧。农心辛拉面配榨菜，还有各种罐头鱼和午餐肉，味道不错。

胡杨让我认识到英国的罐头鱼很好吃，要不然，我个人永远不会去尝试的。

胡杨先是猛灌我白葡萄酒，接着是他调配的鸡尾酒，最后是威士忌。

这么一通混酒，我有些晕了。赶紧在微信上写走读札记。

凌晨 1 点，想睡，但外面雷雨交加，雨水打在阁楼屋顶，发出响声。

体验很独特，就是无法入睡。

凌晨 2 点起来，继续读书写作。

凉风从小窗吹入，总算有些清醒。

于是把房东赠送的一瓶味道很一般的红酒喝完。

凌晨 4 点入睡。

早上 8 点起来，接着旅行。

斯特拉特福的房子

斯特拉特福

第六章
巴斯（上）

1

要离开斯特拉特福了。这次来莎士比亚故乡，我发现他尽一切努力实现了时代和环境赋予他的所有好处，他的剧本如此深刻，是完全可以理解的。

在苏格兰，停车管理似乎比较宽松，两个星期来，除了封路我们就没见过警察。到英格兰形势就发生了变化，刚到湖区凯西克民宿，我们就在自家门口被罚了款。

于是胡杨比较谨慎，一般把车停在公共停车场。

今天要走了，胡杨把车开到民宿门口，即便付了停车费，也只能停一个小时。

我们这两天已经领教了斯特拉特福警察的厉害，看他们到处开罚单，收入应该颇丰。

距离满一个小时还差 4 分钟，我们在民宿旁边的茶室吃早餐，但早餐上来太慢，我们还不能出发，胡杨只能出去挪车。

胡杨回来告诉我们，已经有警察在贴我们附近车的罚单了，而且准备在 4 分钟后给我们的车贴罚单。

我们不久前在另一处停车的地方，发现有辆车被贴了两张罚单，每张罚单 35 英镑，也就是说这辆车已经停了 3 个小时，警察每过一个小时就来贴一次罚单。

2

很羡慕英国超市内有这么多杂志，我挑了本 2019 年 7 月的《园丁的世界》(Gardener's World)。虽然我到处看英国乡村的花园，但看到的可能只是表象。

我这里摘译一篇文章《找回失去的夏季》(Summer Lost and Found) 中的几段：

白昼不断变长，天气越来越好，仲夏时节的花园依然充满着晚春的清新与活力。

在某种程度上来说的确如此。抛开天气与土壤环境的因素不谈，接下来的几个月内，夏季会对花园产生怎样的影响取决于你在仲夏时分的两周里做了些什么，具体来说就是从6月24日到7月第一周的这段时间。

实际上，要处理好两个季节间的过渡期并不是一件容易的事。初夏至圣灵降临节之间的5个星期是一年中最棒的季节。所有自1月初开始复苏的植物都会在此期间争相绽放，此时的花园给人以一种随性自然的美感。玫瑰、鸢尾花、罂粟、洋地黄、羽扇豆等植物的生长与成熟相对比较顺利，铁线莲的繁茂枝叶甚至越过了花坛边缘。整个花园给人以一种完美的强烈感觉，又预示着接下来还会有更多的植物会绽放。

但美好的事物总有结束的一天，我们必须接受季节的变化，让它为你所用，只有这样，当盛夏来临之际，你的花园才能呈现出一番繁茂艳丽、独一无二的景致。事实上，虽然我个人比较喜欢五六月份这种随性或者说漫不经心的美感，但八九月份才是我的朗梅德花园（Longmeadow）一年中最为鼎盛的时节，此时的花园也是最美丽的。但这绝非坐享其成，如果你什么都不做，那花园所呈现出来的面貌只能是自6月以来仿佛日日酗酒过度而霜打茄子般的萎靡景象。是时候给花园排排毒，做出一番改变，然后再大量种上一些新的植物。

首先要注意的是，由于生长环境与光照水平的不同，各种植物所进化出来的特点也不尽相同。北半球植物，或者说长日照植物，比如一年生耐寒植物，就会对2月中旬至6月24日（一年中的仲夏时节）间光照水平的变化做出些许反应，只要不是太冷，此时光照对于这些植物生长的影响要远胜过温度。随着仲夏的过去，白昼开始一天天缩短（我们凭肉眼一时很难观察到），此时的植物会争相赶在冬季前结籽，这会在很大程度上给植物花朵的数量和质量带来负面影响，香豌豆就是一个典型的例子——如果你看到香豌豆结出荚果后立刻剪除，它的花季就会延长数周之久。

赤道附近的植物则不同，由于昼夜长短变化所导致的光照水平波动并不影响它们的生长，相反，它们对于温度变化的反应要更为敏感。

掌握了上述相关知识，你就可以学会如何利用 6 月下旬至 7 月上旬温暖的夜晚来避免白昼缩短所带来的负面影响。即便这段时间会像热带地区那样，天空突然在下午 6 点左右暗下来，你依然可以种上那些偏好炎热温度的植物，如美人蕉、黄雏菊、堆心菊、向日葵、六月菊、大波斯菊和吊种柳。当然，也有例外，尤其是来自南非的剑兰和雄黄兰，它们是花园里盛开于夏末时节的重要花卉。

如此这般，早早盛开的鲜花就像调色板一样姹紫嫣红、斑驳陆离，甚至比它们同类的北方花卉更多彩、更鲜艳、更有光泽，更是与夏末太阳较低的光照倾斜度相契合。所以，就让你园子里的花朵从粉红色变成红色，柔和的蓝色变成紫色，也尽可能多地引进橙色花卉到你的花坛去吧。曾经有人告诉我，花园中的橙色花朵总是显得刺眼和庸俗——当然，这反倒让我更加沉迷其中——但实际上，它能衬托周围的紫色和蓝色花朵，整体看起来更加丰富多彩、鲜艳夺目。这个季节本就不应是淡色调。一个花园竟能融合如此多的橙色花卉，实在令人惊讶。诸如"天鹅绒女皇"（Velvet Queen）和"俄罗斯巨人"（Russian Giant）等向日葵栽培品种呈现出橘黄偏棕的色彩；同样是栽培品种，"莫海姆美人"（Moerheim Beauty）与"罗特戈尔德·福斯特黄金"（Rotgold Foerster）堆心菊一齐绽放的赤褐色花朵与一年生黑心金光菊相得益彰；朱红色的"费尔兰德"（Feuerland）蓍草则逐渐变淡直至琥珀色；"路西法"（Lucifer）雄黄兰那火焰般艳丽的花朵与矛状嫩叶，还有橙色的"艾米莉·麦肯齐"（Emily Mckenzie）雄黄兰，虽然看上去更质朴，但盛开时间却更长久，其种植范围自然也更广泛。你还可以尝试相对名气更小一些的"詹姆斯·科伊"（James Coey）雄黄兰来给花园增添上另一抹亮丽的橙色。

我非常喜欢花盆，超多的花盆——大部分都是赤陶花盆。虽然花了我不少钱，但给我带来了很多快乐。花盆的一大作用就在于帮你保持花园的四季变化并提前应对季节变化。所以我不仅把娇嫩的攀缘植物栽到了花盆里，还种上了其他植物，如百子莲、鼠尾草、美人蕉和大丽菊。冬季，这些植物需要呵护，可以放在可重复使用的塑料花盆里。当季初开放的花朵凋谢时，正是它们成长的时节，到那时再移种出来即可。

保持树篱和花园边缘的整齐有序也是很重要的。当然，应待到所有的雏鸟都安全地离开巢窝，这时你就可以适当地修剪树篱了，时间大概是8月份。不过，你若要修剪成垂直表面形、任何曲面球形、锥形或其他树木造型，应保持整齐划一。值得注意的一点是，只要稍微对花园进行打理，就能让园子里的其他地方重新充满活力。

所以说，告别初夏并不是告别整个夏天。敢于接受和拥抱变化，就能用自己的双手给予夏季全新的色彩，进而将随之到来的秋季点亮。

3

翻了一遍《园丁的世界》，觉得内容比较专业，还是《乡村生活》杂志涉及面更宽泛，也更有趣。

2019年3月6日的《乡村生活》杂志的卷首语《置若罔闻》（Turn a Deaf Ear），观点有些模糊而复杂，有点像我们当年的英语阅读理解考试，不过现在读起来轻松点：

据置业网站 Move IQ 的数据显示，富人的听觉非常灵敏。过去 3 年里，伦敦富人区肯辛顿（Kensington）和切尔西（Chelsea）的居民有关噪音的投诉高达 3.5 万起，超过全国平均水平 10 多倍。相比之下，外赫布里底群岛（Outer Hebrides）的投诉量仅为 48 起，克拉克曼南郡（Clackmannanshire）与中德文区（Mid Devon）也只分别接到了 102 起与 185 起投诉，这其中或许有规律可循。

有些富人一方面在制造噪音互相伤害，另一方面又希望得到更多的隐私空间。上个月就发生了这样一件事：伦敦泰特美术馆（Tate Modern）向游客新开放了一处观景平台，但因为游客可以从那里看到美术馆旁边居民楼里的房间，所以那里的居民向高等法院提出诉讼，但最终以败诉告终。他们或许应该先从隔壁公寓楼那儿吸取些教训，因为那里的开发商正是曼哈顿公寓集团（Manhattan Loft Corporation），而这家开发商可谓是城市拥挤生活的典型代表，旗下楼盘也是全世界诉讼最多的地方。

这并非城市特有的问题。事实上，城市里那些明事理的居民往往会对邻居的聚会、电视机还有宠物狗所发出的声音抱有宽容的态度。虽然建一个双层地下室会有些帮助，但隔壁的一些噪音总是无法避免的。

在那些对乡村不甚了解的人看来，乡村就是完全祥和与宁静的地方。所以像公鸡的啼鸣、孔雀的尖叫、低沉的鹅咏声，还有教堂的钟声都会让他们吓一跳；还有干线公路、谷物干燥机、惊鸟器、越野自行车、混凝土搅拌机、运奶车，以及碟形飞靶的射击声都会击碎他们所畅想的那份田园诗般的恬静，但即便是乡村，生活也还得继续。

乡间别墅能够提供最优质的私人空间，如果周围的环境为你所有，那么你就能把控周围所发生的一切。然而现代生活却以独有的方式进行入侵，譬如说无人机，目前还没有办法消灭这种恼人的空中害虫。

让-保罗·萨特（Jean-Paul Sartre）曾写过这样一句话："他人即地狱。"的确，远离他人的难度越来越大。20世纪以前，在我们的认知范畴里，根本不知隐私为何物：穷人们紧紧依偎在一起，即便是中等家庭的生活环境也少不了仆人那心照不宣的目光，而现如今很多人却发现自己不知道如何与工作人员打交道。

现在已经是21世纪，但隐私只不过是每个人都觉得自己应该拥有的奢侈品而已。为了给人们一种拥有隐私的错觉，新房的许多设计其实都是浪费的。别再被骗了，绝对隐私只是一种空中楼阁，一味地追求隐私未必会有什么好结果。我们可能需要重新审视一下自己的忍耐能力。

4

在《置若罔闻》后面两页有个小报道，是有关英国传统运动板球的：

身穿白衣的板球运动员在乡间消磨夏日午后时光的景象可能很快会成为过去。数十家酒吧和邮局因为人数不足而陆续关闭，而很多乡村板球场也可能紧随其脚步变得不复存在了。

2008年，在英国，板球运动员注册数量为42.8万人；8年后，该数字降至27.8万。城镇俱乐部坐拥优越的资源再加上冗长的比赛时间是两大主要原因。

1889年成立于埃塞克斯郡的奥德利·恩德与特尔伯里（Audley End & Littlebury Cricket Club）板球俱乐部队长詹姆斯·贾弗里说："村里年轻人对板球越来越没兴趣，很多板球俱乐部都倒闭了。"

"虽然城镇里的大型俱乐部经营得很好，但这项运动的根基却在枯萎。我们只有10多名成员，凑成一支队伍都很难。"

就连出演《阿彻一家》（*The Archers*，英国广播公司和农业部联合制作的世界上时间跨度最长的肥皂剧）的板球队最近也难招满队员，因此，队长邀请女运动员加入，不由引起了球员和观众的一阵唏嘘。

5

2019年3月6日《乡村生活》杂志的《乡村老鼠》栏目文章《康沃尔郡的苏醒》（Cornwall Awakens）：

康沃尔郡的春天已悄然降临。卡尔海斯城堡（Caerhays Castle）周围的山上盛开着木兰、杜鹃花还有山茶花，散发出一阵令人陶醉的芳香。一路从沉睡着的圣莫斯漫步至圣贾斯特玫瑰园教堂墓地 [约翰·贝奇曼（John Betjeman）将其描述为世界上最美丽的风景线]，非常赏心悦目。一边山上满是荆豆，另一边则是波涛汹涌的大海。

这座建于13世纪的教堂旁边有一处秃鼻乌鸦群栖林地。乌鸦互相偷盗搭建鸟巢的枝条，期间不断传出一阵阵愤怒的鸦叫声。秃鼻乌鸦孵蛋的时间很早，这样它们就可以赶在其他鸣禽把幼鸟孵出来前偷来它们的蛋以喂养自己的幼鸟。

天气回暖，一只孔雀蛱蝶从冬眠中苏醒，沿着海滩翩翩飞舞，时而停下来尽情享受阳光。

在法尔河口（Fal Estuary），一道亮光引起了我们的注意：一群数量在60只左右的宽吻海豚正在尽情玩耍，翻腾跳跃。这是我有幸看到的最激动人心的野生动物景观之一。今年早些时候，海豚就已到达了河口，但一切都是如此美妙。回到圣莫斯，我们才知有人在海湾里发现了一头鲸鱼。此时的康沃尔虽然没什么人，却生机盎然。

《城镇老鼠》栏目文章标题是《漫画小说》（A Graphic Novel）：

期中假到了，我们回到了家中。一打开房门，只见一只老鼠飞快地穿过卧室地板，原来它刚好在那儿啃衣服。现场一片狼藉，照此看来它应该是整个星期都非常享受"照看"房子的乐趣——可能和它的小伙伴们一起。

我们之前也碰到过类似的不速之客，与之打交道的经历让我对城里的老鼠产生了强烈的反感。城里老鼠似乎不知从哪儿就冒出来，每次都让人恨不得想抓住它们。在我看来，它们和乡村老鼠一点儿也不像：体面、诚实、正直的乡间老鼠会在享用切达干酪的同时落入致命的捕鼠陷阱。

到目前为止，这只老鼠（可能还有它的小伙伴）已经逃脱了追捕。当我再次检查了一遍空空如也的捕鼠器时，我的一个孩子说道："事实上，你根本不擅长抓老鼠。"

可能我抓老鼠这件事给了孩子启发，他创作了名为《冬日仙境》的漫画小说，标题很吸引人，让我情不自禁想去了解剧情。我希望小说能以彻底毁灭这只城里老鼠之外的所有东西而告终。

6

《读者来信》栏目中的一封信是《照看小鸡》（Chicken Run）：

阅读2月13日的杂志文章《花园》后，我肯定艾伦·蒂奇马什先生养鸡的时间已经相当长了。不过令我惊讶的是，他居然有信心用一两根通了电的围栏来圈住养鸡场，从而保护鸡群不受到伤害。要么就是他非常幸运，要么就是当地的狐狸数量相当少且不具有攻击性。

这么多年来，我养小鸡的地方变得越来越像诺克斯堡（Fort Knox）（美国位于肯塔基州的重要军事基地和全球最大的金库所在地）一样固若金汤了。我丢了好几只母鸡，都是狐狸通过挖洞、攀爬和咬断栅栏的方式偷去并吃掉的，但现在有了坚固的栅网，再加上从这眺望出去，远处的树木已不复存在，或许几年之内都不会发生这样的事情了。艾伦，但愿在很长的一段时间里，你的小鸡始终能在安全的环境中好好活下来，而不会面临被吃掉的风险，希望它们能一如既往地陪伴你，就像我的小鸡能供我消遣一样。

7

车行 2 个多小时，终于来到英格兰西南部的巴斯（Bath）。8 年前，我们在伦敦时计划来这里，最后未能成行。

我们在巴斯的民宿原来是 15 世纪的教会医院，在那个年代，教会是最可靠的拯救人生命的地方。

民宿的院子宽敞舒适。在巴斯的两个夜晚，我都坐在庭院的长椅上，喝着意大利巴罗洛红酒，吃着火腿奶酪，写着朋友圈的走读札记。

我们很快发现，民宿就在巴斯的中心地带，距此不到 200 米就有两家中餐馆和两家中国超市。

我每次出游超过 20 天，人就比较疲倦，必须吃几顿中餐了。

两家中餐馆中的火锅店关门，另一家厨艺不错。我吃得很舒服。我觉得吃了这么多顿西餐，胃里好像油水太多太多。我需要去去油水。

中餐馆的几位女服务员不像没受过高等教育的打工妹，一问都是在巴斯读研究生的中国女孩来勤工俭学的。

晚餐后，去对面的中国超市。第一家超市东西挺多的，甚至还有电饭煲卖。

我看到了油条，真想早餐吃上几根，但想到要自己油炸，还是算了，就喝豆浆吧。

朋友在微信上看到我这么自言自语，告诉我那个油条是炸好的，微波炉热一下就好，但是味道只能说聊胜于无。

我买了花生和豆腐干，作为晚上的下酒菜。店里有小龙虾广告，可预订，每周二送货。

不远处的第二家中国超市比较小，老板好像是天津人，人很热心，在门口与旅行团的中国游客聊天，一开始我还以为他是导游呢。店里的大白兔奶糖虽然不是冠生园的，但也让我感觉到作为上海人的乡愁，那可是我儿时的最爱。

路过街心公园，发现有一箱子，上有中文提醒不要喂海鸥。

我开始以为箱子有各种语言文字提醒，但发现只有中文。除了中餐馆和中国超市，我就没看到过其他地方写着中文的。

儿子说："这耐人寻味啊。"

胡杨严肃地说："我这里有3片面包，我要用它们喂海鸥，你们赶快拍视频。最后我会用英语说'我是日本人'，等视频上传到网络，一定火。然后这个铁箱子的警告文字就会变成日语了。"

有朋友看了微信后，评论说警告可能会变成——中国人不要冒充日本人喂海鸥。

8

巴斯城历史悠久。莎士比亚有部著名戏剧《李尔王》，据《英国的世界遗产》一书介绍，布拉杜德（Bladud）王子传说就是李尔王的父亲，他因为在雅典读书期间染上了麻风病，回到不列颠后被放逐到了斯温斯威克，成了一名养猪倌。当他看到一头头猪在泥塘里打滚以去掉身上的皮屑和结痂时大受启发，于是，他就在泥塘边的温泉里洗澡，结果竟治愈了麻风病。最后，布拉杜德王子继承王位成了国王，随后他在温泉所在地建立了萨尔巴登，即巴斯城，意为"沐浴"之城。

这其实是英国历史上的传说故事，并无历史证据证明此人的存在，但很好地体现了当时的人们对澡堂的喜爱之情和上层社会对泡温泉的热衷。

公元43年，古罗马军队从英格兰的南海岸登陆，开始了他们征服不列颠的行程。罗马皇帝克劳狄一世只想将更加文明的英国东南部纳入王国版图。在他的计划中，这块版图的边界一路上会靠军事要塞来保护，特别是在河畔。巴斯就是这样的一个城市。

他们发现了这些神奇的温泉，修建了自己的浴池和寺庙，供奉凯尔特人的莎丽斯（Sulis）女神和他们自己的智慧女神米娜瓦（Minerva，又译密涅瓦）。公元676年，在今天的修道院（大教堂）遗址处，罗马人又用石头修砌了他们自己的修道院。

我们民宿的背后就是大名鼎鼎的古罗马浴场。胡杨说，罗马人征服不列颠后，就在巴斯建浴场，然后邀请那些当地贵族来这里泡澡，乐不思蜀，也就无人反抗罗马统治了。

在公元4世纪中叶，英国持续被北欧和爱尔兰的野蛮人攻打。巴斯周边的许多城镇也遭攻击掠夺，很多难民便逃到了澡堂和神庙寻求庇护。

动荡中在各地来回旅行也是非常危险的，来到澡堂的人们慢慢减少。而公元4世纪末，埃文河畔的一次洪水更是让管理澡堂变得越发艰难，澡堂为了不被洪水影响，甚至需要提高地板的高度。

洪水、湿气、无人管理这些因素加在一起，石柱逐渐开始崩塌，慢慢升高的水位和黑色的污泥浊水渗透进了神庙。终有一天，神庙轰然倒塌，而巴斯澡堂也陷入一摊烂泥中。直到两千年以后，才被现代人再次发现。

浴场内装扮古罗马人的演员　　巴斯大浴场

米娜瓦神庙
三角门楣残片

KINGS & QUEENS BATHS

巴斯浴场的管道

米娜瓦神庙的石柱廊

浴场遗址

米娜瓦神庙三角门楣残片

浴场遗址

建筑残片

9

西蒙·沙玛在《英国史》中写道：

走进莎丽斯·米娜瓦神庙的石柱廊时，浴池边的热心人（还有一组雕刻的出浴美人）迎面碰见的盈盈笑脸。……在鼎盛时期，巴斯喷泉是一组高大的奢华建筑群，每天33万多加仑（125万升）呈明黄色（因含氧化汞所致）的热水流进浴池里，温度达40摄氏度。在巴斯洗浴能同时清洗身心，既净身又奉献。在热气腾腾的温泉疗养地，大部分洗浴活动——还有八卦、调情和交易在大巴斯地区庄重宏伟的气氛中进行（想想这时说的或做的轻佻事，如果发生在冷静环境下也许意味着肉麻）。但其实巴斯的真正核心是那一眼神圣的泉水，它在蕨类纷披的岩洞里汇聚。那里特别开了一扇小窗，以便巴斯的天才、主事女神米娜瓦的信徒们可以一窥山泉。边上竖立着一个女神祭坛，洗浴者往水里扔点小东西，以吸引她的注意。

1878年清理下水管时拿出来的东西，清楚地表明一个人越想得到恩惠，他出手就越阔绰——有一袋子的珠宝，一副耳环。从宝石上来看，他们有时是想得到庇佑，有时是诅咒负心人："由此诅咒塔奇塔，让她从头到脚流脓血。"巴斯对游手好闲的小偷来说一定是个金矿："不管是异教徒基督徒，任何人，不论男女，男孩女孩，奴隶或自由人，今天早上从我钱包里偷了我阿米亚努斯6个硬币。我的女神，请你从那里把钱拿回来。"

10

沙玛的这些文字，若我们没有到现场，未必能深切体会。

我在微信写走读札记，通过照片记录了一些片段感受：

2000年前古罗马人入侵的时候，土著凯尔特人就已经在泉水边祭拜他们的女神莎丽斯。经过争斗后，古罗马人修建了一个供休闲放松的奢华温泉疗养所和一间神庙供他们和凯尔特人进行宗教仪式和祭祀莎丽斯·米娜瓦——一位由莎丽斯女神和古罗马人的智慧女神米娜瓦结合而成的神。这样，两族人之间的和平也随之而来。

古罗马的米娜瓦神庙，对应的就是希腊智慧女神雅典娜神庙。但在巴斯，古罗马人竟然把它变成了莎丽斯·米娜瓦神庙，实用主义超水平地发挥。

莎丽斯·米娜瓦神庙由4根巨柱支撑。现在仍保留三角门楣的残片，彩色复原后的图片很是漂亮，神灵的头像结合了水神和蛇发女妖的样子，目光凶狠，令人畏惧。

浴场展览了曾在神庙后面的一个名叫Cella的密室里的米娜瓦青铜头颅镀金像。希腊、罗马的神庙与犹太教的神庙很相似，一般公众是不能进入供奉神像的内室的，只有祭司和工作人员才能进入。在烟雾缭绕中，他们也许真的感受到女神的魅力。米娜瓦头像总共镀过6层金，每天烟熏，过了多年后，就要镀一层金了。

1727年，一群在此地街道挖掘新下水道的工人无意中发现了这件埋在地下的青铜头颅，但身体部分从未找到。考古学家从女神头上的痕迹推断出，雕像原来带着一顶头盔，这顶象征着女神战争能力的头盔同样不见踪影。

古罗马浴场也是交际场所，有位罗马贵妇雕像的发型很时尚很复杂，这在当年需要多名女奴打理。

浴池所在地发现了12000枚罗马硬币，这是希望好运吧。在下水道有几个遗留的珍贵宝石，要么是温泉将黏合宝石戒指的胶融化了，要么是献给神灵的宝物（一位读者看后回复说他好奇之下去查了胶的熔点，发现确实有些胶在30到40度就会变软，平时用的502胶，熔点在100摄氏度，但也不耐高温）。

上层露天走廊上复制的古罗马人塑像，给浴场平添了一份沧桑感，他们胸部的"SPQR"字母表示自己属于罗马最强的军团——这是我儿子从小说中获得的知识。

11

给我印象最深的是许多从浴场中找到的锡片，它们透露了古罗马人与神交流的心态与情绪。

他们心里有什么委屈，只能与神诉说呢？

"啊，隔壁的老王可能偷了我的一只罐子，神啊，惩罚他吧！"

"神啊，我掉了一件东西，估计这些人就是嫌疑人，我把嫌疑人的名单附上，请神给我公正吧。"

都是一些鸡毛蒜皮的小事，没有什么很贵重的物品遗失，但这么多人心里就是过不去。

唉，他们是不是今天我们很多人的写照？人性真的变化很大？

我怀疑天主教的告解神父是不是天天在听这些故事？

我估计今天的心理治疗师，也在听着同样的话？

翡翠般的池水，蜡黄色调的石柱石板，摇曳的火光，穿罗马浴场工作服的男人，恍惚间有种穿越感？

在浴池边，喝杯香槟，发发呆。

温泉的水本身并无颜色，但在人眼中呈绿色，这是由于绿色的微生物和光线照射在水中所致。

我曾对古罗马浴场很感兴趣，经常去欧洲各地看看，如意大利的卡拉卡拉浴场就让我印象深刻。

古罗马浴场和角斗士竞技场基本上代表了古罗马人的生活常态。

但其他古罗马浴场遗址就是一堆石头,而巴斯成功复制了当年的浴场,我没有见过第二处是这样的。

12

古罗马浴场外虽然已是夜晚时分,却分外热闹。有人在摆姿势拍照,很有镜头感。街头艺人弹吉他的,清唱的,水准都高。有位穿黄色衣服的小女孩突然跑出来,在广场上给弹奏钢琴的艺人伴舞,有趣。我们2018年夏天在瑞士也看到一位少女在街头艺人面前翩翩起舞,太美了。

回到原教会医院民宿。

院子里的意大利铁井在1895年前在意大利科莫湖,到了1945年就来到了这里。

快到深夜12点,我坐在院子里喝酒,身后的房间里忽然传出了男女争吵的声音。这是一对华人夫妇,还有两个孩子,黄昏的时候遇见过。

他们吵得很凶。慢慢平息了。

外面更冷了,回房间拿了外套穿上。

15世纪教会医院旧址民宿

第七章
巴斯（下）

1

从我们住的民宿到巴斯大教堂（Bath Abbey）才2分钟路程。公元8世纪，巴斯大教堂作为本笃会修道院而修建。

巴斯大教堂最大的特点，就是柱子在接近天花板之前，像花一样开放，形成一个扇形花纹，很好看。

教堂东大窗的左侧有埃德加国王窗，展示了公元973年这位英格兰国王在这座萨克森修道院加冕时的盛况。

埃德加（959—975年在位）上任之前家族纷争不断，他却顺利将英格兰团结在一起，国内和平共处。973年，他成功地在柴郡召开一次盛大会议，据说为公平起见，会议设在迪（Dee）河上，各王国代表坐船前来，与会的有威尔士、坎布里亚、斯特拉斯克莱德（Strathclyde）、苏格兰以及挪威人统治下的爱尔兰。所以，他被称为"和平者埃德加"。但他死后，他的长子"殉道者爱德华"（Edward the Martyr）继任王位不到3年就遇刺身亡，埃德加年仅12岁的小儿子埃塞尔雷德（Aethelred）登上王位后，开始了长达35年的灾难统治。

埃德加先后加冕两次，一次在巴斯，另一次在切斯特，都是当时罗马与古不列颠传统融合最彻底的地方。

2

这个季节是巴斯大学毕业季，满街都是穿着学士、硕士和博士服的学生。昨天一到巴斯，就见到许多身穿毕业礼服的学生在街头行走，他们的父母和兄弟姐妹也会一起来共襄盛举。今天仍然如此，教堂门口还有不少学生在纪念留影。

好友应健中见到我在教堂里，马上从上海给我发了一段视频，拍的是他

巴斯大教堂

巴斯大教堂

儿子 2017 年被巴斯大学授予博士学位的片段，仪式就在大教堂内。

我在一家餐厅门口见到一位刚参加完毕业仪式的女生，她的父母已经进去用餐，她落在了后面，我叫住她，请她留个影。她大方地答应了，事后还说了声谢谢。

她是个很甜的女孩。

昨晚买了一本匹特金（Pitkin）城市指南手册《巴斯》，书中推荐了两天游巴斯的步行路线。我们选择了一条"巴斯之心"，在城市中心穿梭，我喜欢。

我第一次在伦敦也是看了一本好玩的导览书，然后沿着步行路线图走走逛逛，很有趣。

当年还要我牵着手的儿子，现在已经自告奋勇地带领大家走了。

孩子跟我走读十年，他长大了，我在老去。

3

巴斯是英国的 26 个世界遗产之一，理由是"巴斯城的国际意义在于它对城市设计的贡献、它的建筑品质以及作为乔治王时期的城镇中心和历史地位等，它是罗马时期的遗迹，更为重要的是，尽管发展到了 20 世纪，一切都在变化，巴斯城却美丽依旧。在群山环绕之中，这个古老的建筑闪耀着和乔治王时代一样的光辉"。

从巴斯大教堂出发，在巴斯街的尽头，巴斯温泉浴场（Thermae Bath Spa）坐落在热浴街。英国唯一的天然温泉从名为"海特灵泉""十字泉"和"国王泉"的泉源中流出，温泉水平均水温达 46 摄氏度，每天可流出超过 100 万升的热水。据考察，这些温泉水是 1 万年前落在门迪普山丘上的雨水渗透到 3000 米的地下后喷涌产生的。

现在巴斯白天气温达 30 摄氏度以上，我们连进温泉浴场看一看的好奇心都消失了。

离开圣迈克尔广场，向左转入威斯盖特街和索街。索街上的皇家剧院以闹鬼著称。

穿过特里姆街进入女王街，路上有家餐厅，18 世纪著名的女作家简·奥斯汀评论那的早餐是巴斯最好吃的。这家餐厅的内外饰别有一番韵味，蓝色的门窗嵌在黄棕色的墙体上，很是亮眼。

朋友从我的微信照片看到路上的建筑，提醒我注意有些建筑的侧面窗是封上的。据说英国历史上有一段时间征收窗户税，是按窗户的多少收税，所以居民为了少交税，就把窗户堵上了。

然后我们去盖伊街上的简·奥斯汀中心（The Jane Austen Centre）。

4

奥斯汀曾经来过两次巴斯，并在 1801 到 1806 年间在此居住了 5 年。可是她从来没有住过奥斯汀中心所在的那幢楼，故居是在同一条街上的 25 号，现在好像是牙医诊所，门前没有奥斯汀故居的标志。这也情有可原，如果标上故居的字样，里面的住户哪还有安宁？

不过，这只是奥斯汀 1806 年马上要离开巴斯时的短暂住所。

奥斯汀在巴斯的前 4 年待在悉尼街，1804 年搬去了格林公园。

这两个地方也没有成为奥斯汀故居博物馆。

奥斯汀对巴斯的情感是复杂的。当奥斯汀听说要搬家去巴斯的时候，她几乎晕了过去，后来经常给姐姐卡桑德拉写信抱怨那些"愚蠢的聚会"。

奥斯汀传记作者克莱尔·托玛琳，认为奥斯汀不喜欢巴斯的原因是：她怀疑父母搬家的目的是想让她和卡桑德拉找到丈夫。如果真是这样的话，显然是徒劳之举。

奥斯汀在巴斯居住期间是她写作的停滞期，但是她在《诺桑觉寺》和《劝导》中都大量提及了巴斯这个地方：在《诺桑觉寺》是通过热情又天真的凯瑟琳·莫兰描写了巴斯；在《劝导》中，是通过悲伤、疲惫的安妮·埃利奥特来描述巴斯的。

安妮·埃利奥特一家讨论了三处住所选择——伦敦、巴斯或者乡下的另外一所住宅，"安妮满心希望选择后者。她不喜欢巴斯，而且觉得那地方不合她的胃口，可她偏偏得住到巴斯"。

我来之前就对奥斯汀中心没什么期待，来了后还是感觉失望，里面没有任何东西让我觉得与奥斯汀有直接联系。我们看了一部奥斯汀在巴斯的短片，然后是一些关于奥斯汀的图片展，接着是各种拍照布景和礼品店，三楼是茶室，还客满。

奥斯汀中心的门房装扮成奥斯汀时代的大胡子老人，据中心介绍，他被游客拍了太多照片，在英国已经成为一位人气相当旺的红人了。

胡杨却说这老人其实挺可怜的，数十年如一日对这么多人笑脸相迎，内心不一定会舒服，他在家里可能并不可爱。

其实，真正有价值的奥斯汀故居是汉普郡乔顿村的一所朴素的乡村住宅，奥斯汀短暂一生的最后8年是在乔顿村度过的。

我喜欢奥斯汀，很想在巴斯获得一点关于奥斯汀的新认识。比如，我在斯特拉特福，看到莎士比亚的豪宅与他的种种财务安排，更觉得他是一位出色的实干家，这给他的戏剧一种其他艺术家没有的"现实感"。因为莎士比亚深刻洞察尘世中的人性，却被一些迂腐的文学批评家看作粗俗，真是极大的误解。

但在巴斯，我没有找到什么奥斯汀的痕迹。

5

我在"志雄走读"微信群中曾提到《劝导》，一位与我熟识多年的老读者张芹和我就此书交流了多时。后来我建议她整理了一篇《劝导》的短评：

《劝导》是简·奥斯汀的最后一部小说。"贵族小姐安妮19岁时与青年军官温特沃思相爱并订婚，但由于父亲和教母的反对，安妮接受了劝导，与心上人解除了婚约。8年之后，温特沃思荣归故里。"

故事的开头，"安妮对温特沃思的特殊感情已经几乎整个淡薄了"，毕竟已经过去了7年多。但在安妮的心里，"没有人比得上温特沃思"。尽管安妮清楚，要"治愈心头创伤，最自然、最恰当、最有效的办法就是再找个对象。可是……谈何容易"。也许安妮对温特沃斯从未忘怀，淡薄不过是种表象吧。

27岁的安妮已经意识到当初接受教母的劝导未必正确。因为这个主意带来"眼前的痛苦毋庸置疑，而长远的好处又不可捉摸"，但是安妮并不怨恨教母。她说："如果说以前不该听信别人的劝导，请记住他们那样劝导我是为了谨慎起见，不想让我担当风险。……我听从她的劝告是正确的，否则，我若是继续保持婚约的话，将比放弃婚约遭受更大的痛苦，因为我会受到良心的责备。只要人类允许良知存在的话，我现在没有什么好责备自己的。……强烈的责任感是女人一分不坏的嫁妆。"

可以看出安妮是一位理智又内省的贵族小姐。但这样理智的安妮也坦承自己"年轻的时候被迫采取了谨慎小心的态度，但随着年龄的增长，她逐渐染上了浪漫色彩"。如今多一点浪漫的安妮更让人喜爱吧。

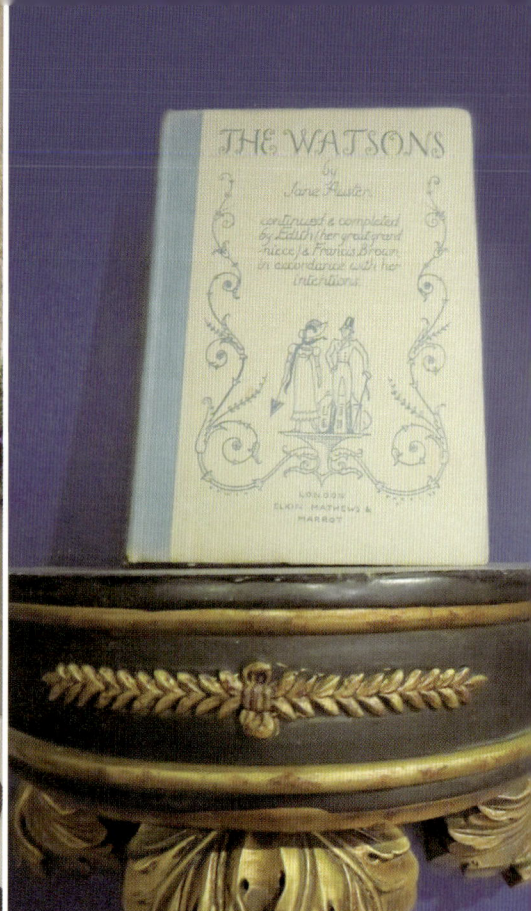

The Austen Family

THE REVD GEORGE AUSTEN
1731 – 1805

CASSANDRA AUSTEN
(née Leigh)
1739 – 1827

| JAMES | GEORGE | EDWARD | HENRY | CASSANDRA | FRANCIS | JANE | CHARLES |
| 1765 – 1819 | 1766 – 1838 | 1767 – 1852 | 1771 – 1850 | 1.73 – 1845 | 1774 – 1865 | 1775 – 1817 | 1779 – 1852 |

简·奥斯汀中心

再次见面伊始，双方似乎都没有再续前缘的想法。温特沃思现在有了钱，"满心打算找一个合适的女子成家"。如今温特沃思像花蝴蝶，是适婚女子追逐的对象，而理智的安妮也一直"开导自己，不要那么多愁善感"。但安妮发现"对于执着的感情来说，8年可能是无足轻重的"。我想我们都能理解这种开导对埋藏于心底的感情是多么无能为力。安妮内心慌张、忐忑，温特沃思的"冷漠斯文和故作优雅比什么都叫她难受"。安妮明白"温特沃思不能宽恕她……一想起过去就满腹怨恨"。

看起来两人最佳的结果或许是成为朋友。但经历了一系列变故后，安妮和温特沃思慢慢找回过去的深厚情意。"安妮温情脉脉，完全赢得了温特沃思的一片钟情。"

很有意思的是温特沃思的内心剖白："他不得不承认这样的事实：他的忠诚是无意识的，而且是无心的。他本来打算忘掉她，而且相信自己能做得到。他以为自己满不在乎，其实他只不过是恼怒而已。"我们常常不了解自己内心真实的想法。温特沃思后悔没能早点写信让安妮恢复婚约，他说："是我太傲慢了，不肯再次求婚……这本来可以使我们免受6年的分离和痛苦……我一向自鸣得意地认为，我应该得到我所享受的一切幸福……我要像其他受到挫折的大人物一样，一定要使自己的思想顺从命运的安排，一定要认识到自己比应得的还要幸福。"

8年之后的安妮和温特沃思都变了。安妮放下理智，变得浪漫；温特沃思放下骄傲，服从于命运的安排。尽管"当年的感情和诺言使他们分离疏远了这么多年"，但他们"了解彼此的品格、忠心和情意"，重新团聚后"双方变得更加亲切、更加忠贞、更加坚定"。

再续前缘的故事总让人觉得温暖，大概是因为常常触到内心深处那些不愿拿来示人的错失、悔恨、遗憾和伤痛吧。

《劝导》里的人物都有些意思，安妮的父亲沃尔特爵士、温特沃思的朋友本威克舰长、安妮的老朋友史密斯夫人的情感和个性都各有各的精彩，奥斯汀的笔力真让人羡慕。

6

大家在路上聊天，胡杨太太提到能否将奥斯汀与张爱玲相提并论？

我的看法是：

第一，在世界文学史上的地位，张爱玲没法与奥斯汀相比。

第二，在早期的小说中，张爱玲与奥斯汀一样的聪慧，貌似看透人性，但张爱玲的小说看不出什么可爱，而奥斯汀有，且有很多；或者说，奥斯汀笔下的少女形象总透露着一种可爱。这可能与她们不同的家境有关。

奥斯汀与父母和兄弟姐妹关系都不错，总体上没有什么大的感情冲突。张爱玲就不同了，她那自私的父母让她太缺乏爱和安全感，浑身是怨毒刻薄。

第三，张爱玲的后期小说没什么看头。她一直在说"成名要早"。从功利角度考虑，很对；但对艺术和文学来说，未必。清代有位画家新罗山人，早年就形成了自己的风格，清新可爱。但20世纪的一代山水画大师黄宾虹却评价新罗山人"结壳太早"，就是风格形成太早，后面就是吃老本了。

奥斯汀属于大器晚成的作家，她从小开始写作，但直到35岁才出版第一本书，主要是没有遇到好的出版商，要么被出版商拒绝，要么出版商先是同意，出版计划却被搁置多年后又取消了，直到去世的前一年，她才有能力买回版权。

她在41岁就去世了，病因至今仍有争议，很有可能是霍奇金淋巴瘤。

她在经历了一段漫长的病痛后于1817年去世。

奥斯汀被安葬在温彻斯特大教堂的内殿中。墓碑上的文字赞美了她的性格与智慧，却丝毫没提及她的作品。

索菲·柯林斯在《奥斯汀传》中提及，奥斯汀去世后，作品一直默默无闻。一直到詹姆斯·爱德华·奥斯汀在1870年出版了一本关于姑姑的回忆录，终于激起了社会大众对奥斯汀的兴趣。在20世纪30年代，奥斯汀才成为英国国宝级的作家。到了90年代，批评家的青睐以及其作品改编的各种影视剧才使她成为家喻户晓的伟大文学家。

有朋友看了我的微信，持不同观点，她认为：年少时喜欢看《傲慢与偏见》，中年后开始理解张爱玲。张爱玲比奥斯汀深刻，对生活的理解更深入，喜欢张爱玲，就不觉得她毒舌，苍凉是她人生的底色。她虽然缺乏爱和安全感，但她通过自己的努力超越了。她说"生命是一袭华美的袍，爬满了虱子"，说明她虽然看到人生很多缺陷但还热爱着生活，她何其聪慧、敏锐，她一生跌宕中展现的果断和大气又岂是奥斯汀这样一辈子待在家里的小女子所具有的？

我则补充道：

我想再谈谈奥斯汀与张爱玲，她们都以写小资生活见长，但奥斯汀是开创者，张爱玲是追随者。

任何事情都需要比较。20世纪的中国文学无论在纵向的中国文学史还是横向的世界文学史，都不出色，张爱玲似乎因此在人们眼里显得优秀了，这就好比"时无英雄，使竖子成名"。

但奥斯汀无论放在英国文学史还是世界文学史上，都是优秀的。

粉丝或许喜欢张爱玲的"苍凉"，我觉得张有做作的成分，但还可以接受。到了她前夫胡兰成手里，"苍凉"已经做作到无以复加的程度。

要说苍凉，请读英国女作家艾米莉写的《呼啸山庄》。若没时间，可以读最后一章节。

多多比较，人们就可以从粉丝变成真正高质量的读者。

微信一读者评论："《呼啸山庄》是本人最爱的名著之一，每读一次，精神上享受一次，凯瑟琳和希斯克利夫之间那种超越世俗、生死相依、灵魂相融的爱恋，真的令人唏嘘不已、感慨万千。作者艾米莉·勃朗特（Emily Bronte），作为19世纪50年代之前的一位青年女子能有这样洞察人性的思想、极其高超的写作技巧，实在令人敬佩不已，难怪很多文学评论家认为这部天才之作足以和莎士比亚的伟大戏剧前后辉映。"

7

和莎士比亚一样，奥斯汀也是被各种文人褒贬不一。

赞扬的：

与奥斯汀同时代的苏格兰小说家司各特（Walter Scott）在日记中写道："又读了一遍，至少这是第三遍读奥斯汀小姐的杰作《傲慢与偏见》了。这名年轻女士有描写普通人物情感、性格与错综复杂的生活的天赋。她的天赋是我所知最出色的——拥有如此出色的天赋却英年早逝真是太可惜了。"

20世纪的英国小说家E.M.福斯特（Edward Morgan Forster）在文学批评专著《小说面面观》中评论："简·奥斯汀小说中所有的人物都能自成格局，不为书本所限，这就是为什么这些人物显得特别逼真的原因——她写得多好！"

不以为然的：

19世纪的美国思想家和文学家爱默生（Ralph Waldo Emerson）说过："我完全不能理解人们为什么把奥斯汀小姐的小说捧得那么高，那些小说在我看来格调低俗，缺乏新意，禁锢于英国社会可悲的陈规陋习，毫无天分和智慧，

简·奥斯汀中心

没有对世界的了解。那种生活真是前所未有的苍白和贫瘠——自杀才是更值得尊敬的。"

毒舌的：

19世纪的美国作家马克·吐温："她的作品令我抓狂，以至于无法在她的读者面前隐藏我的情绪，每次我读《傲慢与偏见》时，都想把她从坟墓里挖出来，用她自己的胫骨砸在她的头盖骨上。"

不知道马克·吐温哪来这么大的火气。我从中学课本上读过马克·吐温的文章后，再看到他的作品都一掠而过，他最多是个段子手而已。

8

1702年至1703年，巴斯这个温泉疗养地因亟欲生子却难以如愿的安妮女王的造访而重现生机，贵族与新兴资产阶级随之而来。

据《英国的世界遗产》一书介绍，1704年，一个年轻的赌徒理查德·博纳斯来到巴斯，并且看到了发展的机会。1705年，他被任命为"礼司长官"，着手改变陈旧保守的法律，允许社会不同阶层的人相互交往。于是，贵族和中产阶级开始往来，促进了社会的发展。他还着手进行了旅游方面的改革，为了方便旅客，大街上都装了路灯，清扫得干净整洁；还修建了人们聚会的场所和舞厅，以方便人们交流和开办舞会等。他鼓励人们像绅士和淑女一样谦恭礼让，禁止诅咒发誓和进行决斗等粗鲁的行为。由于赌博会带来其他的坏习惯，因此，他规范化了博彩业。由此，巴斯成为一座友好和睦、自由通婚、有着丰富多彩娱乐活动的迷人小镇。

博纳斯是个远近闻名的花花公子，引领着时尚和潮流。他戴着黑色的假发，而非传统的白色假发；穿着皮鞋和长筒袜，而不是人们惯常穿的笨重长靴。

在近半个世纪的岁月里，博纳斯是"巴斯之王"，在他的领导下，社会环境得到了改善，由当地石场开采的石头砌出了一幢幢色彩鲜亮的建筑。

另一个让巴斯城充满了活力的人是拉尔夫·艾伦。艾伦先是通过改造当地和国家的基础设施和邮递服务发了大财。然后又买下了巴萨姆敦·唐和康博·唐两个采石场，开采的蜜色莱姆石成为重建整个巴斯城的石材。

1727年，艾伦在普莱尔公园修建了坐落在小山上的帕拉第奥式风格的豪宅，可以俯瞰整个巴斯城。他还出资修建了矿泉医院。1757年至1764年，他担任巴斯市的议员。

到了巴斯我才知道博纳斯和艾伦的故事。就像200年后的上海一样，巴斯当时真可谓是"冒险家的乐园"，一个赌徒和一个投机家主导了历史名城的大规模重建，很能说明18世纪的英国民间富有活力。

几乎与巴斯同时规划建设的是萨克森的德累斯顿（现属德国）和半独立公国的南锡（现属法国），但它们都是由当地的统治者动用公权力实现的。这也是我们熟悉的模式。

9

巴斯的主要建筑师是约翰·伍德和他的儿子小约翰·伍德。约翰·伍德出生于当地的底层阶级，但充满想象力，野心勃勃。

保罗·约翰逊在《新艺术的故事》一书中写道：

他不仅独立建造，也买地，然后分割出租，以让其他的营造者可以加入，但他的租约附有一些严格的规定，如建筑物的高度和房间大小的规定等，以保持整体的秩序。伍德所追求且达成的，乃是建造出一系列高级的供膳宿的房子，作为中产阶级来此"疗养"期间的住所，并让他们觉得就像住在伦敦城里的宅邸，过着贵族般的生活一样。

借此，伍德父子以相当平实的成本，建造了许多漂亮的街道，其中偶尔穿插壮观、抢眼的建筑，以增添街市的风采。其中包括女王广场（Queen Square，1732—1736年）、圆形广场（The Circus，1754—1766年），以及或许是世界上最出色排屋的皇家新月楼（Royal Crescent）等。两人的心血结晶"新会议厅"（New Assembly Rooms，1771年）则为巴斯的城市建设画上了完美的句号。

其中，建设经费由承租土地的数百名营造者和个人分摊。因此，在未用到纳税人一分钱的情况下，经过两代人的努力，一个由白色、金色石头建造的古典城市于焉诞生。

我们重点看了圆形广场和皇家新月楼。

据《巴斯》一书介绍，圆形广场由33座朝里的房子组成三段弧形，然后围成一个环形。在完美对应的三层对柱中——街道层面的多利克式柱子、中间层的爱奥尼式柱子以及顶层的科林斯式柱子——古典的柱式得到了充分体现。人们认为由雕刻的橡果装饰的护栏代表了布拉杜德王子和他的猪的传说。

1754年工程开始不久，伍德过世，由他儿子接续完成。

接着我们走到皇家新月楼前，这是小伍德继承了父亲的野心，建造的第一个象征着英格兰的新月形建筑。《英国的世界遗产》一书中提及，和圆形广场的风格不同，新月形建筑向前延伸，直到周围的绿色小山，环抱着整个巴斯城。整个新月楼由30幢豪华小楼组成，但是在优雅精致的石墙上，没有添加任何多余的装饰。

皇家新月楼1号楼博物馆

皇家新月楼

皇家新月楼的前面是1829年建成的皇家维多利亚公园，天太热，草坪上晒日光浴的裸女和裸男都有。

巴斯的城市布局总是让我想起巴洛克时代流行的理想城市。我在拙作《冬日西西里》里以锡拉库萨附近的诺托为例，详细研究过这种建筑理想。但诺托太小，很容易理解；巴斯要大一些，理解需要时间。

伍德对罗马宏大的建筑很狂热，也有按照意大利建筑师帕拉第奥的风格来规划巴斯城的成分。

10

《巴斯》书中介绍，皇家新月楼11号的墙上有一块牌匾，纪念伊丽莎白·林立和布林司里·谢里丹从这里私奔。漂亮的伊丽莎白当时只有18岁，是巴斯当地人见人爱的歌手，而谢里丹是一名剧作家。但他们并没有一个幸福的结局。谢里丹声誉俱增，总是一掷千金，而伊丽莎白则因他的不忠日益消沉，最后于1792年死于肺病，年仅38岁。

已经下午2点了，我们都饥肠辘辘。

我们前面是皇家新月楼1号楼，1769年竣工，后来租借给托马斯·布洛克，而布洛克街就是以他的名字命名的，可见是个实力人物。现在它已经交由巴斯保护信托基金维修并用作博物馆。

博物馆的门卫是个旧时代装扮的老先生，得知我们是中国人，他马上说乔治王朝差不多是你们乾隆年间啦。

我听后，在1号楼周围绕了一圈，最后建议大家忍受一下饥饿，先进去看看吧。

出来后，我告诉胡杨："我为什么有进去的冲动呢？因为老先生的话点醒了我，在中国与英国的大转折时代，我要感受一点英国绅士的家庭氛围，看看历史的细节。"

胡杨说，他当时也想到了。

在客厅的书桌上放着纸张、笔和账本，表示主人虽然在城市，仍要处理乡村庄园事务。

最值得注意的是客厅旁的绅士隐居室，这是乔治时代的绅士修身养性的地方，反映了他们个人的兴趣和探索方向。这里堆放着装满世界各地奇珍异宝的柜子、望远镜和地球仪等。这是一个全球大发现的时代，英国绅士的知识结构与思想图景是跟得上时代的。

餐厅是正式场合聚会的地方，乔治时代的甜品是一顿饭的高潮。屏风后面有一个尿壶，当年原始的厕所。

过道走廊，用植物的画做墙饰，和绿色墙面搭配，非常清晰。绿墙、白门与白天花板，让人眼前一亮。

女主人卧室墙壁的花纹和颜色清新淡雅，每天女主人要在这里花大量时间梳妆打扮，还要女仆们帮忙。有时她还会邀请闺蜜来聊天。

休闲室是透露主人优雅与时尚品位的所在，有单层键琴。进餐后，女士们会在这里喝茶聊天。茶在当时很贵重，女主人要把茶叶锁在罐子里面，以防佣人偷走。

男主人卧室，红色的床与绿色的墙，红配绿，多有腔调，家具是当时的品牌制造商出品。室内很安静，适合思考。

地下室的厨房与我在欧洲其他地方看到的一样，很大，锅碗瓢盆以及各种餐具和灶台，物品丰裕。

11

地下室里有管家办公室，尽管家具用品不及主人的精美和时尚，但仍很优雅。

英国管家很出名，要了解却不那么容易。

日本人村上理子写了一本《图说英国管家》，内容比较丰富：

中世纪管家的总负责——总管必须是绅士出身，甚至有爵士出身的总管。他们虽然是"佣人"，但也是地位最高的佣人。从身份的角度看，他们和主人没有太大的差距。当年还有总管迎娶了寡妇或主人家的千金，一跃成为"拥有城堡的领主"。

然而，主从的身份之差随着时代的推进不断拉大。到了17世纪，良家子弟去别家当佣人的习惯就几乎退出了历史舞台。佣人的出身再好，也不会高过商人、神职人员、军人这样的中产阶级。"绅士佣人"更是不见踪影。据说在18世纪初，有个和伯爵家有亲戚关系的人去公爵家应聘总管，谁知对方竟以"出身太好"为由将他拒之门外。到了18世纪末，"家人"这个词已经不包括佣人了。

从18世纪到19世纪初，贵族的领地也开展了大规模的农耕方法改良运动，矿山的开采更是火热。生产效率飞速提升，传统体制日渐难以满足人们的要求。对有能力处理大事业的"经营专家"的需求与日俱增。于是"领地总管""总管"这样的老名字就逐渐被"领地代理人"或更为简单的代理人（Agent）所取代。

总管变成了"代理人"——这也同时意味着他们的收入与社会地位的大幅提升。19世纪中叶之后的代理人已经成了一种专业性极强的工作，只有接受过专业教育的人才能胜任。若能得到大贵族的赏识，助其打理领地，代理人就有可能获得超过小地主与普通中产阶级的高收入。

与家中的佣人（总管、管家）相比，代理人的地位自然要更高一些。虽然他们不能享受和雇主同样的"上流绅士"待遇，但有时候也能应邀与主人同桌用餐。由此可见，这个时期的代理人的地位已然从"佣人之首"上升到了和男性家庭教师、驻家神职人员相近的级别。

1880年发行的《佣人实用指南》有一章讲的是"管家的工作"。这章的第一页上分明写道："部分雇主不倾向于雇佣已婚的管家。"因为，首先，已婚男人会尽量抽出时间陪伴家人，主人有需要的时候可能会找不到人。其次，已婚男人的财力与劳力会被用来抚养妻子和孩子，于是他们就不会像单身那样费力打扮自己了。最关键的是，已婚管家可能为了家人偷窃主人的财产。

另外，"对管家而言，结婚无异于自杀。首先，有了家室，就意味着你被雇主掐住了喉咙。因为你要养家糊口，自然不敢像单身时那样随随便便跳槽了。"

英国管家以尽心尽责闻名，但堕落的管家不是没有。例如，管家离酒很近，很容易贪杯，甚至可能将主人的酒窖占为己有。

我记得有次在西西里小酒店遇到一位前台兼主管，人很好，但感觉他已进入微醺的状态，小酒店可到处是酒啊，还有免费提供客人的酒。

酗酒、拈花惹草和赌博被并称为"男性佣人的三大问题。"

12

离开乔治时代的绅士家，我对胡杨说：乔治时代不及都铎王朝与斯图亚特王朝有魅力，但全球帝国的态势已经成型。

1688年，荷兰奥兰治亲王威廉受6位英格兰贵族邀请，发动对英格兰的袭击，推翻了詹姆斯二世的统治，也就是所谓的光荣革命。这事类似于1066年诺曼征服英格兰，成王败寇，政变也就合法了。

辉格党历史学家认为光荣革命主张实用主义、不流血的革命，这与欧洲当时和此后的动乱局面形成鲜明对比。但当代史学家不一定这么认为，正如西蒙·詹金斯在《英格兰简史》中所言："不过这场革命之所以没流一滴血，只是因为詹姆斯二世轻易认输。事实上，英国内战和王朝复辟未能解决英格兰的宗教专制问题，也未能在前人的基础上进一步巩固议会民主制。詹姆斯二世不想打仗，选择了逃走，可是很多人仍视他为英格兰的合法君主。"

威廉与玛丽夫妇共同执政，他们无后，王位给了玛丽的妹妹安妮。我前面说了，安妮跑到巴斯，希望温泉能治愈她的不孕不育，但没成功。

安妮临死前，邀请她的同父异母兄弟詹姆斯二世继承王位，条件是只要他放弃天主教信仰。但他拒绝了。这错失了时机。如果安妮再多活一个星期，支持詹姆斯的人也许能成功赢得议会支持，把王位交给詹姆斯，虽然这会挑起内战。

安妮女王的去世才标志着斯图亚特王朝时代的终结。

议会选择了远在今天德国的乡巴佬汉诺威家族，建立了乔治王朝。

1714年，54岁的汉诺威独裁者乔治一世抵达伦敦，他连英语都不怎么会讲，只来过英格兰一次。他曾将妻子囚禁在城堡里长达30年之久，只因为她同一名朝臣私通，这名朝臣惨遭杀害并被肢解。除掉妻子后，他带来了两名情妇，一瘦一胖，被称为"大象"和"柱子"，她们每晚轮流陪他打牌。

后来的几位乔治王也是如此，准确地说，接任者是越来越差。

詹金斯的结论是："汉诺威家族是新贵，而不是天生的君王家族。他们之所以掌权，不是因为战功卓著或政权地位高，而是因为他们是一位新教国王的远房后代。他们大多数是头戴假发、面敷脂粉的小人物，无足轻重，既不会管教子女，也不敢对议会提意见。正因为如此，他们共同推动了议会政府的进程，而且远比亨利三世以来任何国王所起的作用都要更大。乔治们主要关心的是他们的情妇和打牌，在其他事情上任国家自由呼吸和成长。其结果是，政治家不再小心侍奉国王，而是具有独立的政治人格，深受政党、民意、选民和经济力量的影响，这些使政治具有了新的重要意义。"

相比之下，清朝的君王真是大有作为，清朝皇帝的平均执行水准远远高

巴斯维多利亚画廊

巴斯时装博物馆

于明代。以与乔治王朝同时代的乾隆王朝为例，乾隆少时就在文韬武略方面显得优秀，康熙立雍正为接班人，也考虑了孙子乾隆这个重要因素。

胡杨说："看看一路走来的建筑和环境。200年前巴斯已经有了完好的社区和公共意识，普通中产不能住最好的房子，就在周围住着，一圈圈，很有意思。"

13

皇家新月楼附近的米其林一星餐厅，在英国吃货评比的20家秘密餐厅中排第四。我们在这里终于可以享用午餐了，点的是牛排、牛排式素菜和山羊肉。

老友应建中在我的微信朋友圈感叹道："巴斯的消费太贵，我儿子如果当初选择去格拉斯哥读书，生活费可以省掉一半。"

路过巴斯时装博物馆，里面有各个时代的服饰、帽子、鞋子和洋娃娃。

看到我出生的1966年前后的欧美时尚衣服，联想当时中国社会的贫乏单调，天差地别。

而20世纪30年代的欧美时尚，又是多么熟悉，那是我在旧上海的图片中经常看到的。

继续往前走，哈哈，我们看到了铁箱子上专门用法文写的"不要喂海鸥"的警告，而且连续有两个。昨天黄昏我们在民宿附近的花园看到了中文的"不要喂海鸥"警告，以为巴斯只有针对中国人的警告。

我的感想是：第一，出来旅行在一个地方待的时间太短很容易形成偏见；第二，不要对身为中国人太敏感。

我走进大街上的一间家具用品店，发现店里的东西档次中等，上海也有类似的店家，但这里的东西太贵。对面也是一间家具店，里面的假花做得比真的还真。想起多年前看过的美国作家索尔·贝娄的小说《更多的人死于心碎》，里面有一位植物学家竟然也把假的绿色植物看成真的了。

这间家具店的茶室很优雅，在白绿相间的绣球花旁喝茶真是惬意。

英国最大的连锁书店水石（Waterstones），在巴斯也有底层、一层和二层，这么多有趣、高质量的图书，可惜时间有限，作为爱书人也只能看一眼而已。

在巴斯城漫游。

巴斯维多利亚画廊（Victoria Art Gallery）马上要关门，只能匆匆游览。它收藏的画作优秀的不多，与伦敦国家画廊不是一个层次的。

画廊出来不久就是普尔特尼桥（Pulteney Bridge）。《巴斯》一书中介绍，在18世纪下半叶，弗朗西斯·普尔特尼继承了巴斯威克（Bathwick）这一片乡下的地产，它在埃文河对岸的巴斯东面，面积达600英亩（约240公顷）。她的丈夫原本计划在这里建一个新古典主义风格的花园，却因美国独立战争和英法战争的爆发而搁浅。

普尔特尼桥，极像意大利佛罗伦萨的老桥，桥上还有商店，也有老桥的影子。不过，普尔特尼桥只是一侧被店家包围，而且没什么人流，冷冷清清。桥上的茶室看河景位置一流，可惜正要打烊。

桥下埃文河的三个跌水坝设计很特别，如瀑布般将河水流淌的美展现出来。

接着我们坐游轮游埃文河。夏天河水真是清凉，不断碰到游水划船的男男女女。很羡慕他们，能在这么清净的环境下逍遥地玩耍。

夕阳西下，普尔特尼桥附近的帕雷德花园（Parade Gardens）非常漂亮，可惜竟然关门了。

巴斯维多利亚画廊

第八章
巨石阵和索尔兹伯里

STONEHENGE | 巨石阵

1

大名鼎鼎的巨石阵（Stonehenge）离巴斯不远。我们从巴斯出发，下午1点多来到巨石阵旁，大型停车场几乎停满了车，售票处也是大排长龙。这是我们此次来英国遇到的最热闹的景点。

原以为巨石阵就在入口处，其实离我们还有2公里远，可以坐景点公交车去。我们见天气太好了，决定步行。

如果像昨天的巴斯，太阳当头照，气温有30摄氏度，那就只能乖乖地坐车了。今天是阴天，凉风习习，走在乡间的路上，体感真是舒服。

在开车来的公路上，我们经常看到黄绿相间的麦田草场，色块组合非常美，但没法停车，不能下去看个真切。此时我们畅游其间，感受很细腻，尤其是金黄色的麦田，一望无际，令人沉醉。

巨石阵的门票很贵。有些人把车停在停车场，付5英镑停车费，然后沿着外面的小道，来到巨石阵的铁丝网外面，也能远观巨石阵。

虽然观看效果不佳，可节省了门票费。

2

巨石阵终于出现在眼前。

我很早就知道许多到此一游的人对巨石阵不以为然，说它最扯淡。

我在上海也犹豫过，最后还是来了。我今年春节刚去过墨西哥，中美洲的石头祭祀中心，我已经琢磨了不少。

走近巨石阵，果然貌不惊人，光看外观能获取的信息量很有限。我过去对它了解不多，但听着语言导览看着导游书的介绍，觉得结合自然背景与考古发现一起研究才有趣味和价值。

3

保罗·约翰逊在《新艺术的故事》中写道：

巨石建筑的年代约介于公元前5000年到公元前1500年。就像洞穴绘画一样，巨石建筑可以说是艺术与科学历经时间洗礼的创造物。位于英格兰的巨石阵，显然是建于三个不同时期的，即约建于公元前3200年到公元前1600年。罗马的新旧圣彼得教堂所耗费的建造时间，加起来都没有这么长。该巨石阵入口的通道对准了冬季满月升起处的最北之地，而这种排列方式要花费6个月亮周期，进行仔细地观测后才能确定，其中每个周期都几乎长达12年。

该巨石阵具有艺术性的构造。就像大教堂的构造一样，即使是其基本的设计都是几辈人累积的心血结晶。它的大部分是由巨大的青石所建成的，其中每一块巨石都至少重达4吨，并是经由冰河从威尔士的庞里斯山脉被带到此处的。许多巨大的砂岩巨石，则是被拖曳至少3公里的距离后抵达该处的。其中，巨大的资源投入，耗费的极长时间，专业的程度均令人刮目相看。

该巨石阵中大部分的巨石造型并非自然天成，而是经过细心的切割和处理形成的，并且所有巨石的上方都被安置了楣石。其中的第一个建筑物是木造的，就像古埃及的建筑一样。在新石器时代，威尔特郡的石匠把石头当作木材使用，他们做出斜角和沟槽，并配有榫头和接头，以制作出设计的效果。所以，英国和埃及的石造建筑是从同系统的建筑前身发展而来的，这展现了保守和传统的巨大力量，而保守和传统也是所有早期人类艺术的特征。

整体社会组织对巨石建筑多年来所投注的巨大心力，显示该建筑形式对新石器时代的重要性。

4

为何建造巨石阵？《巨石阵》官方指南的看法是：

这可能是考古学家最难回答的问题。巨石阵似乎没有任何明显的实际意义。这里既从未有人居住过，亦不可能成为一个防守之地，由此推论，新石器时代和青铜时代人必定是因为信仰上的缘故，才会不辞辛劳、竭尽全力地建造它。

对那些古代先人和农耕人而言，他们需要依赖动物和作物的生长，因此，冬天一定会是一个令人畏惧的季节——绵绵冬夜，数月的日短夜长，越来越冷的气候，以及日益稀少的食物——他们一定会企盼阳光和温暖的重返，以便使作物再度生长，动物再度健壮。阳光预示着生命。这也许就是建造巨石阵的原因之一，而且也可以解释，为何它会如此小心地排列，从而标示季节的轮替，以及太阳每年在天空中的行程。巨石阵不是标示一年一度日间最长的那天，而是最短的那天——冬至，因为这是转折的一天，从冬至起，光芒和生命又将再返人间。

但是，也许还有其他原因。从巨石阵漫长历史的早期开始，这里就是一个安葬死者的地方，火化后的尸骨在此埋葬。有人甚至还认为，冰冷坚硬的直立巨石象征着早已故去的祖先；而在德林顿墙附近和巨木阵的木质结构则代表了活的生命。

另外，从遥远的威尔士普瑟里山脉运来的神秘青石，也许可以为我们提供些许线索。在普瑟里山脉流传着青石可治愈病痛的神话，而砂岩石则标志着祖先安息在此的岁月。

巨石阵也许应该被视为相当于现代大教堂（就像是附近索尔兹伯里大教

堂）的史前庙宇，人们前来朝拜，希冀青石的魔力可以消除病毒、带来希望，同时，大人物也把这里作为自己的墓葬之地。

然而，巨石阵真的曾是每年特殊时间举行庆典的地方吗？这里的石头真的曾经浓妆艳抹、有花环装点吗？这里真的曾有欢歌艳舞、仪仗列队和盛大宴会吗？这些依然是巨石紧闭双唇保守的秘密——考古学家无法提供答案。

5

胡杨自己有一套理解巨石阵的办法，他坚持这是外星人建造的，是火箭发射基地。他一本正经地向他太太指出，巨石阵的一圈一圈草地忽淡忽浓，是火箭发射时造成的。

我把这段话发在微信上。

有人迅速评论：

第一，那个世纪的外星人就开始发射火箭了？

第二，胡杨肯定是个忽悠高手，高手的特点是经常忽悠得连自己都信了。

（胡杨继续深化自己的理论：外星人乘坐火箭离开后，地球人用外星人留下的工具和从外星人那学到的知识，用巨大的石头为原材料建造了一座神庙，用来致敬已经离开的外星人。）

第三，也曾在巨石阵旁待了一个多小时，想过多种可能，但如此想象力，服了。

第四，请胡杨解释：当年被熏黄的草永远不长再加上千年不被风吹掉？

（胡杨回答："不是熏黄的草，而是烧焦的几十米深的土壤，几千年前！"）

第五，胡杨兄有当金牌导游的潜质。

第六，巨石阵也太小了，应该金字塔才是发射基地吧。

6

2019年5月29日《乡村生活》的《乡村老鼠》栏目文章：

《触摸天际》（Reach for the Sky）

黎明时分，淡金色的晨光从天际渗出，一路洒落在我们位于萨默塞特郡（Somerset）和多塞特郡（Dorset）交界处峡谷的小村庄，直至远方。这不禁让我想起，在晚春与初夏之交，柔和又令人愉悦的阳光是如何让这里的风景成为焦点的。

清晨时分，我带着自家的拉布拉多宠物犬尼姆罗外出散步，屋子对面的山坡上，交织着鸟儿清脆的鸣叫声与羊儿圆润浑厚的咩咩声。艳粉色的红石竹与淡黄色的毛茛交织在那早已被露水浸透的草坪上，尼姆罗兴奋地嗅来嗅去。美丽如画的天空中，玫瑰红与丁香紫交相辉映，还有那一缕缕灰色的云彩。

色彩斑斓的天空下，矮树篱长势正盛。盛开的峨参与山楂花如此繁茂，草坪与树枝犹如覆盖着白雪一般。但是，这些精美小巧的白色花朵很快就会消失，树上的浅绿色叶子因一天天成熟而变成暗绿色。在那一天到来之前，我会继续欣赏这一年之中最引人入胜的魅力时节。

同期《城镇老鼠》栏目的文章：

《布谷鸟的叫声》（The Sound of a Cuckoo）

孩子们很期待选举，不过这并非是他们过早地对政治产生了兴趣，而是因为那天学校要充当投票站而停课。上周四早晨，我正准备上班，一旁的孩子们装模作样地表示同情。作为还击，我也孩子气地拒绝告诉他们我把票投给了谁。但在他们穷追不舍的追问下，我还是满足了他们的好奇心。

本周阳光明媚，有时工作就像度假一般。印象最深的一次是从索伦特海峡乘渡船前往怀特岛。在凉爽的清晨欣赏陆地、海洋还有天空的景色变化，这种感觉令人惊奇。同样神奇的是沿着亚姆河河岸骑自行车，我甚至还听到了夏季特有的音符：远处布谷鸟的叫声。因为这很少见，所以当我到家时就兴奋地告诉了孩子们。他们感到有些困惑，虽然这有些让人难以置信，但我逐渐意识到，他们从来没有听到过布谷鸟的叫声。

7

我喜欢土拨鼠，对鼹鼠却没什么概念。我的同事萧亮却喜欢这种有着红红的塑料般的鼻子、爪子惨白的丑家伙，并推荐同期《乡村生活》杂志的《黑色天鹅绒般的鼹鼠》（Black Velvet, if You Please）一文给我看：

有这样一种动物，整天在暗无天日的环境下挖洞，光滑舒适的皮肤下没有什么短绒毛，令它得以在地洞里自由自在地穿行，这绝对算得上是一大自然奇观了。

一个多世纪以前，鼹鼠迅速进入了大众的视线。鼹鼠皮马甲一直是乡村劳动人民的传统装束。1901年，亚历山德拉王后（Queen Alexandra）订购了一件鼹鼠皮披巾，瞬间引领了一波新时尚。这种对农业有害的动物摇身一变成为了备受追捧的乡村摇钱树。爱德华七世在位期间，由于女士们都梦想能披上纯天然的黑色天鹅绒，所以当时时尚界每年对鼹鼠毛皮的需求量达到了100万张。

1908年，肯尼斯·格雷厄姆（Kenneth Grahame）出版了《柳林风声》一书：故事开头，一只性格温顺但有些近视的鼹鼠从地洞中探出头来，约上好友一起去划船冒险。罗斯福总统曾亲自致信格雷厄姆，说自己已经"把这些童话角色当成老朋友一般"，但这种情感并没能阻止时尚的步伐，每年依然有400万张毛皮出口到了美国。

时尚一直在延续。1921年，在英国戴本瀚与弗里博迪公司（Debenham & Freebody，英国知名百货公司）旗下的百货店，那时一条由600张毛皮制成的三层披肩售价98畿尼（英国旧时货币单位）——相当于现在的6000英镑。

如今，鼹鼠毛皮的丝滑与柔软性体现在了以其为原料编织而成的布料中。比如播音员就会身着鼹鼠皮质的服装，这可以减少领夹式话筒与衣服摩擦传出的沙沙声；另外，狙击手也会把这种布料缠在枪托上，起到吸汗与防滑的作用。

鼹鼠是一种非常奇特的生物，如果按照同等体重来看，它可以说是地球上最强壮的哺乳动物之一。两只前爪上，都额外长有一个拇指，它们可以在1小时内打出18英尺（5.5米）深的洞，或者在一天内按照连续高强度钻4小时再休息3小时的节奏，完成约300英尺（91米）的挖掘深度。

鼹鼠体内血细胞对氧气的需求量较少，能够承受较高的二氧化碳水平。尽管地道中氧含量低达14.3%，二氧化碳含量高达5.5%，但这些哺乳动物依然能够多次吸入之前呼出的空气。

鼹鼠一天进食4次，它们通过面部、后脚以及尾巴上的一种硬毛来探寻食物。它每天需要消耗自身体重80%～100%的食物，以蚯蚓为主。鼹鼠的唾液可以将猎物麻痹以备日后食用，它们还会在地洞中建造大量的"食物储藏室"——目前最高纪录为一处拥有470间"食物储藏室"的地洞。另外，鼹鼠在进食前会先用前爪把泥土从蚯蚓的肠道中挤出来。

根据史料记载，仅有的人类食用鼹鼠肉的记录当属维多利亚时代的怪人——皇家地理学会会长威廉·巴克兰（William Buckland）。巴克兰先生希望能尝遍地球上的每一种生物，在品尝过鼹鼠肉后，他认为味道"糟糕透顶"。此外，他对绿头苍蝇的味道也比较反感。

人们称雄性鼹鼠为公猪，雌性鼹鼠为母猪，不过在农村，人们更多地称其为雄鹿与母狗。相对较浅的地道是由那些寻找雌性的雄性鼹鼠挖掘的，但鼹鼠通常都有领土意识，所以当遇到有敌意的雄性时，它们之间会发生战斗。

只有在每年2月至6月的交配季，雌雄鼹鼠才会待在一起。雌性鼹鼠一窝能够产下3到5只幼崽，生育地点会选在大型鼹丘（鼹鼠打洞扒出的泥土所堆成的土丘）下方的"育儿室"里。

鼹鼠的天敌包括灰林鸮、秃鹫、白鼬，还有猫和狗。它们通常只能活3到4年，有时会"消失"。这并不是说它们死了，而是深入地底探寻食物去了，所以在此期间也不会有鼹丘出现，毕竟鼹鼠体内并不储存脂肪，也不冬眠，故而必须定期进食。

深邃的永久性地道可能长达数百英尺，而鼹鼠却不会迷路，这是因为它们身上拥有一种基于"艾默氏器"感觉器官的记忆模式。艾默氏器是鼹鼠面部的一种乳头状突起组织，由德国动物学家西奥多·艾默发现于1871年。

8

泽西岛（Jersey）是英吉利海峡群岛中最大的一个，其实面积只有9英里×5英里（14.5公里×8公里）那么大，形状大概为长方形。

2019年7月10日的《乡村生活》对泽西岛有两篇精彩的报道。一篇是《野生天堂》（Where the Wild Things Are），介绍近5500英亩（2200万平方米）的泽西国家公园，其面积约占该岛总面积的16%。泽西岛的海岸景观地带，芦苇丛生的湿地，以及树木繁茂的山谷都是观察野生动物活动的主要地点，这都得益于对掠食动物的有效控制。

泽西国家信托基金前主席解释说:"我们会防止狐狸、獾、鹿以及白鼬等动物在此栖息,这意味着红松鼠与当地著名的泽西海岸田鼠可以在此繁衍生息。"

泽西岛的生物多样性在很大程度上要归功于它在英吉利海峡的有利位置。英吉利海峡位于欧洲北部和南部气候带的交汇处,四周环绕着墨西哥湾暖流。打个比方来说,绿蜥蜴和捷蛙(较为罕见)可以与红松鼠为伴,而红松鼠则可以不受其表亲灰松鼠的影响而茁壮成长。

绵羊的到来抑制了过去疯狂生长的欧洲蕨与灌木丛。值得注意的一个有趣现象是,康沃尔郡红嘴山鸦也再次回到了这里。在英国,这种黑羽红腿的美丽鸟儿仅存500对,它们习惯栖息于羊群生活的草坪上,以无脊椎动物为食,用一绺绺羊毛来构筑巢穴。

最近几十年里,海洋上空的海鹦面临着严峻的生存环境威胁,但在普莱蒙特与格列韦德莱克之间的悬崖上仍然可以看到它们的身影。蛎鹬(捕食贝类的滨鸟)、小白鹭还有燕鸥会从悬崖上俯冲下来,甚至连罕见的达特福德苔莺也会在面朝南面的岬角处安家。

在内陆地带,湿地是最容易受到威胁的栖息环境之一。但西海岸的圣旺湿地(St.Ouen's Pond)得到了当地居民的有力保护。黄昏时分,你可以看到美丽稀有的白头鹞倏忽滑过水面,栖息于此。

9

另一篇《家族事务》(A Family Affair)说的是泽西岛的根基为农业。几个世纪以来,当地人非常善于利用岛上肥沃的土壤、温和的气候,还有光照时间的优势。现如今,尽管这里已经发生了很大变化——金融和法律服务已经超越了马铃薯与牛肉生产一跃成为辖区内的经济引擎,但个体农场仍然是泽西岛的文化核心,岛上许多农场都是世代相传的。

一个很典型的例子就是迈斯特家族经营的"大农场",它混合经营乳制品与各类蔬菜。彼得是家族的第六代传人,他的儿子菲尔与马修则是第七代。如果菲尔自己的孩子也能继承和发展祖辈的产业,把农场延续到第八代,那么他"一定会很高兴"。

"大农场"是家族在1841年买下的。早在19世纪时期,农场主要以果园种植、出产苹果汁为主要业务,后来又种植了西红柿与泽西皇家土豆。"我们不确定具体是什么时候开始种植泽西皇家土豆的,但从某些照片上可以看出,20世纪早期人们在莱斯普莱庄园周围种植的作物与我们今天所种的东西是一样的,"彼得说道,"但我们一直保留着泽西奶牛,它在我们的轮作倒茬中扮演至关重要的角色。"

由于地势陡峭无法使用拖拉机,家族成员目前依然借助马拉犁的方式在朝南的陡坡上手工种植土豆。每年1月,彼得继续说道,"我们都会带上陈旧的马犁具前往教堂,为即将到来的种植季节祈福"。

克里斯蒂娜与迪迪埃·埃利奥在圣旺湿地的农场也采用了同样的种植方法。"我和丈夫都是农民,结婚已经27年了。婚后我们从迪迪埃的父母那儿接管了农场,现在农场规模扩大了3倍",克里斯蒂娜解释道,他们特别扩张了蔬菜业务,因为他们相信"公众已真正意识到,本地种植的作物更新鲜也能存放更久"。

不过,埃利奥家族的主要作物仍然是世代耕种的泽西皇家土豆。

泽西岛的自然环境也非常适合牡蛎的养殖。圣马洛湾富含营养的水质与极端的潮差(这里的潮汐大小在全世界范围内都鲜有匹敌)意味着退潮时岛屿的大小几乎翻了一番，这保证了牡蛎的生长速度以及鲜美的味道，因此泽西牡蛎公司一跃成为不列颠群岛内最大的牡蛎养殖企业也就不足为奇了。该公司成立于1973年，现在已经传到了他们的第三代农场主克劳斯－勒·马苏里耶手中，年出口量超过700吨。

除了泽西皇家土豆，这里的另一大特色是泽西奶牛。凭借温顺的性情、高产奶量及其高牛乳脂含量，泽西奶牛现已成为全球第二大最受欢迎的奶牛品种。洛奇农场也是当地一家乳制品生产企业。1944年，路易斯与依冯·豪斯一起买下了这座农场。1968年，他的儿子马塞尔和儿媳安妮接管了农场。1987年，他们的孙子保罗又把这里继承了下来。如今，洛奇农场已拥有220头优良品种的泽西奶牛（一种能生产优质奶的浅棕色乳牛）和100多头小乳牛，另外还生产阿伯丁安格斯杂交泽西牛肉。保罗对该行业的前景非常看好，他对女儿贝姬也寄予厚望，希望她能回来继续发展。

正是由于这些敬业的家族，泽西岛上的古老农场将会一直延续下去。

10

巨石阵离索尔兹伯里（Salisbury）很近，车程只有十几分钟。索尔兹伯里大教堂（Salisbury Cathedral）太有名了，我们打算在那里住一晚再走。

民宿很一般，但还是安静整洁，门口的白玫瑰开得真好。

下午5点多，我们朝离住宿处1公里多的镇中心走去。

来到镇中心，感觉渐入佳境，越看越有味道，我根本没想到索尔兹伯里是如此精彩。

索尔兹伯里商店门口的小黑板

选择了镇中心路口的一家貌似古朴的餐厅吃饭。我们早上10点吃的早餐，现在晚上快7点才用晚餐。旅途中，真是很难预测在哪里吃饭、什么时候吃饭，经常饿晕了。

这家餐厅擅长比萨，虾与海鲈鱼也不错，只是我的饭有些夹生。把米饭做得不夹生，对于多数欧洲餐厅，哪怕是高级餐厅都不容易。最近的例子是2018年夏天在苏黎世河畔的一家高级餐厅，饭做得完全夹生。

西餐厅上菜奇慢，夕阳要西下，我乘着间隙，跑出去瞧瞧。

我边走边感悟周围的房子，越来越觉得这里是"中世纪"的。

我说的"中世纪"，不是说它们都来自中世纪，而是说它们的建筑风格是不统一的、随意的，由历史积淀而来。

这种感触，源于自己走读多年积累的经验，并在2018年夏天的瑞士恍然大悟。瑞士在过去是个文化财富稀缺的国家，小城小镇中没有什么有名或华丽的建筑。可我恰恰在这些普通的建筑中发现了历史，也就是说，它们不是一个年代形成的，而是在不同时间建造的，当地人没有考虑过整体应该如何，只是觉得好就这么做了。

我很佩服这种中世纪精神。虽然我估计也没有人会认真体会，可确实接近解开了历史谜团。

很多人也许看到索尔兹伯里的建筑如此展示个性，有些不舒服。

他们喜欢看到统一的可爱的漂亮的房子。

我们其实在这次英国的旅途中，看到了一些统一风格的小镇，如苏格兰的"黑白小镇"与英格兰湖区的"石头小镇"，它们风格鲜明，容易让人接受。

但风格过于统一也会有缺陷，比如桂林山水，开始的时候令人惊艳，可假如几个小时看下来都是大同小异的景致，人们内心也会觉得无趣吧。

而真实的大自然，经常是每个景都不同，都有变化，如苏格兰的斯凯岛。

当然，索尔兹伯里的人还是自信，他们容忍周围貌似不协调的环境、建筑。索尔兹伯里的房屋风格积淀着历史，让我联想到英国著名的普通法，由历史不同阶段的人事留存下来，完全是经验主义的。

11

晚餐后约7点30分，走近索尔兹伯里的大教堂。

我很喜欢大教堂对面的群房，黄墙、红瓦和白窗搭配得真好看，那些凸窗真是充分利用视野。

基督徒认为，居住在大教堂旁，与神同在。

教堂已经关门，旁边的一座建筑具有磨砂质感。相邻的一段红墙配着破旧的木门，略有沧桑；深浅不一，木门，主人一定很享受这种审美乐趣。

面前是一道古老的石拱城门，在晚上关门，古门旁边是色彩活泼的房子，对比强烈。

走出古门，往左拐，又是各式各样的房子。有间房子屋顶像谷仓。胡杨猜测，这里雨经常很大，大屋顶让雨水不会造成太大压力，能顺畅地流下。

这里有一座号称始于15世纪的小旅店，确实显得已经歪歪扭扭。对面的建筑，蓝色和红棕色墙的混搭有着新装饰主义风格，旁边红房子窗户上的蓝色铁艺，蓝得很"英国"。

接下来是索尔兹伯里的华彩乐章了，这里混合了当地建筑和花园的各种韵味，沧桑与清新融合在一起。我们很想在这黄昏的美景中喝一杯，但今天周末，座无虚席。

索尔兹伯里的混搭也不是每处都协调的。我们快到民宿附近，看到一座很长的水泥建筑，1995年建，光秃秃的，难看。

我儿子也觉得这建筑过分，还在墙上大书1995年，好像可以传世似的。

各自为政，有可能出现坏事坏东西，但为了更美好的自由创造，必须容忍。

12

晚上10点，胡杨拿一瓶白葡萄酒到我客厅来，他把我们前几天在超市买来的瓶装青口、蚌肉和蘑菇拿了出来。

他说，这可是绝配啊！白葡萄酒可以压住这些海鲜的腥味，海鲜又能平衡酒的酸涩。

我们边喝酒，边聊英国之旅的感受。

胡杨说，这几年的夏天都应该来英国。

我们讨论了明年夏季的英国和爱尔兰行程。胡杨可以先去伦敦玩一周，然后我们在北爱尔兰会合，去爱尔兰。

胡杨说：我们的车也要换，要更拉风的车。

晚上11点，一瓶白葡萄酒喝完了，胡杨说够了。

我说好像不够啊。

胡杨跑回房间，拿了半瓶威士忌来。他反复强调，喝一口威士忌，要喝一口清水。因为我们没有冰块。

胡杨回去了。

我独饮威士忌，写着旅行札记。

不知何时睡去。

第二天早晨，下楼，见窗外略为杂乱的环境下，只开着那么一朵粉红的花朵，很美。

午后的英格兰乡村酒吧

索尔兹伯里的商店

我们很想坐在这黄昏的美景中喝一杯

索尔兹伯里餐厅

索尔兹伯里的红砖房屋

索尔兹伯里街头

民宿对面就是索尔兹伯里火车站，很朴实，我喜欢这种有历史感的小火车站，这是人类在一个阶段里最重要的通行方式。

在火车站门口，见到一位英国女子与朋友聊天，人长得普通，可与人聊天时的眼神与神态极富表现力，很妩媚。

我饶有兴致地看着。

13

中午去索尔兹伯里大教堂内部参观，人可真多。想想昨天黄昏的时候，我们赶来先看看还是对的，那时几乎没什么人，大教堂、草地与周围的房屋非常融洽，让你能静静欣赏。现在一切都破坏了，只能随着人流往里走。

索尔兹伯里大教堂建于1220年，修建历时38年，使用的石料达6万吨，耗用2800吨橡树木材，连铅都消耗掉420吨。大教堂的尖塔是英国最高的，重达6500吨。索尔兹伯里大教堂的围庭和回廊也是全英国最大的，还拥有全国最古老的整套唱诗班座位。

保罗·约翰逊在《新艺术的故事》中写道：

英格兰的大教堂建筑几乎都是混合风格，它们的兴建时期横跨四五百年，这使它们根本无法被分类。13世纪兴建的索尔兹伯里大教堂是其中唯一的一座一次性建成的教堂（除了200年后增建的雄伟塔尖顶之外），其外观优雅无比，美丽的容颜变化莫测，因为奇尔马克石灰岩会随着时间、季节、气候和天色的不同而变色。辽阔、优美的院子，外围覆上的浸水草地，是它的完美布景。透纳、康斯太布尔等大画家，均曾完美地重现其独到的韵味。

但索尔兹伯里大教堂的内部颇令人失望，因为它用了太多冰冷的玄武岩。

走访大教堂的乐趣之一，就在于从其外观绝无法得知入内后的景象，这尤以在英格兰为然。

我发现，几乎所有的大教堂，在我们眼中和照相机的镜头中是不同的，照相机显现的照片总是比眼睛看到的更丰富饱满。这很特别。一般来说，眼睛看到的总比照相机镜头中的更丰富多彩。

为什么？我还没想明白。

作为一座新教大教堂，当然不能像天主教大教堂那么豪华，它表面肃穆庄重，可还是有其灿烂的一面。比如从门口到里面，越来越精致美丽，例如天花板就从单色调变成彩色的了。

有朋友看到我发在微信朋友圈的照片，评论道："英国国教会是新教各派中保留天主教成分最多的，比如它设大主教，比如它的教堂还是比较奢华的。"

索尔兹伯里大教堂唱诗班的 106 个座位的历史可以追溯到 1236 年，旁边就是主教宝座。有主教宝座的教堂才能被称为大教堂，主教负责索尔兹伯里教区的各个社区，教区覆盖多塞特郡和索尔兹伯里的大部分地区。

主教宝座高大伟岸，真是难得一见。

大教堂内的中世纪大钟，是世界上最古老的一座仍在走动的机械大钟，自从 1386 年制成以来，它的指针已经走动 44 亿次。

14

我在索尔兹伯里大教堂与胡杨夫妇聊天。

我说我在世界各地看过几百座教堂，积累了不少基本常识，现在进入一座教堂，不会目迷五色，失去方向感。

我对教堂已经有了初步的认识，可像这样的大教堂其实就是一座城镇，蕴含着极为丰富的信息与知识，我还是不能说有把握。

比如胡太太偶然发现了大教堂内自1463年以来每位管风琴演奏者的名单，其中工作时间最长的人竟达59年。

我现在能做的，就是多走多看看，期望有一天豁然开朗。

当然，我还没能体会教堂之真，但已体会到它的美。

比如，多年前，我都是在下雨天和黄昏时分到教堂，因为这样就不妨碍参观其他景物。

可是，在西西里岛一个阳光明媚的早晨，我们来到锡拉库萨大教堂（Cathedral of Syracuse）。走进大教堂，发现里面的色彩迷离奇幻，宛若走进天堂。

我开始以为是大教堂人工制造的效果，但很快就明白这是阳光与教堂彩色玻璃共同创造的色彩幻觉。

那天是冬日，太阳很早就下山了，我们下午特意再去这座大教堂。结果，它黯淡无光，与早上判若云泥。

今天一直是阴天，这时阳光稍稍露头，打在索尔兹伯里大教堂的彩色玻璃窗上，太美了。

15

大教堂内有修道士礼拜堂，历史可以追溯到1266年，它可能是按照西敏寺教堂的模式来修建的。这是教长和修道士开会的地方，他们会坐在墙边拱廊下的座位上。

官方指南介绍：修道士礼拜堂周围的石头雕带是13世纪下半叶完成的。

以中世纪风格展示了圣经中为人熟知的《创世纪》(*Book of Genesis*)和《出埃及记》(*Book of Exodus*)中的人物及建筑。如大教堂的其他部分一样,这些雕塑最初都被涂上了鲜艳的颜色。

但礼拜堂最吸引人的是英国 1215 年订立的《大宪章》(*Magna Carta*),并且是 4 本原始版本中保存最完好的。

《大宪章》放在礼拜堂内临时搭建的帐篷内,大家排队参观,不许拍照。

《大宪章》幸好不是《蒙娜丽莎》,排队的人不多,停留观看的时间短,我们很快看到了。

《大宪章》用鹅毛笔写在处理过的动物皮上,使用的文字是拉丁文,字体实在精美,像印刷体。

礼拜堂的玻璃安全门曾在 2018 年 10 月 25 日遭到一名歹徒的锤子攻击,幸好安然无恙。

在约翰一世(1199—1216 年在位)的统治下,英格兰陷入一片混乱。

世界上最古老的工作钟

1386 年开始启用

据说是世界上最古老的机械工作钟,以自身重量为动力来源,无钟表盘或指针,其右半部分用于提供动力,左半部分用于准点报时,目前除了特殊场合外已经停用。

14 世纪,来自代尔夫特(荷兰)的三名钟表匠受拉尔夫·埃尔格姆主教(Bishop Ralph Ergham)委托建造了该工作钟。最初安置于大教堂与城门之间的钟楼上,塔楼于 18 世纪拆除后,工作钟就被移到了教堂钟楼上使用,直到 1884 年被一座新的工作钟所替代。旧钟被搬到教堂后一直闲置到了 1929 年,1956 年的修复工作使其再次投入工作成为可能。

索尔兹伯里精心打理的花园

索尔兹伯里大教堂

索尔兹伯里大教堂

1214年，约翰一世因在布汶战役中败给法国，贵族们强迫他签署了61条的《大宪章》。

正如《英格兰简史》所言，这是欧洲第一部人权宪章，明确以法律的形式巩固了公民的自由。

宪章第12条规定："无全国公意许可，不得征收任何兵役免除税或贡金。"这是无代表不纳税的早期版本。第39条规定了人身保护令："任何自由人，如未经其同级贵族之依法裁判，或经国法判，皆不得被逮捕，监禁，没收财产，剥夺法律保护权，流放，或加以任何其他伤害。"

《大宪章》开创了一个先例，历史上后来的立宪主义者往往加以借鉴，并被后世人赋予了前所未有的重要意义。它是法治对抗赤裸裸的权力的最重要文件之一，对17世纪的革命者具有重大影响。《大宪章》还明确了与王权相对立的贵族权力。由于国王的无能和软弱，贵族的力量有所增强。贵族"本身"是土地领主，拥有大量土地，骑士、担保人和佃农要对其效忠。权力的基础发生了转变，从君王权威和自由裁量权向现代法律与现代议会变化。

在展览现场，还有两段文字摘录：

一段摘录直接来自《大宪章》："余等不得向任何人出售，拒绝，或延搁其应享之权与公正裁判。"

还有一段是美国总统富兰克林·罗斯福在1941年的讲话："对于民主的渴望并非人类近代历史阶段的产物，而是贯穿于整个历史。它在远古时代就已播下了广泛的种子，重燃于中世纪，然后写进了自由大宪章。"

16

我曾说过，像荷兰等地的欧洲教堂已经成为博物馆，失去了礼拜的功能。

但英国教堂的宗教意味还是浓郁的，如官方指南小册子的首页就是："欢迎参观索尔兹伯里大教堂——基督教的国际象征以及《大宪章》的保存地。我们希望您在此度过愉快的时光，并在离开教堂时更能感觉到上帝的存在。"

另一页是"驻足静思"，引用了美国女诗人埃米莉·狄金森（Emily Dickinson）的《时间与永恒》：

灵魂之门应该永远微微敞开／如果上帝前来质询／他不必等待／或者羞于打搅她。

然后是：

在过去的750年中，数百万人曾走进这座教堂大门。无论他们是来祈祷，还是来欣赏建筑的壮观，每个人都会来寻找并带走不同的东西。

我们经常"羞于"让有关上帝和信仰的问题"打扰"。我们希望，您今天的参观会给您思考这些问题的时间，并让您的"灵魂之门微微敞开"。

图书在版编目（CIP）数据

英格兰乡村漫步/张志雄著.—上海：上海财经大学出版社，2020.7
（志雄走读）
ISBN 978-7-5642-3522-2/F·3522

I.①英… Ⅱ.①张… Ⅲ.①游记—英格兰 Ⅳ.①K956.19

中国版本图书馆 CIP 数据核字（2020）第 074922 号

责任编辑：邱 仿
整体设计：[法] Valerie Barrelet

英格兰乡村漫步
著作者：张志雄

出版发行：上海财经大学出版社
地址：上海市中山北一路 369 号（邮编 200083）
网址：http://www.sufep.com
电子邮箱：webmaster@sufep.com

经销：全国新华书店
印刷装订：上海锦佳印刷有限公司
版次：2020 年 7 月第 1 版
印次：2021 年 5 月第 2 次印刷
开本：787mm×1092mm　　1/16
印张：28
字数：487 千字
定价：176.00 元（上、下册）

英格兰乡村漫步

张志雄 著

上海财经大学出版社

目 录（下册）

第九章
切尔滕纳姆、雪丘、百老汇、奇平卡姆登

我们终于进入英国乡村的灵魂——科茨沃尔德。它是一个地区，地位就如意大利的托斯卡纳。但它的镇子都很小，只有西边的门户切尔滕纳姆比较大。

004

032

第十章
山地斯托、水上伯顿、伯福德、下斯劳特

公路两边的天空呈现出两种状态。一边是蓝天和云彩，这种黄昏时分的蓝与大白天的蓝不一样，它蓝得很纯，很亮丽。

第十一章
拜伯里、上斯劳特

076

第十二章
盖廷帕尔

第十三章
牛津（上）

黄昏后我们回到拜伯里，小桥流水，画面感强，多只鸭子在河里游泳。河岸边的红花不是很艳，却红得与环境融洽。

056

盖廷帕尔最大的特点是，它就在麦田和牧羊青草地的中间。最让我儿子惊讶的是，这村子唯一的教堂也在麦田旁。

默顿学院的墙上镌刻着第一次世界大战与第二次世界大战中阵亡的毕业生名单，我在伊顿公学与麻省理工学院等学校都看到过类似的景象。

100

CONTENTS

第十四章
牛津（下）

130

宽街上一排 17 世纪的房屋也属于三一学院，它是众所周知的"村屋"，却有童话的意味。学院正前四方院开阔宽敞，在牛津十分与众不同。

第十五章
剑桥（上）

再往前走，真正的诗意来了，白色的小桥弧度优美。这里的世界比昨天的泰晤士河边更加野趣自然，也更加静谧。那些多彩的河边小船算是给清冷的世界注入一些活力。

158

182

第十六章
剑桥（下）

剑桥的规模与美不及牛津；但剑桥的讨巧之处在于有几个大学院沿剑河而建，大开大合，而且靠得很近，让人感觉剑桥比牛津大气。

尾 声

回到上海，继续阅读英国《乡村生活》周刊，2019 年 5 月 22 日一期的《棚屋：给人生一点光亮》，说的是英国花园棚屋……

214

220

参考书目

第九章
切尔滕纳姆、雪丘、百老汇、奇平卡姆登

1

我们从索尔兹伯里出发，去英格兰经典的乡村地区科茨沃尔德（Cotswold）的第一个据点切尔滕纳姆（Cheltenham）。

离目的地还有一小时车程时，看到前面站着警察，道路封闭了。

这是我们最不希望遇到的事情。

上次在苏格兰的洛蒙德湖，我们也是遇到封路，最后绕来绕去，放弃了那条路线。

英格兰这地方应该有其他路，但我们不熟悉。

我们茫然地打算找个地方研究下路线，碰到了一家乡村酒吧。

现在已经下午2点多，该吃午饭了。

这家小店不俗，处处透露着对格调的追求。

胡杨观察到酒吧台的酒瓶不是空瓶也不是满瓶，而是处于四分之一到四分之三之间，说明这里的客人不少，开酒处于活跃流动的状态。

我和胡杨不约而同观察到吧台前坐着几个中年男子，他们悠闲地聊着天，喝着酒，脸上有些微红。

这是许多男人向往的境界。

这是女性不懂的，闺蜜们就喜欢聚在一起叽叽喳喳。

我很想记录下这种英国乡村男人的幸福生活，但又不能让他们知道，以免他们不再放松。我没有拿相机，而是故意拿手机，假装在室内拍其他东西，然后迅速把镜头对准他们。我的动作算快了，但他们很敏感，马上回避。

他们不愿意有人干扰自己乐陶陶的闲聊。

店里一位胖胖的妇人善解人意。我们吃完饭，商议再"闯"一下刚才封闭的道路。她察觉到这一点后，主动告诉我们，10分钟前，有车路过酒吧，告诉她前面仍然封路。

她热情地告诉我们该怎么绕路。

这种乡村酒吧不受人欢迎也难。

我刚才看到她静静地听着男人们在聊天。

正在贴罚单的交警

罚单

2

《英国小镇秘境之旅》书中提到了"小镇酒吧":

除了邮局和教堂,小镇的另外一个核心场所就要数酒吧了。这里算是小镇的社交中心,人们都喜欢聚在酒吧里聊天、喝啤酒、约见朋友,或进行家庭聚会等活动。热情好客的酒吧老板、大多时候都还算亲切友好的酒吧常客、数不清的酒泵和量杯,还有掷飞镖游戏,这一切都是英国小镇最让人感到熟悉和慰藉的存在。

英国酒吧的传统早在罗马统治时期就开始了。当时,路边设有专门的场所,长途旅行的人可以停下休息或用餐。这些酒馆一直延续到了中世纪,乔叟在《坎特伯雷故事集》中,就提到过塔巴德旅店。当时酒吧里主要的酒类就是啤酒和麦芽酒。杜松子酒是一种相对便宜的烈性酒,直到18世纪初期才开始在酒吧出现。19世纪中后期,英国酒吧数量达到顶峰。当时因醉酒引起的骚乱频发,迫使议会于1869年通过了《啤酒坊法案》,制定了更加严格的规定来限制和约束酿酒和酒吧业。

可惜的是,乡村酒吧和邮局一样,面临着消亡的危险。由于文化的改变(超市的酒售价相对低廉,人们现在更愿意买回家里喝)、新规定的出台和税收等原因,许多酒吧都陆续关闭。但并非所有酒吧都面临关门停业的命运。

酒吧的发展呈现出了多样性的特征。有的酒吧向顾客提供美食，有的酒吧配有客房，还有的酒吧设有儿童游乐区，可以带孩子进入。这些多样性、人性化的改进，给酒吧业的发展注入了生机和活力，希望酒吧业可以因此扭转衰落的局面。

3

我们终于进入英国乡村的灵魂——科茨沃尔德。它是一个地区，地位就如意大利的托斯卡纳。但它的镇子都很小，只有西边的门户切尔滕纳姆比较大。

遗憾的是，有关科茨沃尔德的书，我没找到好的，一直就没有灵感。我只能闯进去，见招拆招。

我们驶入科茨沃尔德区域时，乡村的清新淡雅扑面而来。但到了切尔滕纳姆时，我突然觉得与我的预期完全不一样，比较平常。

从下午6点到深夜11点，我动足脑筋，想弄明白切尔滕纳姆这个城镇的特点在哪里？

我们住在镇中心，这里很热闹，但也不过如此。

我们晚上又赶到镇上最高级的地段，这里确实有不少豪华的房子，可也不是我感兴趣的。

18世纪初，这里是一个盛产羊毛的富裕小村庄，后来成了疗养胜地，1788年乔治三世来此地巡游，更让上流社会人士趋之若鹜。

可在今天看来，它的格调落伍了。

切尔滕纳姆虽然不是我想象中的英格兰式花园小镇，但作为进入科茨沃尔德的门户也算不错，这里生活便利，还有通宵营业的超市。

4

切尔滕纳姆周日上午 10 点 30 分,附近的小教堂钟声敲响,很是悠远,我们闻声赶来。这座小教堂的建筑风格属于罗马式的,主体建筑不算塔楼的话目测有六七米高,占地挺宽,带着乡村小教堂的调子。对面的教堂更大,风格也应该是罗马式的。罗马式教堂是最早的一种教堂建筑形式,等到解决了高层建筑的技术问题,高耸入云的哥特式教堂才出现。

我们今天游玩的第一个科茨沃尔德镇子是山顶上的小村庄雪丘(Snowshill)。

到了村口,忽然发现前面有薰衣草田,大喜,开车寻过去,又见前面有停车场,赶紧停车。

我开始以为只能远远地眺望一下薰衣草田而已,后来发现这里有收费的薰衣草公园。

薰衣草田需要特殊的土壤,大面积的薰衣草产地并不多。我印象中法国普罗旺斯、日本北海道富良野和韩国济州岛的薰衣草都有看头,但我不是夏季去的,至今没有体验过薰衣草田给自己的冲击。

面前突然出现大片的薰衣草花园,我一下子眼花缭乱,不知道如何观看。薰衣草还有不同的深浅紫色,更是让我有些无所适从。

与旁边的黄花田相比,紫色真是高贵非凡。但薰衣草看多了,有种浓得

化不开之感。这时再看看黄花或多彩的小花,视觉上会更舒适。

远处的金黄色麦田与薰衣草更是般配。

还有小房子,在薰衣草的背景中,充满了童话色彩。

这时薰衣草花园与黄花田出现了身穿红衣手舞足蹈的亚洲大妈。我们开始以为是中国大妈再显神威,后来发现她们似乎是印尼人。她们说自己每年都会来这里一次,换不同的衣服来拍照,去年她们是穿白衣服来的。

我觉得大妈们很欢乐,气氛很好。

科茨沃尔德薰衣草公园

5

在薰衣草公园展览室里,有一些相关介绍:

(一)薰衣草喜好排水通畅的土质,朝南且阳光充足的环境。理论上薰衣草的种植可以推迟到秋季,但我们通常会选择春季或初夏时分。只有在极端炎热干燥的时候,刚种下不久的薰衣草需要稍稍浇一些水;定植后的薰衣草喜好干燥的环境,故无须灌溉。

科茨沃尔德薰衣草公园

每株植物相距18英寸（45厘米），每排相隔6英尺（1.8米）。我们的播种机由卫星进行准确定位，以保证英寸级别的间距误差。

（二）薰衣草中的精油散发出独特的香味。这种精油主要储存在花朵底部的小气球状结构中。你在花园里拨弄薰衣草时所闻到的香味正是这些油腺释放出来的。

薰衣草的采摘时间通常在每年的7月20日左右。采集的时候，人们先把旁边的枝节采下来，再把带花的根部剪下来，然后再轻轻地把花儿吹落到小推车里。

（三）定植后的薰衣草几乎不需要什么养护。只要在第一年里定期修剪即可，这样它们能够发育得更好，也更浓密。定植以后每年只需把木质部分修剪一下。薰衣草几乎无须施肥，哪怕是在最为贫瘠的土壤中生长。薰衣草的大小与颜色种类繁多，比如从经典的紫色与深蓝，再到淡蓝、粉色以及白色。

（四）我们1999年开始种植薰衣草的时候，总共也就寥寥数株。薰衣草喜好排水性良好的石灰岩土质，那里高出海平面达1000英尺（300米），这样培育出来的薰衣草的精油质量才是最好的。我们会先把精油在自然环境下存放一年，然后将其广泛用于我们的洗浴、保健以及家居产品之上。

科茨沃尔德薰衣草公园

6

离开薰衣草公园,来到雪丘。我抬头一看,就被村子里极有质感的房子吸引。重要的是,这里的花园都美不胜收,与背后看似粗犷实质细致的石头墙和屋顶可谓相得益彰。

我发现在这里,照相机的镜头扫过去都是美景,这种情况真是少见。

我真没想到雪丘有这么多可玩味的角度。不知为何,我就是对村子房屋的瓦片与墙体色彩,以及每家每户非常精心的布置赞叹不已。

村子里的小教堂也让人忍不住转着圈看。

这座小村庄很符合我的审美口味,原汁原味,但背后又是有组织的。

唯一一家乡村小酒店也有着悠久的历史,1865年就开业了。

7

雪丘比起薰衣草公园冷清多了,看来像我这么喜欢雪丘的人并不多。而更多的人是去步行不到10分钟的雪丘庄园(Snowshill Manor)。

买票进入庄园,我立刻被庄园的各种小黑板给迷住了。

我这次来英国,注意到各种场合都有小黑板,上面的文字简洁明确,从餐厅的菜单到各种告示说明,很有意思。

比如门口有卖花草的,价格从3英镑到12英镑不等。

旁边几块小黑板上写有说明,比如"植物:无泥炭特制土壤环境下种植的当地作物,它们可以作为你来这里旅游过的优质纪念礼品"。

走到庄园主人查尔斯·韦德(Charles Wade)的房子前,又是一块更大的黑板,上面的内容在其他国家地区都会印成正规的固定告示牌。

雪丘庄园主人的故居

雪丘庄园

雪丘庄园内的装饰

欢迎来到雪丘庄园

查尔斯·韦德超凡的手工艺收藏品

参观小贴士：

为了藏品的保护，同时也为了避免光线角度对参观的影响，我们特意调低了屋内的亮度。如果您想近距离仔细观察藏品，请向导游借手电筒。

藏品没有贴标签，因为韦德先生不希望这里搞得跟博物馆似的。如果您想了解更多信息，请向我们热情好客的导游提问，或者也可以查看屋内的文件资料。

我们的藏品很容易损坏，所以请勿触摸。不过您可以寻找那些标有蓝色手印标记的可触摸藏品——大多数房间里都有。

英国的各种小黑板的内容看似很俗，可它的广泛应用，也反映出英国人的实用和幽默，他们喜欢抖小机智，时不时透露着温馨。

小黑板也流露出英国大众对文字使用的自信和骄傲。

如果我在英国再待上2个月，真要写一本通过小黑板认识英国人的书。

我的职业是文字工作，对任何文字表达形式都很敏感。

8

查尔斯·韦德的后代将庄园捐给了英国国家信托。

前来参观的人很多，官方参观指南与传记对这些藏品的价值评价也很高。

可我看后，觉得韦德的收藏品位不高，有些没有章法。

光看韦德收藏的包括中国古董在内的东方藏品，就知道他把当年的古董商给乐坏了。

我认为他所谓的收藏有点类似恋物癖。很多人都有这个毛病，什么东西都舍不得丢，又不断地搬东西回来，把屋子里塞得满满的。

韦德与普通废物收集者的区别在于：他有实力买更大、更齐全和更古老的废物。

走出压抑且混乱无序的主人居所，外面的世界倒是应接不暇。

花园是韦德委托英国工艺美术运动专家在20世纪20年代设计的，高低不同的布置，有不同的视角，错落有致，精彩纷呈。

9

2019年7月10日《乡村生活》杂志的《乡村老鼠》栏目的标题是《暗敌》（Snakes in the Grass）：

在我们家屋后的田野里，种类各异的早熟禾迎着柔和的晨风摇曳生姿，光彩夺目。我的丈夫西蒙任由它们肆意生长，看上去有如画卷一般。

我一生中大多数时间都生活在乡村，自信还是比较擅长发现大自然的奇妙之处。但我必须承认，我以前从未真正理解过各种早熟禾植物间那细微的区别与魅力。

本周早些时候，我带着自己的拉布拉多宠物犬尼姆罗德穿过一片绒毛草（Yorkshire Fog）地，身后扬起了大片花粉。我一直以为这是一种纯绿色的植物，但事实并非如此，因为它还长有灰白色的叶子与厚实的淡紫色羽状复叶。我结合自己的发现并做了一些研究，原来根据官方的说法，它那美丽的名字

雪丘庄园主人的收藏品

实则起源于古挪威语中的"fogg"一词，意为"长长的、花簇松散的、湿漉漉的禾本科植物"。但现在人们却普遍认为该名字所表达的含义是"从远处望去，有如淡紫色的薄雾一般"。

我们那占地3.5英亩（约1.4万平方米）的"野生动物保护区"内还长有鸡脚草、梯牧草，外加适量的洋狗尾草，这些植物的存在又将田鼠、无足蜥蜴以及游蛇等动物吸引来了。

《城镇老鼠》栏目的标题是《暑假》（A Summer Recess）：

本周，我来到了北爱尔兰首府贝尔法斯特（Belfast），偶然在肖特斯特兰德（Short Strand，贝尔法斯特的一个天主教社区，周围是新教徒与统一派社区）碰上了为"奥兰治日"游行（为了纪念1690年的"博因河战役"，当时信奉新教的威廉三世击败了信奉天主教的国王詹姆斯二世）而准备的人们。他们身着鲜红的制服，还有一人正吹着小横笛，作为一名局外人，我不禁瞪大了双眼；紧随其后的是一群身穿蓝色制服的铜管乐队。此时人行道上人山人海，热闹非凡，还有许多坐在折叠椅上围观的群众，看起来有如嘉年华一般。

然而，随着游行队伍行进至街道那头的时候，我越来越能感受到游行中令人不安的一面。我在那里看见了许多警察，配备了武器的路虎，还有一群正在路中间加紧安装钢栅栏的工人。

看到铜管乐器与可能随之而来的麻烦，我的思绪一下子飞回到了家庭与孩子身上。孩子们一直在准备音乐考试，这对我们所有人来说都比较难熬。按部就班的日常练习——拿出乐器，演奏，最后再把所有东西收拾干净，每件事都可能让大家就各种家庭问题而相互指责。但令我兴奋的是，我回家后发现他们都以优异的成绩通过了考试，大家都很高兴。如果我站在个人角度来看，应该说今年夏天又少了一件可能会引起争论的事情。

10

同期杂志还有一篇《神奇的动物》（Animal Magic）：

几乎没有什么工作能与渡鸦官（Raven master）这份职业所需承担的责任相提并论，如果渡鸦离开了伦敦塔，整个王室就会因此崩塌。"我们确实很担心，"伦敦塔守卫兼英国女王皇家渡鸦官克里斯·斯卡维承认，"但鸟儿们得到悉心的照料——它们是英国最受宠的。"

斯卡维曾在威尔士王妃皇家兵团服役24年。他于2006年开始守卫伦敦塔，后于2011年升任渡鸦官。"我当时并不知道自己的工作是和渡鸦待在一起，"他说道，"一位老渡鸦官曾对我说'我想鸟儿们可能会喜欢你'，但在我看来，这更像是渡鸦们选择了我！"

尽管身穿伦敦塔卫兵的传统制服，但这份工作并不是一份闲职。"虽然靠近它们还是挺吓人的，但关键是你不能畏惧。渡鸦就像是一只很大的海鸥，我身上也已经掉了好几块肉了。"

根据查理二世的命令，伦敦塔内至少得保有6只渡鸦以保证英国国运昌隆。目前塔内有8只，另外还有一对正在繁殖的渡鸦，名叫休津与缪宁。它们的第一个宝宝诞生于圣乔治节（4月23日，纪念英格兰主保圣人的节日），这是30年来伦敦塔上诞生的第一只渡鸦宝宝；我们准备将其命名为乔治或乔治娜，但具体还要通过DNA测试（确定公母）再做决定。过去，我们的鸟儿都是来自农场主、养隼者或者野生动物园所赠。"根据国家相关法律，我们只能拥有人工繁殖的渡鸦，能繁殖自己的渡鸦让我感到很骄傲。"

它们的性格特点不尽相同:"我可以通过鸟儿们的行为加以区分。有些比较害羞,有些比较活蹦乱跳,有些性情习顽。这世上就没有它们不偷的东西,比如三明治、下午茶,还有银币,等等。我那14只不成对的手套都被一只名叫'罂粟'的渡鸦在冬天给偷走了。有一次,我和副主管花了2个小时到处找它,最后发现它正躲在6英尺(1.8米)外的一个墙洞里嘲笑我们。"

11

同期《乡村生活》的《孩子眼中的大自然》(A Child's Eye View of Nature)很抒情:

上周,我看到了一幅令我难以忘怀的画面:一个小男孩呆呆地望着一只仓鸦掠过身前的田野,他目不转睛地盯着,想要捕捉下鸟儿掠过草丛时的每一个细节。突然间,它朝着草坪俯冲了下来,随后再次出现的时候,已然叼着一只老鼠。

4岁的孩子欣喜若狂地看着它向河边飞去。

他滔滔不绝地讲述着自己亲眼所见的一切,他说有一只猫头鹰把巢穴筑在河边的一棵黄杨树上,它正叼着老鼠回去喂它的小宝宝。

能够像以前的孩子们一样去接触并认识大自然,他可真是一个幸运的孩子!而这正是当今大多数青少年所欠缺的。欣赏鸟儿飞翔时的优美姿态,感叹其翼展与敏锐的视觉,认同捕食者与猎物间的自然生态关系——在我们这个被"净化"了的虚拟现实世界里是一个多么难得的机会!

在我们乡村人看来,这所谓的"好运"根本不值一提。翌日晚间,我端着酒杯坐在屋外,一只苍鹭从容优雅地从空中掠过,想必是赶往隔壁池塘捕食锦鲤。

奇平卡姆登市集广场旧址

紧接着又飞来一群鸥鸟，然后是鹰。原来它们很少在这里出现，但现在人们却越来越担心它们会攻击鸣禽类幼鸟。我想起一群秃鹫占据了仓鸦所栖息的黄杨树，或许我应该带那个4岁的孩子去它们住的地方一探究竟。

正当我还在思忖着以前秃鹫是如何罕见的时候，一群长尾山雀蜂拥而入，三五成群，仿佛魔术师从灌木丛中突然变出来的。它们以前也很少在这里出现，类似的还有蓝山雀——在一扇刚刚换好的窗户下，一群蓝山雀正在那里不亦乐乎地啄着窗前的油灰。

漫漫夏夜，嘤嘤鸟鸣。没有任何一种演出能与这种旷日持久、无限重复的天然艺术相媲美。然而，我们往往把这一切视为理所当然，甚至没有停下脚步去仔细观察，静静地坐着或躺下等待小兔子前来。通常情况下，我都是和《彼得兔的故事》中的麦格雷戈先生站在一起的（麦格雷戈经常把兔子从菜园中赶走，甚至捕杀兔子）。可眼下看着小兔子在凉爽的夜晚玩得不亦乐乎，我欣喜不已。这足以让我忘记被它们啃食过的生菜还有槌球草坪上那光秃秃的斑块。

不知为何，看着面前蹦蹦跳跳的野兔，让人似乎忘记了枯萎的树苗与脱落的树皮正是拜这些小家伙（还有它们的表亲）所赐。在辽阔的草地上，休憩的鹿群彼此之间蹭来蹭去，既美丽又优雅，让人完全无法想起被它们毁坏的玫瑰和连根拔起的作物。

这种矛盾心理是人性中自然存在的一部分。我们既需要观察和了解自然，也要在大自然中从事各种活动。我们也是自然界中的捕食者，就像猫头鹰、苍鹭和鹰一样。如果希望看到郁郁葱葱的树林，茁壮成长的农作物，我就必须在控制兔子数量的同时选择性地捕杀一部分鹿。这也是我们在自然界中扮演的一种角色，也是一个4岁小孩需要去理解的角色。

12

接下来，我们从山顶去山下的百老汇（Broadway）小镇，它的特点就是一条百老汇大道。16 世纪时，这条大道就成为这个地区的交通要道。道路两边也有不少十六七世纪的古旧房子。

现在百老汇的主街已经很少有住户，大多是酒店餐厅画廊和精品小店。

下午 5 点，我们在百老汇主街的一处只能容纳几个人的小花园休息。

胡杨索性躺在椅子上了。

他突然喊道："看这天蓝的……"

我和儿子忙跑过去。

胡杨指着椅子上的一角：原来是蓝色的苍蝇（绿豆苍蝇）。

百老汇小镇的主街与房子固然气派，但我还是想深入背后。我突然看到有扇门开着，就进去张望，里面别有洞天，很大很深，可以走很远。

微信朋友圈的留言：

"很想知道这种乡镇这么整洁、干净，甚至可以说'一尘不染'，那么他们的下水系统、垃圾系统是怎么样运行的？我的农村老家，即使修了宽敞的马路，但大门前的污水、田野的垃圾让乡村失去了田园的风味。"

"那是只有在充分享有个体生命尊严与合法私有财产神圣不可侵犯的土地上，才会有田园诗般的生活家园。"

"植物跟周边的篱笆和围墙如此和谐，得花多少时间和心血。今年年初，我家想在后院一处篱笆栽种另一种攀爬植物，这一周发现不行了，因为天气太热。想种喜欢的植物多不容易。外国农村的小院种花种草，我们这里的农村小院养狗种菜。"

我让小伙伴们都进去看看。胡杨说里面的感觉就像梦。我从它门口的布置与房子格局看，可能是个机构。毕竟这是私人领地，适可而止，也就不往前走了。

很想在百老汇小镇的一家热闹的酒家院子里喝一杯茶，看着黄昏的景象，一定很赞。可我还想玩附近的另一个小镇奇平卡姆登（Chipping Campden）。

我们回停车场找休息中的胡杨。胡杨也真不容易，我每天要逼他跟着我走这么多路。他是享福之人，看到电影院，就想进去看一场；看见商店，就想在里面好好逛逛；走了一段路，就想去哪里坐一坐。

胡杨把车停在了我认为的世界上最美的免费停车场，一大片草地，前面是马场，是更加广阔的天地。几匹马在马场里悠闲地晃荡。

胡杨把车停在最佳观景点，双脚跷在窗户上，自得其乐。他看着前面的一棵大树的树叶微微被风吹动，此乐何极。

这时游客已去，只有我们一辆车停在广大的草坪上。

13

去奇平卡姆登的路中，我们一致认为远方的景色大美，不同色度的黄色和绿色围绕着英式房屋。我们停下车，稍稍休息一下，欣赏英格兰乡村牧歌般的远景。

朋友圈留言：

"英国人称这种风景叫 rolling hill。

想起了英国诗人豪斯曼（A. E. Housman, 1859—1936 年）的那首诗《快乐的向导》：他穿行闪烁的草原，和幽静冷落的平冈……我走过这花的林丛，四郊是映日的风标，在狂风吹过的旷野里，白羊带着影子飞逃。

天天在这样的环境下生活，不会写诗才是奇怪。"

奇平卡姆登离百老汇并不远，但我们今天一直很兴奋，前面的两个地方让我们大呼小叫，人已经很疲劳。这时我们继续玩第三个地方，感觉很可能走下坡路了。

可我有信心。

黄昏的光线柔美地照在奇平卡姆登的街道上，但看建筑还是平淡。

从街道旁侧穿出去，就会看到草地和羊群，中世纪牧歌般的风光又出现了。

回到主街道，又失去感知力。是因为奇平卡姆登本身比较平淡，还是我们的大脑兴奋点已经无法聚焦呢？

14

小伙伴们回到车上，认为可以回家了。

我说你们在车上休息吧，我再去前方打探一番。

前面有几间古老的房子，墙面由不同时期不同的手法修修补补而成。再往前走，不远处有一个奇特的建筑，里面是拱形屋顶，四周镂空，由一些柱子支撑，地面的石板坑坑洼洼。

我忙跑过去，在建筑里又有小黑板写着："奇平卡姆登市集广场：这座建筑由英国国家信托所有，为了全体公众的利益而存在，并受信托细则的约束。"

"任何损害或乱涂乱画，张贴广告或告示，乱丢废纸或其他垃圾的行为均是违法的。不得以任何不当行为影响他人使用市集广场。"

其实，Chipping 是古英语，意思为 Market（市集）。这里曾是羊毛贸易的重镇。像奇平卡姆登这样有来自当年王家授权的法定地位，从而得以举办集市的权力称为"市集权"（Market Right），没有这种特许权力的城镇是不能开市买卖的。这些相关的规定甚至记载于中世纪英国的宪章之中，可见其特殊性与重要性。

百老汇小镇美景

奇平卡姆登

奇平卡姆登

《走在欧洲小镇的石板路上》一书介绍说，之所以会有这样的政策，乃是因为英国政府需要确保市集城市的规模，以维持一定的生产与消费之间稳定平衡的关系。城镇与城镇的距离大约需要步行一整天，以考量农民携带农作物徒步进城贩售的路程，借此维持该区域的经济平衡。

　　如果两城镇距离太远，便会考量增设或额外批准一座适当位置的"市集城镇"。但如果在合理距离的两座市集城镇之间举办市集，属于非法活动。

　　今天看羊毛价值已经很低了，但在几百年前，可是发家致富的重要途径啊。

　　我们这几天要不断摸索的科茨沃尔德地区，就是靠羊毛起家，成为当时英格兰最富裕的乡村。

　　我对奇平卡姆登市集广场这样的建筑说不出什么专业术语，可我极惊讶它的朴素和背后的情感。

　　这就像我有一年在意大利帕多瓦的一座主要收藏中世纪作品的博物馆里突然明白了中世纪精神。

　　中世纪精神与今天的世界格格不入，它的骨子里是日常的谦逊，也是乡土的、邻家的。

　　它与现代精神最不同的是没有雄心勃勃和野心，与世无争，同时也很单纯。

　　我看了奇平卡姆登市集广场，有了坐标，或者说，如考古学家般有了标准器。于是我知道了奇平卡姆登房子的风光从何而来。

　　它们都是围绕着中世纪市集广场的格调而建，谦逊朴实。

　　理解了这一点，这座小镇在我面前豁然开朗。

15

我这时又发现远方有金灿灿的塔楼，我正要往前走，想起后面还有小伙伴呢。

我往回跑，告诉大家好消息。

快到我们的车时，听到唱诗班的歌声从一座古老的建筑里传出来。

眼睛一扫，是一群人在做晚礼拜。

我马上告知大家。

大家也进去了。

里面是很现代化的空间，但洋溢着基督教的氛围，人不多，总共20多人。

有5个人在台上伴奏，唱着很现代的颂扬神的歌，不仅曲调优美，而且歌词精彩，我很想留一份。

接着是祷告，伴着音乐，很柔美敬虔。

我身边是位白发老妇，穿着深蓝色的凉鞋、浅蓝色的裙子、藏青色的短袖T恤，优雅。

她似乎有些累，大家起身唱歌的时候，她也坐着。

她在不断流泪，有时伏下身子，哭泣。

但当我们目光相遇，她面带欢迎的微笑。

牧师穿着比较正式，态度随和，代表大家欢迎我们这几个来自中国的不速之客。

今天牧师讲解的是《以赛亚书》，他们这一年都在学习。

等到我们出来的时候，已经晚上8点左右了。

太阳的余晖照在奇平卡姆登朴素的建筑上，还是好看。

小镇的旅店和餐厅不错，至少有两家米其林一星。一家今天不营业，但从内部环境看，美观。另一家小酒店的米其林餐厅，装潢雅致，食物考究，服务态度一流，好评。

从餐厅出来，已经晚上9点30分了。在苏格兰现还是大白天，英格兰这时彻底天黑了。

这是我们第一次开夜车。

一路上，胡杨经常说起某个风景让他想起某部大片。

40分钟后，我们回到切尔滕纳姆住处，在24小时营业的超市买了明天早餐的食物。

胡杨喜欢威士忌，可喝得很慢，看来整个旅程是喝不完他在苏格兰买的威士忌了。

他拿来半瓶威士忌，我按他创造性的喝法，一小口威士忌，一口矿泉水，一直喝到半夜2点多。

奇平卡姆登

奇平卡姆登第一次世界大战纪念碑

第十章

山地斯托、水上波顿、伯福德、下斯劳特

1

科茨沃尔德是一片面积为 20.7 万公顷的土地，延伸至周边的 6 个郡，以格洛斯特郡和牛津郡为主，还包括其余 4 个郡——威尔特郡、萨默塞特郡、伍斯特郡和沃里克郡的部分地区。

我今天要去的第一座小镇是山地斯托（Stow-on-the-wold），stow 是古英语，意为"集合地"或"集结地"。以古英语命名的英国小镇有不少，例如昨天的奇平卡姆登以及湖区的格拉斯米尔（Grasmere），mere 意为"湖泊和池塘"。

我们每天出发的时间都比较晚，今天从切尔滕纳姆到山地斯托已经是下午 1 点多。路边有家挂着龙虾照片的餐厅，多年受米其林推荐或评级，有一年还获得米其林二星，最近两年是一星。

我们点的牛排、龙虾和青口味道不差，但除了牛排是超大份外，其他菜肴的分量都严重不足。尤其是青口，我在欧洲吃过无数次，分量都很足，这次只有一碟子，这是前菜的分量，而不是主菜的分量。

照例最开始会有的面包，没有上。我们只能问餐厅要，面包来了。上好餐厅的面包是热的，新鲜出炉。这家餐厅当然不是，味道也不好吃。更过分的是，还要收我们面包费，完全不是米其林餐厅的格调。

我们最后决定不给小费，这也是我们在英格兰第一次这么做。

我们走出餐厅，还特意看了看餐厅外面贴满的米其林各年份标志。

很难想象，米其林怎么这么看好它。

2

山地斯托也是颇有中世纪遗风的小镇，根据昨天黄昏看奇平卡姆登的经验，这种格调是需要慢慢品的。我首先找到了据说在947年就已经存在的小旅店，里面装修早已翻新多次，但结构变化可能很少。其中一扇木门徒有其表，已经被封掉，没有实际用途，应该是有点年头了。

我没有任何欧洲建筑的专业知识，只是经常看，边看边学。我个人的看法是，这家古老酒店的外形变化不大，那我就认真多琢磨其外貌，比如它屋顶阁楼的两个小窗户，我记住了。

我深入到山地斯托小镇里面，到处是石头房子和石墙。

从苏格兰高地到今天，我们在英国乡村游历了快1个月，见到过各种所谓的"干砌石墙"。

我在苏格兰买了一本《干砌石墙》（*Dry Stone Walls*）小册子，一路上琢磨，现在可以就此发表一些看法了。

在英国，农庄石墙是现存最古老的石墙之一，这些石墙在方向上通常很随意，但因为田地本身比较狭小，石墙就显得有些过于庞大。其中一些石墙可以追溯到15世纪，它所代表的是继早期集体耕种模式之后，人们在个体经营农业上的不断尝试。

对于农民来说，他们通常都在公共用地上放牧。由于农用圈地的存在，使得饲料种植、牲畜的饲养与检查成为可能，而且非常重要的是，农民们可以把牲畜隔开，这样一来自家牲畜的粪便就可以留给自家田地使用。修砌石墙使用的技术较为原始，线条轮廓也不太规则，可能是主人一时心血来潮，或者是避开障碍物的需要，也可能是想把那些庞大而不易挪动的巨石圈入围墙之内。

刚开始研究这些石墙的人不免会提出这样一个问题：为何人们要在这么小的地方修筑石墙？其中一个答案就是，早期的农民只能勉强维持生计，农耕规模较小，但在有限的土地上反复耕作势必会翻起大量的石块。这些石块

干砌石墙

山地斯托小镇的干砌石墙

Dry Stone Walls

需要妥善处理，而修筑石墙正是一种理想的废物处理方式。

16世纪时期的羊毛产业较为兴旺，羊群饲养的规模与质量都得到了提高。在新出台法律的支持下，由于对农业圈地需求的增加，人们自然想要占有更多村庄附近的土地。通常情况下，这种诉求会在共同协商后得到满足，可以说是16世纪至17世纪期间的一个持续性进程。

几乎所有的农用石墙均修建于1850年之前，包括今天依然屹立着的绝大多数石墙。在那些比较偏远的地区，因为不存在人为损毁的因素，那儿的石墙仍然保持着原样；但在其他地方，石墙都历经过零星的修补与翻新。除非有准确的文件记录，否则我们很难确定其建造日期，因为翻新时所采用的石头和工艺都是一样的。

3

尽管干砌石墙的基本原理在任何地方都一样，但地区间差异的存在主要有两个原因——当地石头的特点与农业状况。

最初修筑围墙时，人们在清理田地或在附近挖土的时候发现了石头。筑墙工人会用任何到手的材料修筑围墙，并根据石头的特点调整自己的筑墙方法。如果没有穿墙石，那么就必须寻求别的方法来确保石墙不会倒塌。如果石头小又轻，那么石墙就不可以修筑得过高。

羊群与牛群圈养所采用的围墙并不一样，其样式还会因为羊的品种而各不相同。在满足限制条件的情况下，筑墙工人可以融入自己的风格。

例如，英格兰湖区的地质环境极其复杂，当地丰富的石头种类造就了迥异的筑墙风格。

兰开斯特和肯德尔小镇之间的地区位于湖区东南部，那里以石炭纪石灰岩为主，墙体呈灰白色，石头较小且形状不规则。这类石头用锤子敲击塑形的效果并不怎么好，所以要让它们紧密贴合在一起就需要大量技巧。再往北一些，也就是肯德尔小镇和安布尔塞德小镇之间的宽广地带，石墙往往由小而平的石板建成；相比那些不规则的石灰岩来说更易铺设，但需要更多的耐心，因为石墙砌起来很费时间。

从安布尔塞德向北直到凯西克之间的广大区域主要由火山岩构成，种类非常丰富，其中比较著名的岩石就包括被称为"绿色板岩"（green slates）的火山岩。它远比前面所提到的石头坚硬，不易断裂，采用这种石头修筑的石墙看起来高低不平，因为上面的石头大小不一。石墙底部通常还会有非常大的巨石。另外，此处往西还有一片区域，那里的花岗岩也具有类似的特征。

在湖区的最北端，产有大量斯基多（Skiddaw，湖区北部地区重要的山峰）的沉积岩。这些岩石易裂，容易劈开，修筑成的石墙颜色较深，排列也比较规则。

湖区内的石墙在大小和修筑方法上遵循传统，至少有一排贯穿石墙的长石，在较高的石墙里往往会有两排长石。石墙顶部为平坦而垂直的石板。

4

具有讽刺意味的是，科茨沃尔德那些古色古香的石墙，每年接待成千上万的游客，却被英国其他地方的专家视为劣等品。

科茨沃尔德地区的砌墙工人要克服许多困难。独特的侏罗纪系石灰岩一般硬度较低，且易受霜冻与道路化冰盐的影响，既小且轻，所以完工后的墙体不太稳固。要想找到又大又重的压顶石比较困难，而且穿墙石也很匮乏。很难理解为什么这里的人们喜欢沿着石墙铺陈各种长度的石头，而不把石头嵌入石墙。

科茨沃尔德地区的砌墙工艺比较特殊。由于霜冻的缘故，石头稍微朝外

1646年山地斯托英国内战纪念碑

山地斯托小镇

倾斜，便于霜冻融化后的水流下。与北方不同，科茨沃尔德地区的砌墙工人会不断地用锤子打磨石头的形状，这样做是确保石头间能贴合得更紧密，或者是改善墙面的外观。这种方法会让石墙显得犹如砖块般整齐。相对于北方地区，当地石墙要低1英尺（30.48厘米）左右，一方面是石头本身的限制，还有就是科茨沃尔德地区的绵羊一般不会翻越石墙。

交通活动所带来的震动，还有民众往来都会影响到石墙，缺少合适的压顶石意味着在顶部涂抹砂浆很有必要。这虽然有些令人遗憾，但在那种情况下也是可以理解的。最近的一种趋势是，往石墙中间浇注砂浆以确保稳固；从长远来看，这种做法所产生的影响还有待观察。

5

前面的巷子已经窄到一线天的程度,我们试着走过去,出口是小镇的中心广场,胡杨猜测这里也是中世纪交易羊毛的所在地。

山地斯托广场中心有纪念柱。我们的英国乡村之行,发现几乎每个小镇都矗立着战争纪念碑。第一次世界大战时期,英国有70万官兵丧生,第二次世界大战同样伤亡惨重,据说全国有近10万座战争纪念碑。

山地斯托小镇

我以为这座纪念柱也是如此,但看下面的说明是纪念英国内战的:

1646年3月21日,山地斯托之战(Battle of Stow-on-the-wold)

当保王派军队在山地斯托之战中被议会派军队击败后,就是在这里,雅各布·阿斯特利爵士(Sir Jacob Astley)率众向议会派投降。大约有200名保王派士兵在广场上被杀,另有1500人被关进了教堂。这是英国第一次内战中的最后一场战斗,其结果是终结了保王派在牛津郡的统治。

不远处的山地斯托主教堂已有800年历史,内部很朴素,符合英国新教徒精神。

6

下午去第二个小镇水上伯顿(Burton-on-the-Water),它在科茨沃尔德的人气可以排到第二。

水上伯顿最吸引人之处就是有一条很适合大家一起游玩的河。说是河,在夏天不如说是池子,连游泳池都不算,因为它浅得只能泡泡脚。

所以它非常适合孩子,几岁大的孩子在里面都安全。

水上波顿小镇

胡杨穿着凉鞋下水了。他说水很冰,受不了,马上回到岸上。

鸭子也来凑热闹,不断引来孩子们的追赶。鸭子也很聪明,即便孩子们团团围住它,它还可以飞啊。鸭子不断地逗孩子们玩。

有句俗语:"鸭子划水暗使劲。"在水深的地方,这句话合适。可在这么浅的水里,鸭子橙色的脚在飞快地舞动着,可爱又滑稽,一目了然。

看来透明的地方不适合深沉、玄虚和故作高深。

水上伯顿最大的卖点就是适合亲子游,所以这里开设了汽车博物馆和鸟类公园等。我们下午4点多到,人还是很多。

真是羡慕水上伯顿,就凭那么一条清浅的小河,加上靠近伦敦,它的日子就非常好过。

这就是经典的"卵巢彩票"(ovarian lottery,意为出生决定命运)。

我们坐在水上伯顿河岸边,吹着风。胡杨感叹道:"你们注意到没有?这么多人,却不嘈杂。"

因为这里的人说话都非常小声。

水上波顿小镇汽车博物馆

他们只在酒吧和周末的深夜闹腾。

河对岸桥边的一座豪宅，是幸福的水上伯顿镇中最幸福的地方，视野和地段都是最佳的。

我们绕豪宅一圈，人家把四周遮得严严实实的，要么栽种了大树，要么索性用塑料板封住铁门的栏杆空隙。

理解。

7

黄昏时分我们来到今天的第三个小镇伯福德（Burford），它也是当年的羊毛贸易重镇。

伯福德与昨天的百老汇镇类似，主街都是一条大道。这真是一条名副其实的交通要道，已经傍晚了，街道上还是车流如织，大卡车很多。

有这么一条过于繁忙的大道，我觉得有些煞风景，没什么游兴。

伯福德的圣约翰大教堂非常宏伟，与现在的小镇很不匹配。可惜天色已晚，不能进去了。镇上的先人因为羊毛发家，造了如此宏大的教堂，称之为"羊毛教堂"，科茨沃尔德的这类教堂应该不少。

该地区最有名的绵羊品种是科茨沃尔德长毛绵羊，其羊毛光亮柔软，据说是罗马人从北非引进的。据《英国小镇秘境之旅》一书介绍，12世纪时，英格兰号称拥有全世界最好的羊毛，而英格兰最炙手可热的羊毛则来自科茨沃尔德。到了16世纪，科茨沃尔德建起了很多羊毛加工厂。当地人利用湍急的河流进行水力发电，为工厂提供了充足的电力。这些工厂则从科茨沃尔德长毛绵羊身上剪下羊毛，源源不断地加工成纺织品出售，赚了大钱。但在1750年至1850年间，羊毛产量出现下滑，科茨沃尔德一度陷入贫困。

8

《乡村生活》有一个专栏《我的一周》（My Week），很文艺很跳跃很意识流，不习惯这种写法的人不容易理解。下面是2019年7月10日的专栏文章《完美人生》（Life's a Bed of Roses）：

在佛罗伦萨旅游的时候，我们发现屋顶阳台的玫瑰品种曾经在亨利·方丹－拉图尔（Henri Fantin-Latour，法国画家，1836—1904年）的作品中出现过。花匠设法延长了花儿开放的时间，但他不愿透露具体采用了什么方法（也可能只是运气好吧）。从我们一个月前到这里至今，这种花儿几乎始终保持着绽放。

这些花朵精美绝伦，浅红色的花瓣很是小巧玲珑，越靠近花瓣心，颜色愈发深沉而呈现出贝壳粉。不过，真正令人愉悦的是这满园的馥郁芬芳，甜而不腻，艳而不俗。

方丹－拉图尔之于我，犹如玛德琳小蛋糕之于普鲁斯特。玫瑰是我祖母最喜爱的花，一闻到它的芳香就会立刻勾起我儿时的记忆，那段我曾在她照顾下所度过的夏日时光。

走上阳台，映入眼帘的是圣费利西塔教堂与后边紧挨着的波波里花园。奇怪的是，我脑海中浮现的却是1965年在布莱顿（英格兰南部海滨城市）的生活：清晨，我跳入冰冷的大海游泳，在草坪上玩法式板球，拿着"99 Flake"冰淇淋（欧美流行的在冰淇淋上插着一根吉百利雪花巧克力棒的冷饮）大快朵颐，与我祖父还有父亲手下的士兵们玩耍。

有意思的是，一个人对不同气味的感知会随着时间的流逝而变化。年轻的时候，玫瑰就是玫瑰，没有别的可能，而如今它却是回忆的钥匙。正如普鲁斯特所言："往事隐匿在智力范围之外，在智力所不能及的地方，在某个我们根本意想不到的物质对象之中。"

只要是花儿我都喜欢，不过和诗圣莎士比亚一样，我最喜欢的也是玫瑰。自从40年前买了第一套房子以来，在园艺这件事上，我一直都是比较随意的。比如我会带着最喜欢的植物搬家，甚至会一个人带着它们往返于不同国度。

我很享受每年一次的意大利之旅，但途中每天都会挂念家中的玫瑰。它们会不会染上黑斑病？更可怕的是，它们会不会被蓟马吸食汁液而发黄呢？即使在写这篇文章的时候，我也没有停止这种担忧。

每年这个时候，我都会想起当地灌木树篱中盛开着的野生花朵：雪白的野蔷薇，草莓粉的，还有一种深红色的、我一直以来无法辨认的杂交玫瑰。

是什么让玫瑰如此迷人？不似其他花朵那么芳香，比如硕大饱满的牡丹，令人心情愉悦的三色堇（从某种程度上来说），还有淡雅的栀子花，但唯有玫瑰是如此纷繁复杂。

这种美之所以非凡，就在于它转瞬即逝的特点。我所指的是古老的玫瑰，而不是当代那些不断重复开花的低劣品种。当人们欣赏玫瑰花的外形、香味、柔软优美的花瓣时，总会有一种即将失去它的感觉。罗伯特·赫里克 (Robert Herrick)（17世纪英国诗人）在诗歌《致少女，珍惜时光》中就这样写道：

趁早吧，快去采玫瑰花苞，
时间老人永远在飞翔；
这同一朵花儿今天在微笑，
明天很快就枯萎死亡。

对了，还有它的棘刺。用贾拉尔-阿德-丁·穆罕默德·鲁米的话（13

伯福德小镇

世纪伊斯兰教苏菲派神秘主义诗人)来说,"玫瑰最珍贵的特质就在于它的棘刺",没有哪种花能如此简单明了地提醒我们,美丽的事物往往伴随着痛苦。

总之,除了被封为爵士外,我最大的理想就是能有一朵以我名字来命名的玫瑰(梦想还是可以有的,不是吗?)。万一梦想成真了,你也不会再听到我发牢骚了。

玫瑰花园(Giardino delle Rose)多少有些神秘感,它坐落在米开朗基罗广场下方。虽然佛罗伦萨的气温屡创新高,但里面依然繁花似锦。显然,这些花儿赖以生存的是一个世纪前建造的隐藏供水系统。炎炎夏日之中,花朵仿佛悬浮在半空中,醉人的芳香滴落在游客头上。

我和妻子罗斯(Rose,意为玫瑰,这是巧合吗?我不这么认为)带着我们的双胞胎宝宝在花园漫步。这儿有1200多株植物,也是我们定期外出步行所选择的一处景点。

我们还去了其他地方,比如托斯卡纳玫瑰冰淇淋店,乌菲齐美术馆。美术馆的画作都与玫瑰有关,尤其是波提切利(Sandro Botticelli)的作品《维纳斯的诞生》。散落在画布上的玫瑰是其中最有趣的元素。还有圣塔玛莉亚洛维拉草药店后面的茶室我们也去了,这里供应一种由玫瑰所制成的灵丹妙药,然后再配以玫瑰饼干。这无疑是我在佛罗伦萨所度过的最美好的一周了。

9

我前面说过Agromenes是《乡村生活》最有思想的一个栏目,2019年5月15日杂志的该栏目文章是《家庭族谱的萎缩》(The Falling Branches of Our Family Tree):

英国乡村人口再度上升,这对于当地乡村居民们来说并不是什么好消息。根据今年最新数据统计,该数字在过去6年里增加了40万。不断增加的乡村与集镇数量,还有乡村变化的速度,为什么我们会越来越关注这些,统计数字或许能解释一二。

从整体上看,英国人口规模的确在增长,乡村人口的增速要低于城市。但城市人口结构相对更为平衡——45岁以上人群只占总人口的40%,而乡村却达到了60%。我们比以往任何时候都更长寿,而且这种趋势还在延续。种种迹象表明,服务业压力巨大,其中又以医疗服务为甚。

综观其他欧洲国家,乡村人口增加可以说是利好消息。我们面临的是人口增加所带来的诸多挑战,而他们却不得不解决乡村遭到"抛弃"的问题。虽然他们的人均寿命也在提高,但人口增长率与新生儿数量却比较低。对于法国、西班牙、意大利以及苏联国家来说,乡村的萎缩都是一种严重威胁。

最糟糕的是总人口数量的急剧下跌。比如保加利亚,当前总人口约700万人,就在30年前,这个数字还是900万。人口急剧下跌所引发的严峻挑战在乡村地区尤为明显。

对于上述提到的大多数国家来说,真正的威胁并非外来人口迁入,而是本国人口的外迁。人们从乡下迁移到城镇,然后再迁移到前景更好的地区。

西班牙80%的城市都面临人口下跌的问题。唯有马德里与南部沿海地区的人口呈上升趋势。这种现象在欧洲大陆非常典型。意大利三分之一的村庄都面临着人口负增长的风险。2006年,法国农村人口占法国总人口的22.6%,现在只占20%;希腊人口出生率处于欧洲最低水平,老年群体占总人口的比例位列欧洲大陆第一。他们中的大多数人都居住在希腊位于地中海岛屿上的破败村庄里。

我们的大陆行将没落，只是没人敢说出来而已。一方面，亚非都面临着人口增长所引发的一系列挑战，另一方面，欧洲古老的乡村社区却在逐渐萎缩，历史文化小镇之所以人口上涨也只是因为游客的光顾。欧洲工业化国家的人口已经停止增长。从俄罗斯到葡萄牙，人们或组建迷你家庭，或干脆独居。

或许我们过于关注孩子太多所可能引发的问题，而忽略了孩子太少所带来的风险。消灭极端贫困与女性地位的提高，使得印度诸如泰米尔纳德邦与喀拉拉邦等地区的出生率得到了控制，父母也不再需要那么多的孩子来给他们养老。

发现新大陆早已成为历史，但站在这片土地上，我们并没有达到一种理想的生活状态。大多数人更愿意去追求物质，追寻生活水平的提高而非发现生活的乐趣。整个社会已然接受了这种观念，且不再以家庭为中心。

当然我们必须认识到，很多人并不想组建家庭，没有人有权对此评头论足。然而，这并不能掩盖发达国家没有为组建家庭提供足够空间的事实，城市与乡村都存在着同样的问题。我们需要和孩子们一起庆祝，围绕孩子来打造生活是否与其他人生计划冲突，这不应该成为是否养育下一代的决定因素。

10

同期的《乡村生活》杂志有一篇《风驰电掣》（Like a Bat Out of Hell），谈到了我们似乎熟悉的蝙蝠，下面是一些摘要：

如果你发现家中天花板或墙壁上停着一只蝙蝠，请尝试去近距离观察它们。你会发现它长得有如怪物一般，就像一个没有脚又没有脖子的小毛球。世界上最小的伏翼蝙蝠仅重10克，与成年人手掌大小相近。

蝙蝠纤细的爪尖间隔处的翼膜连成一片，这便是它的翅膀。紧致螺纹状的鼻子，复杂又纤弱的耳褶，都是蝙蝠感官系统中的重要组成部分，这使得它们拥有高超的夜间捕猎技巧。

借助声呐探测声波回传的路径，蝙蝠可以在脑海中绘制出一幅三维地图。借助这幅地图，蝙蝠得以在避开静态障碍物的同时锁定并捕获移动中的猎物。它们脸上的褶皱则能够控制声波发射的方向。

地球上还没有哪种哺乳动物能像蝙蝠那样进化出如此惊人的飞行技巧，蝙蝠能够在其他物种所无法触及的地方繁衍生息（纠正一下，应该说是在人类发明船只以前）。对于新西兰以及其他一些偏僻岛屿来说，当地唯一的哺乳动物也就只有蝙蝠了。

全球范围内的蝙蝠总计超过1300种（种类更多的也只有啮齿类动物了），它们广泛分布在世界各大洲（北极洲除外）。

有些地方的蝙蝠会攻击相对较大的猎物，比如鱼和鸟儿；有些蝙蝠则是素食主义者，它们以果实为生，或者有如蜂鸟般在空间盘旋，伸出表面有如刷子般粗糙的舌头来舔舐花蜜。此外，还有臭名昭著的"吸血鬼"蝙蝠，他们会盯上睡眠中的动物并吸食其血液。

对于热带地区数千种野生或栽培植物而言，以果实或花蜜为食的蝙蝠在播种与授粉上发挥着至关重要的作用。如果没有蝙蝠的传粉，或许我们将很难喝到美味的龙舌兰酒。此外，一只蝙蝠能在一小时内消灭1000只蚊子大小的昆虫，从而每年为美国节省10亿美元的农业病虫害防治费用。

不同于其他小型陆地哺乳动物，蝙蝠较为长寿，同时还拥有一定智力。雌性蝙蝠彼此间会形成一种持久性的社会关系。它们会在秋季与雄性交配，把精子储藏在生殖道内，冬眠直至来年春天再受孕，然后所有雌性蝙蝠都会聚居在一起等待夏季来临时的生产。

11

在一本由多位华人导游合写的《英国说明书》中，提及切尔滕纳姆有一条道路，被评为英国最美的乡村小道。我们于是导航过去。

途中，我们看到奇异的景色，马上路边停车。

公路两边的天空呈现出两种状态。一边是蓝天和云彩，这种黄昏时分的蓝与大白天的蓝不一样，它蓝得很纯，很亮丽。

另一边是灰黑色的乌云，底下是稻田，中间是强烈的亮色，还有几棵大树，令人有种置身于非洲荒野的感觉。

我们没有找到最美的乡村小道，却来到了下斯劳特（Lower Slaughter），这是我计划明天来的村子。Slaugh 是古英语，意思是"泥泞的地方"。

天色已暗，我们只能匆匆而过，下斯劳特村似乎有野趣，类似中国江南的村庄。

《英国最美乡村》书中写道："村舍围绕一个有着狮子头一样的水柱的水沟而建，一直延伸到 19 世纪早期的玉米磨（下劳斯特村少有的砖建筑之一）。玉米磨的水轮还是完好无损的。从这里的茂特豪斯小径开始，这条村舍成排的街道一直通往广场。庄园酒馆位于庄园农庄的对面，建于 17 世纪，现在的建筑样式是 1688 年的。"

下斯劳特村很小，非常幽静，家家户户都异常干净，像个管理很好的高端社区。

村口的圣玛丽教堂建于中世纪，18 世纪 60 年代由夏普兰·惠特莫尔重建，当地杰出人物的纪念碑就放在教堂里。

12

回到切尔滕纳姆的住所，已经是晚上 9 点多，就在对面的寿司店吃吧。

我们是第二次来了，记得第一次是周末，店里冷冷清清。今天是周一，这么晚了，还座无虚席。

原来这家店周一特价，寿司等食物统一每盘 3 英镑。

这让人趋之若鹜，还有人点了外卖，所以快递小哥在频频催店家快些发货。

这对店家可是考验。

我们正好坐在开放厨房的吧台边。

我们看到这些店员忙得像在跳舞，又像快进镜头那样快得很夸张。

胡杨在深圳从事餐饮服务业，他看得入迷。

他说看过一本麦当劳店长的日记，描述的跟现在的场景一模一样。

如此高强度的压力之下，这些店员还是非常努力，脸上的神情没有丝毫埋怨，对客人始终微笑相迎。

胡杨感叹："这在深圳做不到，员工早就给老板脸色了。"

我说："这在上海也做不到。"

胡杨说："这就是素养。这些员工估计都是 1995 年后出生的。他们其实工资不会高，也没有股份和升迁机会。但他们照样努力，尽一切可能把事情做好。在压力下仍然这样。"

我几个月前在台湾的台南，也看到那里的餐饮员工状态不错。

我与胡杨都很羡慕。

下斯劳特村的圣玛丽教堂

第十一章
拜伯里、上斯劳特

1

今天我们冒着大雨来到拜伯里（Bibury）的唯一一家旅店——天鹅酒店（The Swan Hotel）。我给胡杨夫妇订了一间有高架床的房间，很有异域风情，很贵族范。我儿子的房间风景和氛围也不错。

我和妻子则订了一间独立屋子，天天在英国乡间看这些屋子，也应该体验一下住在里面的感觉。

这间屋子层高不高，但不会让人感觉压抑，因为空间还算方正；两层楼，有两间浴室，楼上楼下，上面是卧室，下面是小客厅，外面带个院子。微信朋友圈的评论："阳光洒满白色的窗台和绿色的垫子，一派生机勃勃，似乎把窗外的绿色送入室内。"

2

科茨沃尔德的另一个小镇也有天鹅酒店（Swan Inn），它是传奇的米特福德家族（Mitford，英国的一个显赫家族）六姐妹的故居。

我是从2019年5月1日的《乡村生活》杂志上真正知道她们的故事，等到我从英国回来，再思考，觉得这个故事很有意思，但我已经错失去那里的机会。下面是经过编译的杂志专栏文章《冬季人生》（Life in a Cold Climate）：

阿斯托尔庄园（Asthall Manor）坐落在西牛津郡，庄园里有一间由谷仓改建而成的书房，那是"法弗"（Farve，米特福德六姐妹对父亲的昵称）为大一些的孩子们所准备的。南希·米特福德正在大声朗读着自己的小说《爱的追求》（The Pursuit of Love）。

以上场景实为戏剧演出中的一幕，门票早在开演前几周就已售罄。六姐妹是里兹代尔男爵（Baron Redesdale）夫妇的孩子。通过姐妹间的往来书信、书籍，还有南希的小说，该剧将姐妹们的生活搬上了舞台。

人们纷纷走向演艺厅，观众的目光都集中在了台上"戴安娜"（六姐妹中的老三，戴安娜·米特福德）的扮演者身上。"你也是粉丝吗？"一名男子悄声问我，"我非常崇拜她们，"他说道，"我读过她们所有的作品。"

黛博拉是六姐妹中最小的一位。在她2010年出版的回忆录《等等我！》中，黛博拉如此描述美丽而又宁静的阿斯托尔庄园："在英国最美丽的地方，坐落着一座典型的科茨沃尔德式庄园，它紧挨着教堂，庄园里的花园自高处一路向下延伸至温德拉什河。"。

不论是阿斯托尔庄园，还是里兹代尔男爵1926年举家迁往的斯文布鲁克宅邸，都对六姐妹的生活产生了深远影响。

第二次世界大战以后，南希搬到了巴黎。她创作出了许多备受赞誉的小说与历史传记，其作品风格就如同她身穿的迪奥"新风貌"（New Look）女装一样既新潮又流行，剪裁精美又讲究。但是，米特福德的大名却是因为她的妹妹们而声名远播——纠正一下，应该说是因为她们而声名狼藉。

"只要新闻头条上出现'贵族的女儿'（Peer's Daughter）几个字，我就知道一定和你们中的某人有关。"母亲叹息道。

时年19岁的杰茜卡和温斯顿·丘吉尔的表亲——激进的社会主义分子埃斯蒙德·罗米利私奔，此消息可谓轰动一时。两人于1937年结婚，埃斯蒙德后来在1941年空袭纳粹德国的行动中阵亡。后来，杰茜卡在美国成为一名优秀的左翼记者与民权运动领袖。

六姐妹中戴安娜的二婚对象是英国"法西斯联盟"组织的领袖奥斯瓦尔德·莫斯利爵士，结婚仪式在纳粹宣传部长戈培尔家中举行，希特勒也出席了婚礼。就是在这样的机缘巧合下,六姐妹中的尤妮蒂才得以结识希特勒。当英法向德国宣战时,尤妮蒂曾试图自杀。

她们的弟弟汤姆,也是家族继承人,1945年在缅甸阵亡。

3

如果要说谁是姐妹中最出众的乡村女性,那当属德文郡公爵夫人黛博拉,以及在约翰·贝杰曼爵士的诗歌《米特福德女孩》中被描述为"六姐妹中最具乡村文化气息"的帕梅拉了。

南希的两部带有强烈自传色彩的杰作——《爱的追求》与《恋恋冬季》(*Love in a Cold Climate*)所设定的背景正是她孩童时代的家。关于家附近环境的描述,当推《爱的追求》开篇部分范妮的描述"美丽而又荒凉的科茨沃尔德高地"。

身为戴安娜的儿媳,夏洛特·莫斯莉负责南希的小品文、书信以及2007年出版的长篇文集《六姐妹之间的书信》等作品的编辑工作。在她看来,那儿的景观"非常具有表现形式,也有很高的价值"。

"对祖国的热爱深深地扎根于南希的内心",莫斯莉继续说道。南希临终前所说的最后一句话就是:"如果能再多给我一天时间去探索,我愿意为此付出一切。"

巴茨福德庄园曾经是米特福德家族在科茨沃尔德的祖宅。为了支付巨额遗产税,里兹代尔男爵在1919年的时候把它卖了出去,因为男爵那年迁往的阿斯托尔庄园正是从他父亲那里继承来的。

巴茨福德庄园以"汉普敦的哥特式法国城堡"形象出现在了《恋恋冬季》一书中。

拜伯里的天鹅酒店

1926年，姐妹们离开了阿斯托尔庄园，迁往由父亲建造的斯文布鲁克宅邸。从南希在《爱的追求》中对拉德利特家族所居住的阿尔康利宅邸的描述中我们不难看出，她对阿斯托尔庄园的感情是非常深厚的（书中虚构的阿尔康利宅邸正是基于南希童年时所生活的阿斯托尔庄园）。只是有一点，书中提到阿尔康利宅邸位于"高高的山坡上"，这其实是斯文布鲁克宅邸（姐妹们很讨厌这里）所处的环境。

　　真正开心的只有黛博拉，她或者逗鸟玩，或者外出打猎。南希回忆说自己有种无聊沮丧的感觉，同样迫不及待地想要离开的还有杰西卡，她在1960年出版的自传《爱人与背叛》中就流露出一丝悲凉："寒冬腊月之后即是春寒料峭……但什么也没有发生。"

　　由于常年寒冷的气候，姐妹们经常躲藏在摆放毛巾与被单的柜子里——这也是家里唯一暖和的地方。《爱的追求》对此的描写很有意思。还有伯尔特（《爱的追求》中范妮母亲的绰号）与马修叔叔——他与现实中六姐妹的父亲很像，他带着猎狗和孩子，暴脾气般地吼叫着"还有6分45秒，那该死的家伙就要迟到"——也已经为人所熟知。

4

　　2004年，劳拉·汤普森以幽默诙谐的风格写下了一部名为《冬季人生》(Life in a Cold Climate)的传记。她认为南希的小说"轻松而不乏深刻"，正是南希成功塑造了"米特福德家族的神话"。从文学角度上看，蒙多尔夫人的某些台词非常有意思，比如那句"爱情？真应该把发明爱情的人给杀了"。蒙多尔夫人是《恋恋冬季》中的角色，原名索尼娅，本是低阶贵族的后代，后嫁给蒙多尔伯爵而一跃成为蒙多尔夫人，小说讲述的就是他们的女儿波莉（Polly）的故事。

对于那些在阿斯托尔庄园欣赏该戏剧的粉丝们来说，能一睹庄园内部的风采可以说是最棒的经历了。自1997年开始，罗西·皮尔森就是这儿的主人了。她告诉我在两年一届的"On Form"石雕展览期间，庄园里有几处房间是对外开放的。除了重大活动期间，庄园本身并不对外开放，毕竟这里是私家住宅，她强调道。

在皮尔森小姐的带领下，我获得了一次非正式的米特福德家族参观之旅，我仔细欣赏了顶层那座摆放被单毛巾的柜子。"除了厨房，这些房间我完全没有动过，"她透露道，"这里有一堵覆盖着绿色台面呢的墙，但最让人惊奇的是旁边的电话间。想象一下，当时南希就坐在这里，接听伊夫林·沃从牛津打来的电话。"

从阿斯托尔庄园出发，沿着温德拉什河岸那一排排短粗的垂柳步行半英里（约805米），你就来到了斯文布鲁克，这个科茨沃尔德的小乡村满是暖色调的石头小屋，这里正是黛博拉所开的天鹅酒馆的所在地。酒馆现在属于查茨沃斯庄园的一部分。步入晚年的黛博拉过着孀居贵妇的生活，不再插手查茨沃斯庄园的事务。在阿尔奇·奥尔尤因的打理下，酒馆重现了往日的光辉。

黛博拉于1941年嫁给了安德鲁·卡文迪什。此前由于家族财产的萎缩而搬家，所以一直和里兹代尔夫人还有姐姐尤妮蒂一起居住在隔壁的米尔乡村别墅（Mill Cottage）。

奥尔尤因说道："我想我们所做的很多事情都是为了再现她童年时代的生活，重回家园，让米特福德家族的传奇故事继续演绎下去。"墙上挂着米特福德家族成员的黑白照，壁炉架上挂着著名画家威廉·阿克顿为姐妹们所作的肖像画。黛博拉是这儿的常客，常常待在那间"黛博拉专属房间"里——当然，那也是最好的房间。

朱利安·杰布于1980年拍摄了一部纪录片，名为《妹妹们眼中的南希·米特福德》：帕梅拉站在附近的河岸上，双眸闪耀着光辉，背诵着《恋恋冬季》

中的段落。帕梅拉在爱尔兰和瑞士居住多年，但最快乐的要数在考德尔格林（位于英格兰格罗斯特郡）的那段时间了。那里距离她的传记作者——前日报记者戴安娜·亚历山大笔下所提到的"米特福德庄园"（Mitford Land）约有20英里（32公里）。

"黛博拉经常和帕梅拉一起过来，"亚历山大回忆道，"戴安娜也一样，我想她们又再次回到了儿时。"

对于米特福德的狂热崇拜者来说，如果要追寻姐妹们的足迹，可以从莫顿因马什附近的巴茨福德庄园开始。2001年，在BBC的同名电视连续剧《恋恋冬季》中，巴茨福德庄园代替了书中的阿尔康利宅邸，当时年轻的英国演员裴淳华（Rosamund Pike）在剧中饰演了范妮一角。当地斯洛普户外俱乐部职员盖伊·阿维斯想起了当年演员们带着猎犬去那里拍摄狩猎的场景。这位职员感觉到，由于当地巴福德夫人经营的在金厄姆小镇的有机农场、在大图村的小型农舍所取得的巨大成功，这一带已经比米特福德家族时期改变了许多，吸引的游客群体也与以往不同了。

"一切都井然有序，"奥尔尤因先生对此表示赞同，"现在，每个村庄都有一家美食酒吧，这有它的好处，但也许打破了乡村的宁静。"

由于姐妹们的影响力，这里的生意依然很红火——最近，天鹅酒馆迎来了身着米特福德时代服饰的美国游客。随着杰西卡·费罗斯的《米特福德谋杀案》系列犯罪小说大获成功，英迪亚·奈特的现代版《爱的追求》也将于2019年末问世，人们对米特福德家族的兴趣只会与日俱增。此外，还有一部名为《木樨街上的女子》（La Dame de la Rue Monsieur）的作品也将问世，这是一部以法国人的视角来认识南希女士的作品。

只有一件事让"米特福德庄园"的管家感到困惑：为什么还没有这六姐

妹的电影呢?"这肯定会是一部非常优秀的作品,"奥尔尤因先生说道,"因为六姐妹是独一无二的,不是吗?"

5

天气不好,偶尔有太阳出来,其他时间都在下雨。

昨天傍晚,我们去了下斯劳特,现在又到那里,然后去上斯劳特(Upper Slaughter)。从下斯劳特去上斯劳特步行20分钟,车行4分钟。

上斯劳特与这两天游玩的大多数镇子不同,它没有想讨好谁,俨然一副我行我素的样子。我没有看到什么商店,这里几乎没有商业化的气息。居民们安居乐业,一派祥和。

我对安居乐业的田园生活有着强烈的期待,于是很快喜欢上这座村子,忘我地四处走走。

这些看似相似的场景、相似颜色的屋子和花园,在我眼里完全不一样,它们都很美。

此刻,我站在村子的小河边,觉得这是村子的精华所在,流水、房屋、草地、花园还有山坡,什么要素都具备了。

一辆汽车开了过来,也许是导航出现错误,也许是司机太自信,想强行过河,结果失败了,只能倒车出来。

雨太大,我们匆忙躲进圣彼得教堂。里面空无一人,这时出现了一名教堂管理员,向我们介绍教堂的历史。圣彼得教堂竟然起源于一千多年前的撒克逊时代,后来撒克逊人被海峡对岸的诺曼人征服,这座教堂又受到诺曼人的影响,也就是说这座教堂属于十四五世纪的建筑。老人还向我们介绍了教堂的哪部分内部结构属于撒克逊人风格。

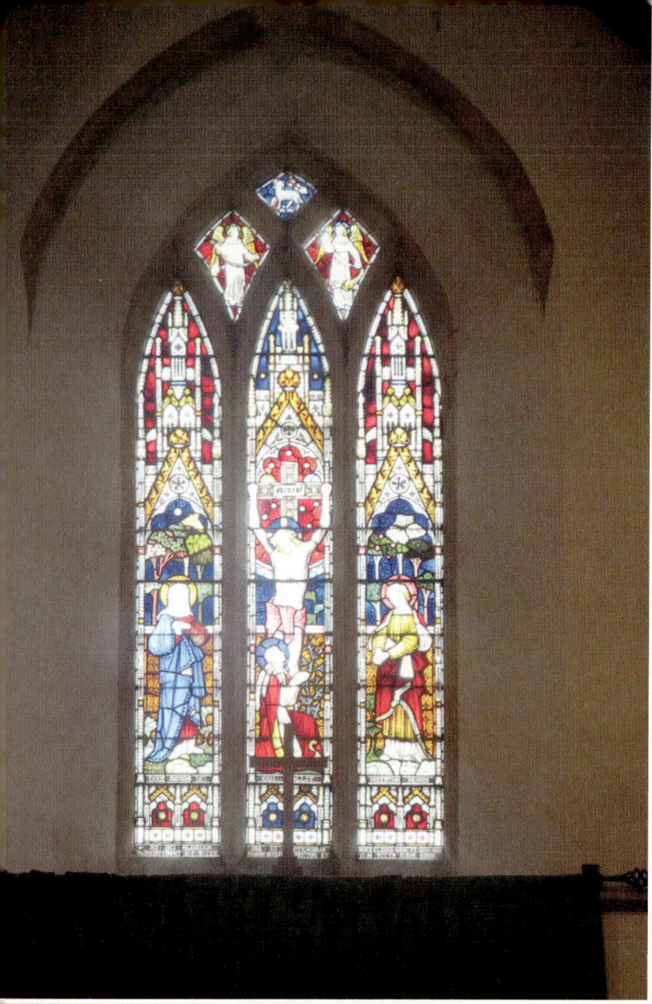
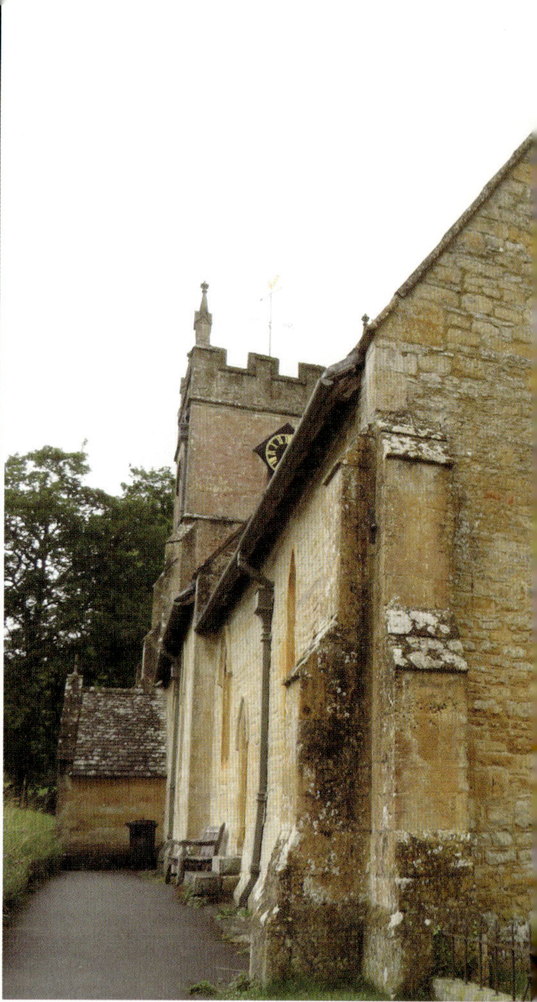
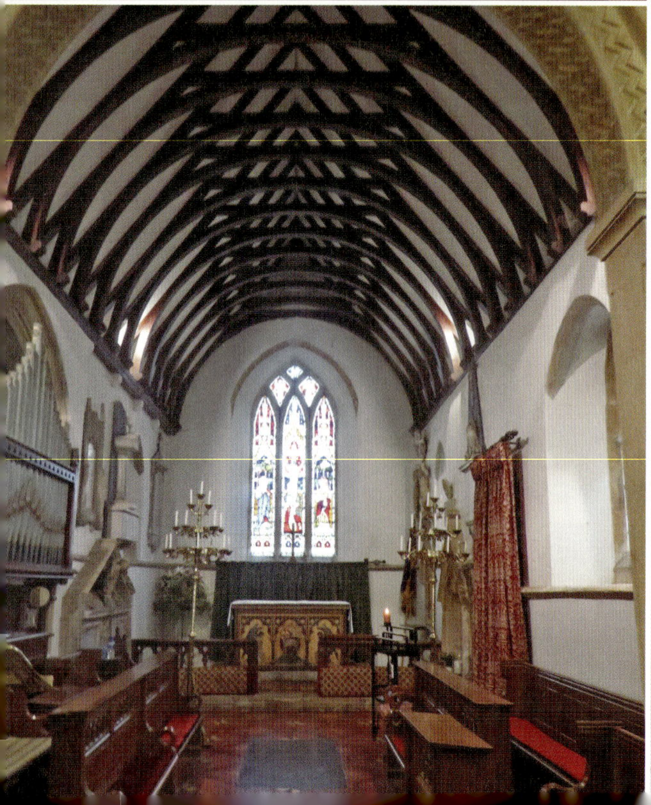
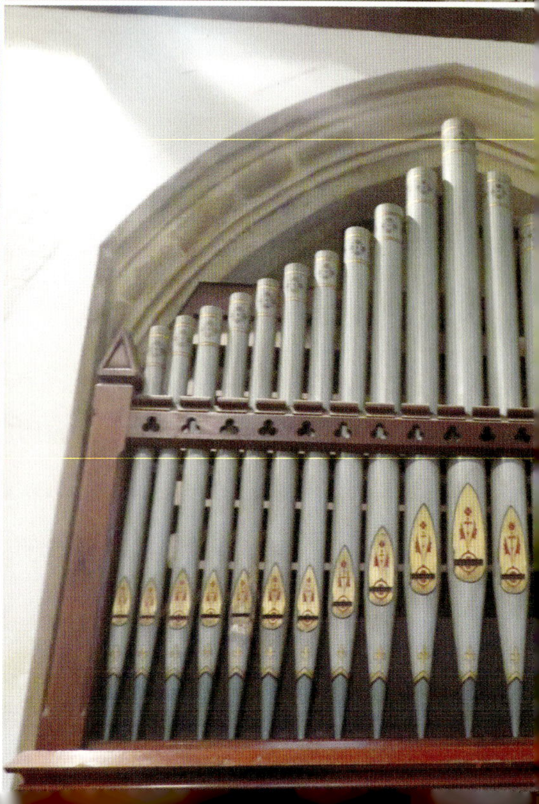

上斯劳特的圣彼得教堂

他知道我们来自中国后，突然感叹，现在中国与欧美的关系大气候发生变化了。他对特朗普不以为然，认为他要为此负责。

6

雨突然停了，我们赶紧踏上了村内的另一条路，四处看看。

有人家把部分花园变成了菜园，这在我的英格兰乡村之行中是第一次遇见。在上海，类似的花园变菜园倒是不少。

我又看到在椅子上刻有怀念亲人的句子，很是温暖。如果我有一天离去，也能在家附近的一把椅子上留有被怀念的铭文，那该多好。

我一直认为，西方人总是把先人的坟墓与他们的日常生活放在一起，那才是真正的怀念。

微信朋友圈的评论："温暖的感觉，每次遇到这样的椅子我都会去坐坐，

体会一下那份怀念""椅子下面的植物也整理得如此到位，真难得。这种怀念形式让人感动，那种世世代代延续的怀念，多美好"。

上斯劳特和下斯劳特的建筑大多建于十六七世纪，用亮色的石头筑成。上斯劳特的各种细节都那么引人注目，我已经看了不少英国村子，如果这里没有吸引我的地方，早就离开了。

寻找细节也是要付出一定代价的。我在拍一个隐蔽在小花园中的小物件时，稍稍越过了没有大门的庭院边界，忽然听见后面响起强烈的咚咚敲窗声，回头看，窗户后面有个愤怒的老妇人做着手势让我离开。

我能理解，也感到不好意思。

躲在汽车里休息的胡杨呵呵一乐，引用了一句谚语："一个人的家，就是一个人的城堡，风可进，雨可进，国王不能进。"

微信有朋友评论："生活在这里的人，就像生活在一个自然秘所里的精灵。"

上斯劳特的居民小屋

7

雨下得越来越大，小伙伴们都在车内避雨。我兴致不减，拿着折叠小伞，继续前行。其实我身上的衬衫和外套早就湿了，已分不清是汗水还是雨水。

我在村子的一个出口处发现了一家门廊酒吧（The Porch House）。

走进去看到一块小黑板，上面写着：

欢迎来到门廊酒吧：这里是英国最古老的酒吧，最早可以追溯到947年。历史上这座建筑的一部分是伊夫舍姆修道院的临终安养院。

您可以在餐厅里看到一座漂亮的16世纪壁炉，据说它侧面所刻的符印能够保护人们免受女巫的伤害。

这些墙壁拥有悠久的历史，欢迎您一边参观一边品尝我们精心准备的红酒与麦芽啤酒。

除了酒吧与餐厅外，我们还提供精品客房、私人餐厅、功能区域，外加供您休闲的阳光露台与花园。

另有一张小黑板，上面有各种英语书法体还有图画，我真是太欣赏了。

不过，我还是想去看看酒店的大草坪。

我冒着大雨进入大草坪，也不是一时冲动。我已经发现这个村子的大户人家都有大片绿地，但都在房子后面。我是不可能这么深入地侵犯人家的隐私的。我感觉这些人家的绿地应该与酒店草坪差不多，只是这里要大一些。我不能失去体验的机会。我是游人，要了解当地人的真实生活，付出更多是应该的。

我就这么走啊走，雨越来越大，我不记得曾经什么时候在大雨的旷野中这么行走，终究有些孤寂。

THE
PORCH
HOUSE

THE
PORCH
HOUSE
ENGLAND'S
OLDEST INN
c.947AD
Brakspear

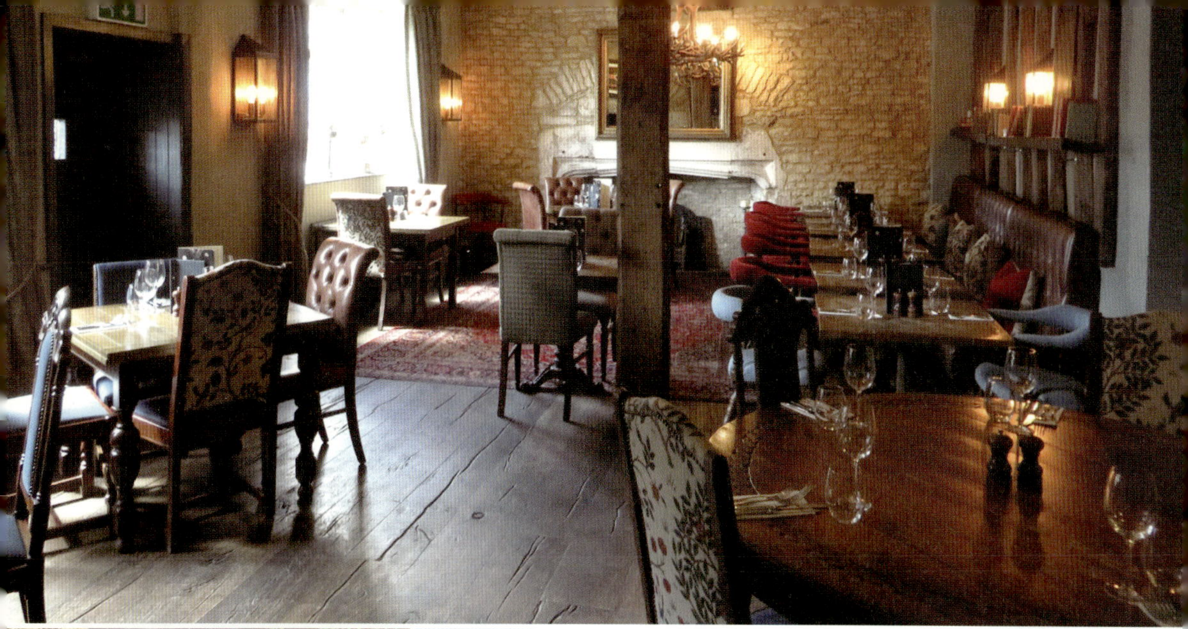

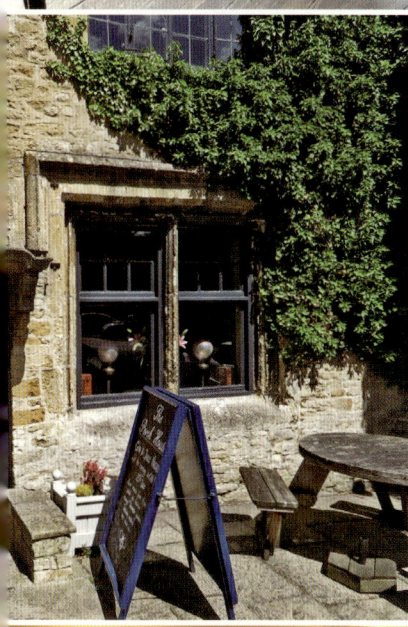

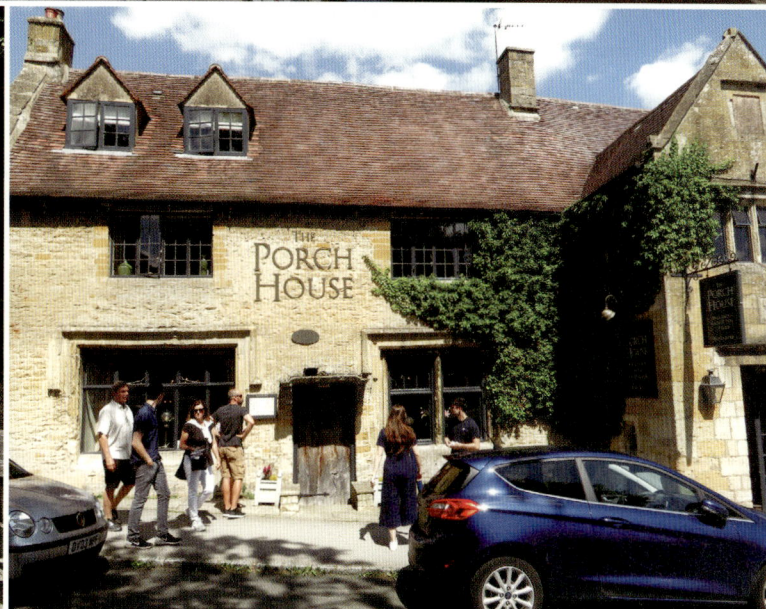

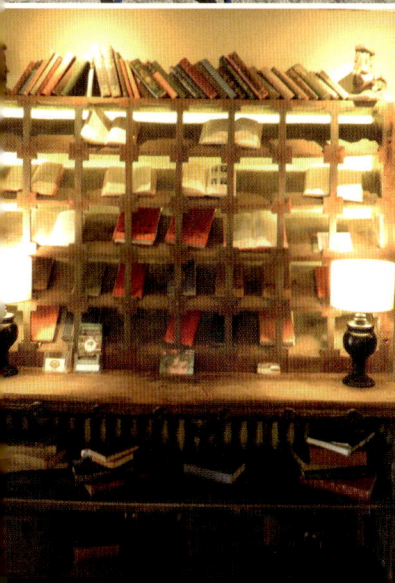

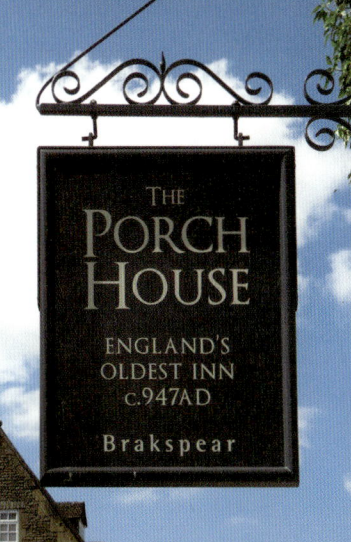

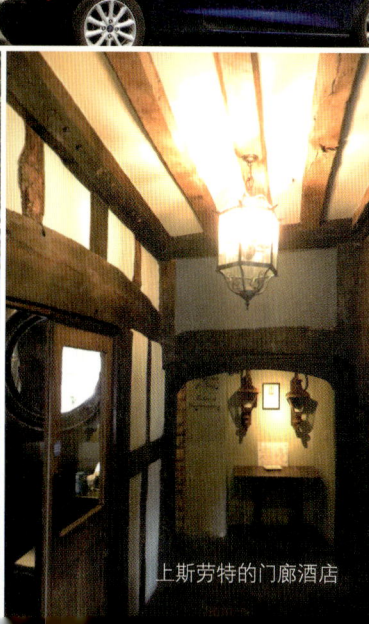

上斯劳特的门廊酒店

8

离开酒店,我朝另一方向走。其实,大雨中的村屋有种别样的感觉。

我又回到第一次躲雨的教堂前,景色还是那么好看,野趣横生。我顺着道路,走到了村子的另一个边界。

然后折回,朝没有去过的小河边跑。仿佛在刹那间,我穿越时空回到了公元 8 世纪的撒克逊人世界。我是撒克逊人,在雨中的溪边绿地奔跑,之后我会去高处的圣彼得教堂祷告。

我跑啊跑啊,到处跑,在大雨中奔跑。我跑完了上斯劳特的最后一个入口,也是一个边界。至此,我已经把这个村子几乎所有的地方都跑遍了。我喜欢这个地方。就像喜欢一个人,知道她的身体全部,是应该的。

微信朋友圈评论:"忘我的主编,痴痴的主编""跟着您的行程,看着您的文字、图片,心情也很愉悦,谢谢分享!""同感,到了一个真心喜欢的地方,总是愿意走遍它的每一个角落,在记忆中刻下对它的每一点印象""脑海里浮现主编在雨中一路奔跑的画面""这一幕真像《雅歌》里面的良人和佳偶之间的爱"。

9

雨好像真的停了。我们一起去门廊酒店喝下午茶。

酒店茶室真是精彩,墙纸图案让我想起已经去世的上海当代画家张桂铭的画风。不过前者还是英国的,比较内敛低沉,后者是东方的明快。

茶室沙发竟然也是五颜六色的,有蓝色绿色紫色等,与墙纸相得益彰。

我见云雾中有阳光出现,就走出茶室,往草坪走了一段路。

草坪中有棵大树,我刚才在大雨中一直看着它。此刻在低沉的阳光下,

上斯莱特门廊酒店的茶室

它仍然朦胧柔美。

我马上想起了法国巴比松画派代表柯罗的风景画，简直分不清是树模仿了柯罗，还是柯罗模仿了树。

这是梦中之树。

比起拜伯里有名的天鹅酒店，我更喜欢门廊酒店。前者是大众的，这里是小众的。

其实我喜欢门廊酒店就是因为上斯劳特村。

我在这个村子找到了英国乡村的精神和经典。

我这么多天到处跑，有时一天跑四个镇子，就是在寻找我心目中理想的英国乡村，但多少有些美中不足。

虽然我现在全身湿透，但值得。

10

黄昏后我们回到拜伯里，小桥流水，画面感强，多只鸭子在河里游泳。河岸边的红花不是很艳，却红得与环境融洽。

其实这条小河隔开了两座小镇，一边叫拜伯里，另一边叫阿灵顿。

不过，我觉得没必要区分，因为二者即便连在一起也太小了。

阿灵顿排屋（Arlington Row）很有名，像霍比特人世界中的矮人屋。

朋友圈的评论："苔藓、茂盛的植物、石头房子、私人领地，构成了英伦乡村的自然要素""现在看到的应该是最好的季节吧。花开草盛，不知冬天这里会是什么景象""爱极了月季花、蔷薇装饰的窗户和矮矮的院墙，花绽枝头罩幽窗，似有美人正梳妆。目光所至皆成画，英伦村庄好风光""很有特色，前庭后院，与大自然融为一体，深度连接"。

拜伯里一般被认为科茨沃尔德地区最经典的小镇，人气第一。

《英国小镇秘境之旅》书中写道："小镇有一条叫作阿灵顿排屋的街道，街边上是成排的蜜色石灰石屋舍，有着漂亮的尖屋顶。这些可爱的屋舍紧邻小镇草坪，相互依偎，错落有致，是摄影爱好者们最满意的拍摄地之一。它的照片还曾被用作英国护照的内封面呢。"

《巴茨福德旅行指南》在说到拜伯里小镇时，是这样介绍的："也许可以用三个词来概括科茨沃尔德的建筑风格：稳固、简洁、结实。房屋的长方形结构和朴实的线条相得益彰，让它风格尽显，尤其以拜伯里的排屋最为典型。"

而阿灵顿排屋"最初只是修道院建的羊毛商店，17世纪时又成了织工和家人们的庇身之所。织工们在自己家里把羊毛进行粗加工，再把羊毛送到阿灵顿工厂进行浸泡、清洗、制条、牵伸等工序，最终制成毛线。现在的拜伯里小镇是一个具有广阔发展前景的现代化高端社区，很难想象这里的人曾经也辛劳无比。织工们曾经居住的房屋已经从原来的工业纺织生产基地变成了精美漂亮、令人称心如意的居民住宅"。

天鹅酒店以及它独占拜伯里中心的私人花园，也是当地的标志性景点，它只有22个房间，4座独栋小屋，我们很早就预订了。

第十二章

盖廷帕尔

1

大清早在天鹅酒店庭院里读 2019 年 5 月 22 日的《乡村生活》杂志。

《乡村老鼠》栏目的短文标题是《钓鳟鱼》（To Catch a Trout）：

弗兰克·米切尔是一名维多利亚时代的冒险家，他把褐鳟鱼引进了克什米尔地区，后来这种鱼又被引入了山地之国——不丹。如今除了当地的雪鳟鱼外，人们还可以钓褐鳟鱼。不过这里有一些须遵守的规定：鱼类繁殖季与黄道吉日（有很多）或是修道院一英里以内的地方，是禁止钓鱼的。而且钓鱼前你还需要得到相关许可。

在不丹的安缦酒店里，一位非常友善的酒店员工借给了我一根鱼竿，那是客人遗忘在酒店里的。我仔细看了看他的钓箱，选了一只野鸡尾若虫（一种以浮游幼虫为诱饵的鱼钩）——这大概是世界上最成功的一种飞蝇假饵了。虽然我们严格遵守当地规定，把鱼钓起来后一律放生，但在我的导游看来，这种做法还是有悖佛教教义——周围很快就聚集了大批群众，他们不停地打量着我们的一举一动。

我很快就钓到了一条，兴奋与激动之余，我把它放生后回到酒店庆祝。在那里我品尝到了当地的小麦啤酒与牦牛香肠。导游是一名虔诚的教徒，当我问那头牦牛是怎么死的，最后又是怎么被摆上餐盘的时候，他笑着告诉我说牦牛有时会从悬崖上掉下来。那天真是一个黄道吉日，我竟然完全相信了他说的话。

《城市老鼠》栏目的短文标题是《试验》（Put to The Test）：

在写这篇文章的时候，我的一个孩子正在参加 SAT 最后一门科目的考试。

我每晚都会询问一些有关考试的情况，但得到的答复基本都和"无聊"差不多。好吧，我表示同情。

上周末，我带他去了伦敦商业区，经过了普士文公园里的牺牲英雄纪念墙。这面墙是一幅非常引人注目的作品，采用许多瓷砖铺成倾斜屋顶的形式，讲述了为拯救他人而遭受不幸的那些普通人的故事——其中有警察、女性乘务员、神职人员等。他们勇敢地牺牲了自己来帮助他人。人们对这些不求任何回报、品德高尚的故事简介充满了兴趣，但也忍不住想要去别处参观，因为再待下去只会让人"过于伤感"。

这种"伤感"究竟有多强烈，还尚未可知。但三个孩子很快就想出了消除不愉快的方法：从附近的伦敦博物馆商店买一件小装饰品（提前预支几周的零花钱），买一本书作为9月的生日礼物，此外还让我代为出资买上一杯热巧克力。从眼下这种渴望得到奖励的程度来看，我很好奇他在本周考试结束后又会提出什么要求呢？

2

《痛苦与求助》栏目的文章标题是《父亲的过错》（Sins of the Father）。

读者求助：

当我意志薄弱的时候，我对保姆做出了一些非常不当的举动。虽然我不会再犯同样的错误，但毕竟被其中一个孩子看到了。他还太小，不懂我们在干什么，但我担心孩子们会把此事告诉他们的妈妈。我是应该试着向他们做出解释，还是保持沉默尽量往好处想？

栏目解答：

都不是。首先，你得和"保姆"谈谈，因为你不但使用了侮辱性的称呼，还对她实施了性侵犯。你们之间是谁主动提出发生关系并不重要：因为你难辞其咎，这点你非常清楚。她已经无法继续为你们家工作了，你必须本着最慷慨的态度，与她就离开你们家另寻工作的问题达成一份协议。

你必须告诉孩子们的母亲并承担相应的后果（虽然你不配，但迟来的坦诚可能在一定程度上缓和事态），至于怎么和孩子解释应该由她来决定。我知道我的语气很严厉，但"尽量往好处想"的做法并不可取。即便曾经初夜权（指中世纪的西欧领主具有和当地中下阶层女性第一次性交的权利）的概念为社会所接受，但这绝对荒谬之极，且一点也不好笑。

3

我又看到《乡村生活》杂志最有思想性的栏目 Agromenes 中的《心理健康绝非儿戏》（Mental Health is no Laughing Matter）的文章。

《杰里米·凯尔秀》（*The Jeremy Kyle Show*）是英国一档真人脱口秀栏目。每期节目都会把那些面临家庭、爱情、生活问题困扰的嘉宾请上台来。主持人凯尔经常会从不同的角度来批评嘉宾在一些事情上的做法。节目自 2005 年起开播，2019 年 5 月 10 日停播，原因是一名 63 岁的男嘉宾在参加完节目后很快自杀身亡，那期节目后来也没有播放。

《心理健康绝非儿戏》就是对这事的即时评论。

乡村诗人威廉·柯珀（William Cowper，1731—1800 年）曾这样形容他所见到的人："这些怪胎们身上所表现出的精神失常给人以一种滑稽的感觉，

拜伯里鳟鱼养殖场

养殖场内霸道的鹅

他们的确把我逗乐了，但同时我会为自己（被逗乐）而感到气愤。"

话说这段描述倒很像是针对英国电视节目《杰里米·凯尔秀》的一番评注。

以上是威廉在拜访过贝特莱姆皇家医院（Bethlem Royal Hospital）（英国历史上第一所精神病院，曾允许游客参观病人而饱受诟病）之后的感想。那日他花了2便士去医院参观精神病人。对于当时伦敦的游客与各阶层的人来说，无论贫富，去医院观看"疯子之举"都是颇受欢迎的。

像这种花钱去嘲笑弱势群体、精神病患者，或者是困境中挣扎之人的行为，我们今天无疑会嗤之以鼻，但这与那些自发去观看《杰里米·凯尔秀》的人又有何不同呢？那些上节目的人需要的是真正的帮助，而这档节目却利用了他们所面对的不忠与背叛，猜忌与怀疑，或是其他缺陷来制造话题，无情地把他们置于观众的一片哂笑之中。

直到一名嘉宾死亡，才唤醒了英国独立电视台管理层的良知。整整14年来，节目组调查人员不厌其烦地前往英国那些最不受待见的地方，鼓动弱势群体上台将其最私密的问题或情爱纠葛公布于众，进而怂恿他们以最愤懑强烈的方式宣泄自己的情绪，而这所有的一切都只是为了取悦观众。

损人利己乃是每档真人秀节目的固有特点，《杰里米·凯尔秀》只是其中一个极端案例：选择容易上当受骗的人充当嘉宾，任由那些最严厉刻薄且巧舌如簧的主持人摆布。

看着这些节目的剪辑片段，令人叹息的故事情节也随之慢慢展开。我的记忆被带回到20年前我曾去参观东盎格鲁乡村地区的一座早已废弃的精神病院（现如今已是一座空壳），它所处位置非常偏僻，曾关有数百名无法融入社会的人。如果放在今天，他们中的部分人是可以通过药物的帮助恢复正常生活的。但有些人的精神疾患非常严重，其中包括性侵受害者与一些生活无法自理的人。

现今社会的一大进步是这种机构已经不复存在了，狭长的宿舍楼内一片寂静，也不会再通过绑缚来约束暴力行为了。

然而即使社会条件改善许多，我们对弱势群体与各种损人利己行为的认知仍处在初级阶段。

乡村社区更了解那些能力不足的人，会尽可能地给予他们安全感以渡过难关，帮助他们在社会中找到合适的位置。诚然，这种努力常会以失败告终，但在相对简单的社区环境里，人与人之间的生活有着千丝万缕的联系，这也意味着人性的脆弱可以得到更多的理解。

如今的社会复杂不堪，无论老幼，在困境中勉力支撑其实大有人在。他们缺乏信心，脆弱不堪，却往往没有可以求助的人，也没有任何可以依赖的组织。他们缺乏宗教信仰，无人关爱，事情会变得一发不可收，孤独与不满会充斥着周围每个角落，他们恰恰就是《杰里米·凯尔秀》的猎物。

单单禁播《杰里米·凯尔秀》是不够的，我们必须要找到新的方法去了解那些与社会脱节的人。除了停播这种损人利己的娱乐节目外，还要赋予这些人生命的意义与目的。

4

早餐后我们去天鹅酒店对面的鳟鱼养殖场（Trout Farm）。我们给鳟鱼喂食，天鹅也来抢。有只不下水的大白鹅很是霸道，我无意间靠近，它竟然要攻击我。还好2018年夏天我在瑞士苏黎世已见识过天鹅的厉害，及时躲开了。

鳟鱼养殖场还有一个受欢迎的项目——钓鳟鱼。

我们开始以为鳟鱼很难钓，其实还可以，钓到了5条。鱼上钩后，用网兜捞上来，然后用木棍击杀。

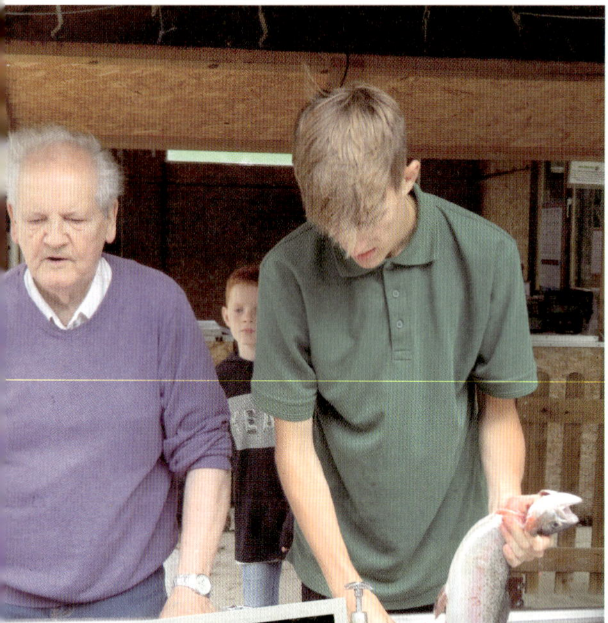

在鳟鱼养殖场里钓鱼的人们

养殖场在水池里放了很多鱼，希望我们钓到鱼，然后可以付鱼费。我们必须在鳟鱼刚碰鱼饵的瞬间以最快的速度拉起钓鱼绳，否则，鱼会吃掉鱼饵，扬长而去。

儿子之前在天鹅酒店看到宣传手册，说是可以将鱼拿到酒店厨房加工，然后在餐厅享用。可等我们交给养殖场员工时，他们却说酒店的这项政策几个月前就取消了。养殖场有烤鱼架，胡杨做过烤鱼生意，说这么烤的话时间长，也未必好吃。

我们只能提着5条鱼回酒店向前台咨询，前台说他们联系了一家不远处的餐厅，可以为我们加工鳟鱼。

我们跑到那家餐厅，服务员却说没有这回事。我的小伙伴们神情沮丧，因为鱼是他们钓上来的，当然希望能享受这份喜悦。途中一直富有喜剧精神的胡杨也生气了，认为天鹅酒店的宣传手册有误导之嫌，应该向他们索赔。

还好我刚才只在一旁加油鼓劲而已，然后拎着5条鱼不动声色地扔进垃圾箱。

午餐后我们去看了拜伯里的教堂，小小的，也来源于公元8世纪的撒克逊人。今天英国乡村大约还留存着15000座中世纪教堂，其中约有1000座源于撒克逊人。

5

下午去名不见经传的村子盖廷帕尔（Guiting Power），因为我看到资料说每年7月的最后一周这里会举办吉他音乐节。

今天是7月的最后一天，除了有音乐节的标志外，哪有节日的景象，这个村子的街头，也就我们几个人在转悠。

盖廷帕尔最大的特点是，它就在麦田和牧羊青草地的中间。最让我儿子惊讶的是，这村子唯一的教堂也在麦田旁。我们在多年的走读欧洲中，几乎第一次遇见这么奇特的地方。

教堂墓地靠近麦田的角落，露出了几座当代逝者的墓碑。

一座是纪念女儿的。她出生于1986年，逝于2015年，29岁。

在她的墓碑前，放满花和蝴蝶铁艺，以及各种好玩有趣的东西，充满少女格调，仿佛她的闺房装饰搬到了这里。

这是父母对心肝宝贝的寄托，他们应该经常来这里，看看女儿。

接着是一个祖孙同葬的墓穴，孙子是1980年生，2011年去世。爷爷1922年生，2013年去世。孙子早于爷爷去世，白发苍苍送黑发人。爷爷让孙子与他永远在一起。

墓碑前还挂着两张卡片，字迹已模糊不清。

第一张是姐姐写给弟弟的："你没来参加我的婚礼啊！"

第二张贺卡是父母送给儿子的，背景是雪山，年轻人挺英俊的，应该是在雪山探险时遇难的。

我还想在墓地琢磨更多的人生故事。儿子抗议了："这太让人伤感了，我们要离开这里。"

好吧。

朋友圈的评论："我父母所安息的青浦'福寿园'专门开辟了一片儿童、青年的墓园区。每次去扫墓经过那片园地，我都会忍不住泪如泉涌。满目皆是白发人送黑发人的凄凉悲怆！父母给自己小宝贝们精心放置的玩具、小物件、小摆设，长者给自己后代在墓碑上的留言、铭文，那可真是字字泪句句血，世上没有比白发人送黑发人更痛彻心扉的事了！所以活着时，亲人间尤其是两代人之间尽量相亲相爱、互不伤害……有些伤害之痛是无法挽回的,是一辈子的痛。因为谁也不能确定明天和意外哪个先来。"

6

医学日益发达,环境日趋和平,今天虽然仍有未成年人夭折,但比起中世纪时期未成年人的死亡率,还是很低的。

英国人安·贝尔在《中世纪女子:英格兰农村人妻的日常》一书中以小说的方式对此有细腻的表述。

书中的主角是中世纪妇人玛丽安,她的女儿玛洁莉在两年前死去,当时她年仅12岁,已经过了夭折的高危年龄,这么大的孩子通常能存活下来。

前年夏天开始,玛丽安看着女儿总有说不上的不安,她沉默且不大活动,看不出明显成长。即便如此,玛洁莉还是接过了所有妈妈交付她的活,花大把时间在庭院除草,把谷物和面粉扛过来搬过去,照顾妹妹爱丽丝,用手推磨磨豆,整理羊毛纺纱。但玛丽安注意到她的动作愈来愈慢,发懒时间愈来愈长。到了秋天,咳嗽变得频繁,人变得忧郁而无精打采。尽管整个人懒洋洋,气色却略有转好,一抹嫣红从她脏兮兮的消瘦双颊透出。但到了秋末入冬之际,她开始两眼无神,咳得愈来愈久,不管妈妈说什么都无法让她提起劲。到了圣诞节,除了蹲坐在火炉旁的老圆木上,她什么事都做不了,只能帮忙照看爱丽丝,偶尔纺几码羊毛,但光是把纺好的毛线转上纺轴都好像要耗尽她仅存的气力。她恳求妈妈让她待在家里陪爱丽丝,不去参加庄园"大厅"(大厅是英国中世纪庄园制度中领主及家人所居宅邸的室内大厅,也是整个庄园举办活动或筵席的室内主场)的圣诞宴席,玛丽安同意了。

当时屋外下过雪,刮着湿冷的风,空气中有融雪的气味,爬满桦树的常

盖廷帕尔

春藤在农舍上方噼啪作响。这种天气待在家里会好些。圣诞节至新年期间，玛洁莉变得食欲不振，很快就起不了身，整天躺在床尾蜷缩在毯子里。外头天气转为酷寒，余雪上结了硬霜，公有地灌木丛的大量树枝结冰如网。

如此天气下的一个次日，玛丽安打开农舍的上半边门，让霜雪中的日出为屋里带入粉红晨光。玛洁莉一动不动，从她紧闭的鼻子和毫无血色的脸庞，玛丽安知道她死了。

发现自己现在对玛洁莉的思念有多淡，对这个相处了12年的孩子的逝去有多不伤心后，玛丽安吓坏了，她几乎像是一直在期待女儿的死亡。多么荒芜的一小段生命啊，她思索着，突然意识到玛洁莉或许从未有过片刻的快乐，一天也不曾有过，一个舒服的夏日午后也未可得。她的短暂生命都是痛苦的。玛丽安如此清晰地忆起那对发红紧张的双眼，担惊受怕、逆来顺受的眼睛，现在永远合上了。

7

第二个孩子诺利突然从回忆涌现，玛丽安无时无刻不想他。她心爱的胖诺利，身材圆滚，眼睛清亮如知更鸟，强壮活泼如幼犬，却在一星期内死亡，没能活过3岁。如同许多夭折的婴孩，他死于急性腹泻。疼痛哭叫，吃不了任何东西，勉强吃下去的东西也会马上拉出来，圆润的身体逐渐消瘦，强壮肥硕的手臂渐渐疲软得像被镰刀割落的赤日下的牧草。他的头枕在玛丽安的手臂上，全身瘫软地横在她的膝上。她抱着他三天三夜，眼看着他的哭泣愈趋微弱，直到感觉他连哭的力气都没了。当时是4月初，天气尚寒。玛丽安忆起丈夫彼得要她把诺利放回摇篮，回床上睡。

"他现在安静下来了，会再睡着的。你累坏了，回床上躺吧。"彼得一直劝说她。

她在忧虑而筋疲力尽下终于答应，把诺利放回摇篮，自己在旁边的床上躺下。隔天早上她一觉醒来，诺利已经死了，他身上裹着的布料湿透，和摇篮里的麦秆冻在一起。

对玛丽安而言，她的悲伤里夹杂了对彼得的怒意，是他要她把诺利留在摇篮里，而她更内疚自己当时顺从了。她没有让彼得察觉到这股怒意，然而她从未真的释怀。假使她抱着诺利坐一晚，假使她一直让孩子暖暖和和的，诺利或许就不会死，那晚她或许能保住他，能让他多活些时日。

何以如此，10年前诺利3岁的短暂生命，比之那脸庞消瘦如野兔、痛苦可怜的12岁的玛洁莉，仍更显珍贵？

8

玛丽安村子里的人早就习惯了死亡：那么多婴儿夭折，那么多孩子因病迅速死亡，冬天可预期老人的离世，还有相对而言不算常见的年轻妇女死于分娩。但他们仍因迪克之死受到极大的震撼与惊吓。

正值壮年的迪克是村里的英雄，担任牧羊人十多年来羊群数量显著增加，羊儿都很健康，羔羊鲜少死亡。大家一致认为他天生就会放牧羊群。绵羊对村里很重要，它们提供村子唯一能贩售的财富，唯一是指村民可以拿羊毛去交换几样村内少数无法生产的物品：盐、铁、亚麻和陶器。

迪克是因为一块尖锐木片插入拇指指腹且断在伤口内，继而引发感染去世。从迪克的病症来看，他应该是死于破伤风。其实破伤风今天仍然威胁着人类的生命，据说一年内还有400万人因此死亡。几年前，我好友的父亲喜欢园艺，弄伤了手指，后来发烧，他就去社区医院看病。社区医生经验不足，竟然都没让他验血。等到病情加剧，再让上海最好的医生抢救，也已经无力回天了。

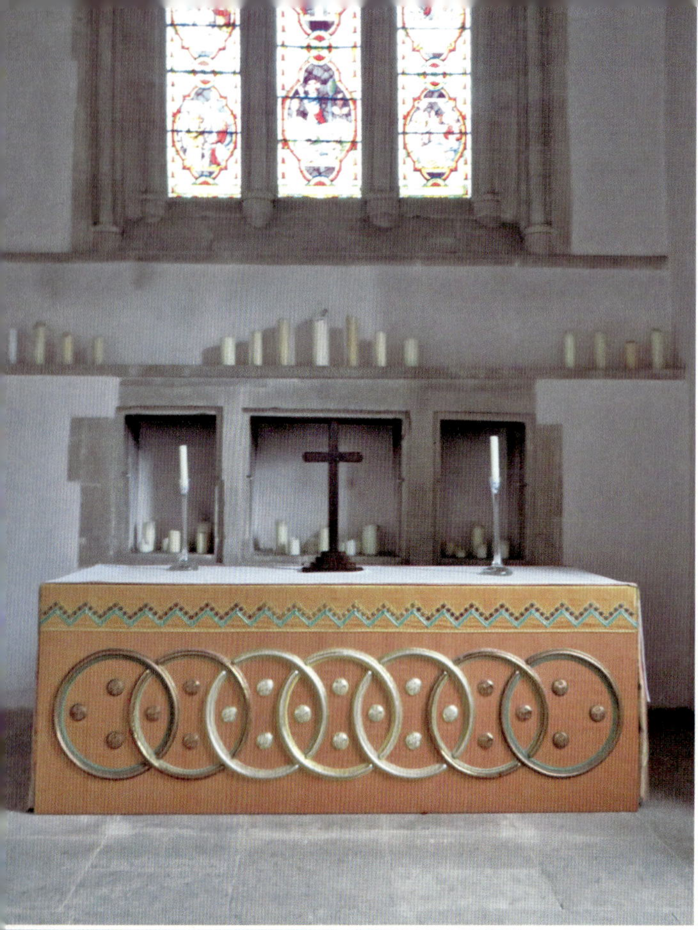

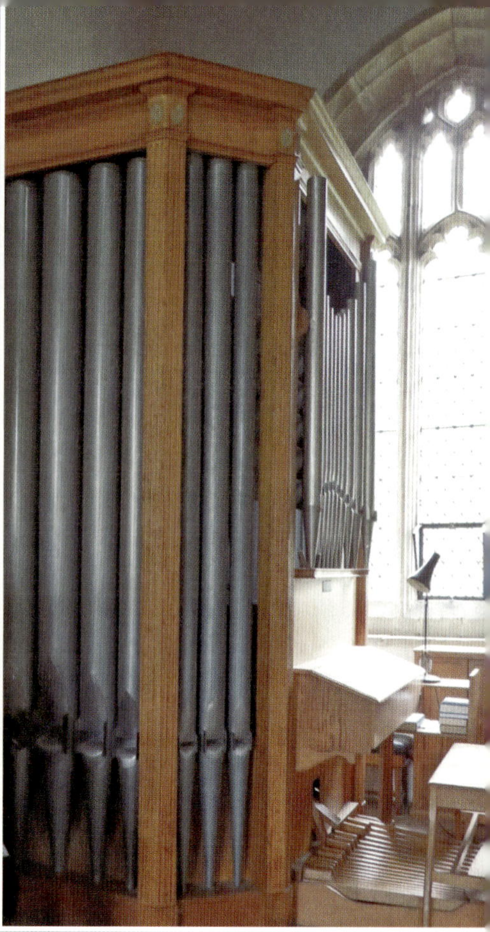

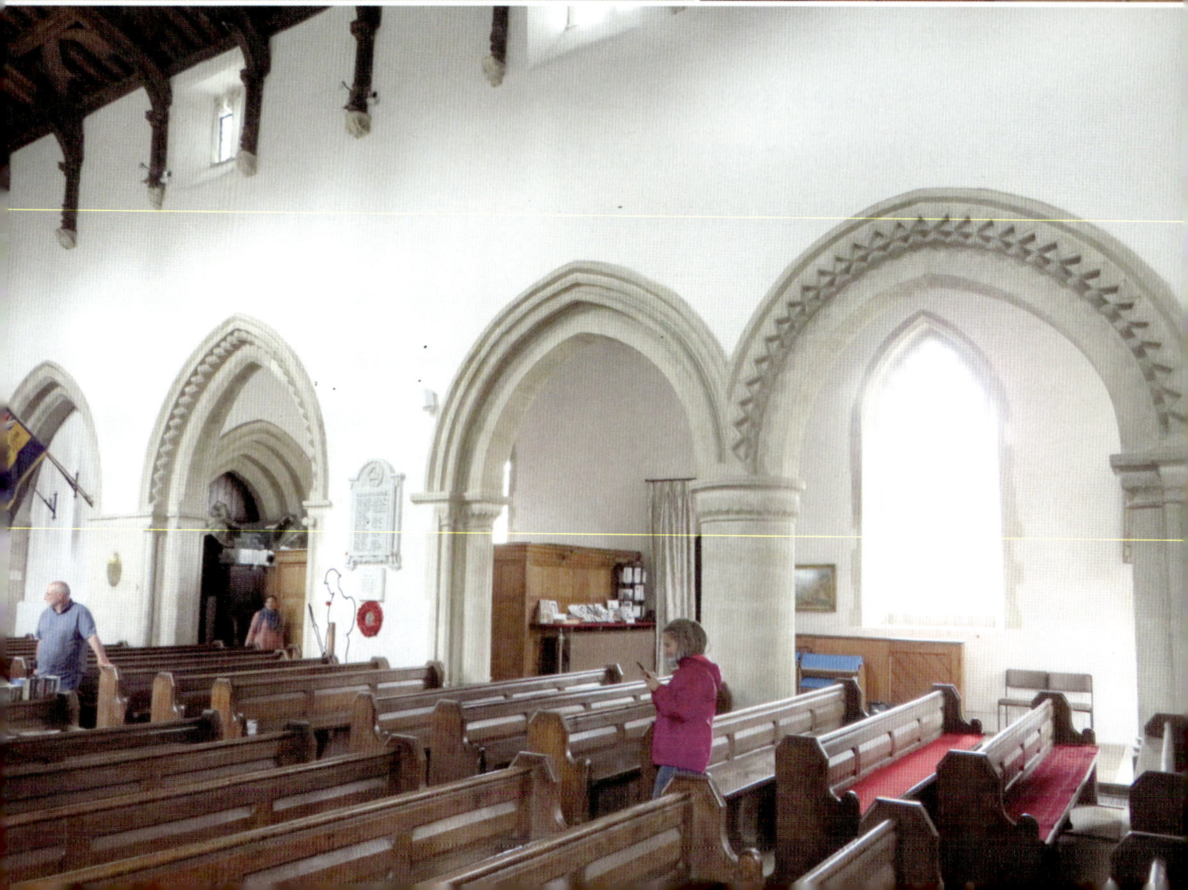

盖廷帕尔的教堂

盖廷帕尔的教堂墓地

安·贝尔描述的中世纪妇人的情感极为感人。

曾经暗恋过迪克的玛丽安看见迪克的遗孀希尔达独自在棚屋里的工作台前揉面，想避开她，但又告诉自己那样做太冷漠，所以还是去问候希尔达。

"我还在，"希尔达回应道，"我是说，我想我还活着，住在大厅里照顾女儿，当个平凡的仆人，做做面包。我只是觉得自己在一个深沉的梦里。"

"我懂，"玛丽安说了常用的安慰话语，"你会熬过去，然后找回自我的。现在只是震惊还没平复，你知道的。"

"我永远不会感觉好些，我不想。"希尔达平静得像在谈论别人。玛丽安注意到她掐着面团的手指有多单薄。

"噢，会的，你会的。"玛丽安还说了些俗常的忠告，虽然说的时候自己也很虚。"你必须为你将来着想，为孩子着想。过一阵子你会习惯独身的。"虽然她说的时候，自己都怀疑"独身"能否形容住在大厅的日子。

"我永远不习惯与迪克分开。"希尔达语调平淡，几乎像在说给面团听。

玛丽安迟疑了。希尔达的声音里满是绝望。

"你和他也分开过，"玛丽安继续说下去，"他会在山上一待就几天，甚至几星期。"

"没错，他会。"此时希尔达的眼睛望向山丘，"日日夜夜待在他的金雀花小羊棚里，或在外面的星空和凉风之中，而我的思绪每夜甚至白日，数千次会飘向他，飘到山上，飘到那里的黑暗之中。"她的肩膀往下一沉，低下头。玛丽安看着面团在此番意识流下，随着希尔达的心情被揉捏过头。希尔达再次抬起头，直视玛丽安。

她激动地说："但是现在，我的思绪已经冲破我，冲到山丘上，好远好远，

盖茨喂尔的麦浪

越过森林，一直向前不断向前，直到再无处可去而停下。我的思绪从我身上解放，如同纺轴上的线，愈拉愈远，永不停歇。我只因耗尽停止，唯有耗尽，一切没有尽头，没有尽头，玛丽安。"她的声音里有一丝轻颤，使得她抿紧嘴唇，继续用紧绷的手指揉面。

玛丽安不知所措，未发一语。这不仅不合村里人不谈私人感受的习惯，也超出了多数人的理解能力。村民通常只会使用几句俗语，已经常用到所有个人特色都磨光了。"节哀顺变"用于死了年轻丈夫或妻子；"这对她是残酷的日子"用于婴儿或小孩夭折；"唉，该来的总是会来"用于老人离世。玛丽安升起一股同情与责难并存的复杂感受，但被一种奇异的认知覆盖，体验到一种全新的强烈感觉。常规的俗语不适用于希尔达，事实上常规的态度从来就不适用于迪克。这是玛丽安第一次想到，会不会希尔达奇特的想法和不流俗的话语，就是她如此吸引迪克的原因（因为没人觉得长着雀斑的希尔达漂亮）。玛丽安窥得了所谓思想和言语形成的莫名吸引力，两人间的连接甚至可能紧密过生理激情和由之产生的孩子。

希尔达抬起她无泪的脸庞，再次直视玛丽安的眼睛："你大概会想，我不该这么说话，或许我是不该。我只是说出我的思想。我想你能了解，当发现自己被撕裂了，思绪会往哪去。说些'现在打起精神来'的话毫无意义，或'你的孩子能抚慰你'，他们这样对我说，至少琼安这么说。我的两个女儿是好孩子，但小女孩要怎么抚慰失去挚爱的痛？你懂的，玛丽安，对吧？"

玛丽安缓缓点头："是的，我的确懂。这样的悲痛没有解药，也不足为外人道。"她想到了诺利。

希尔达紧捏面团，声音变得紧绷："我在这里无处倾诉。玛夫人还可以，有点死板但待我很好，有任何不合她意的事也不责怪我，只想善待我。琼安成天喋喋不休；汤姆人很好，真的好，但他永远在忙；米莉总在找事情抱怨。我还蛮孤独的。"

玛丽安静静站着，接着把一只手放到希尔达揉捏面团的手上。随着思绪纷至，她勇敢地做出一次不流俗的表达。

"希尔达，珍藏你的回忆。在脑子里一次次重温它们，记住每一件你和迪克做过的事，说过的话。那可能会让你流下痛苦的泪水，但会比遗忘来得丰富。"这是玛丽安投入强烈情感，对非宗教性的事情表达个人观点的一次。

盖廷帕尔的麦浪

9

盖廷帕尔教堂很像古堡，插着旗帜，有气势。

我们打开木门，走一段乡村步道，释放一下心情。

我生长在城市，也看到过这般金色的麦浪。但在今天，在麦浪中行走，无比欣喜。我第一次抚摸着麦穗，不断往前走，触感像摸着一条小狗。

我很想继续走下去，但天色已晚，只能返回拜伯里。

回头再仔细看看盖廷帕尔，除了少数房子，整体还是粗糙了，比起昨天的上斯劳特要差许多。

第十三章

牛津（上）

1

牛津（Oxford）在科茨沃尔德附近，或者说是后者的门户。

更重要的是，牛津是英格兰南部最重要的城市之一。

我们来到牛津的第一印象就是人真多。我们这一个月来基本上在小城小镇游玩，经常见不到几个人，甚至一个人都看不见。

每年夏天都在牛津剑桥做项目的上海读者黄旻洁特意请假陪我们玩。

我们在皇后街（Queen Street）的大型商场碰头，黄旻洁熟门熟路，带我们去了一家寿司店，点了一大盘寿司，足够我们6个人吃，100英镑。

午餐后，我们信步游走。

牛津街头塔楼上的大钟格外引人注目。

黄旻洁说牛津的钟声往往比伦敦格林尼治时间晚5分钟，这就是所谓的"牛津时间"。

胡杨呵呵一乐："牛津可真牛。"

我们站在牛津最繁忙的十字路口，这里被称为Carfax（卡尔法克斯）。Carfax一词是由拉丁文演变而来的，意思是"四岔路口"。这四条路分别是圣阿尔代兹街（St. Aldates）、玉米市场街（Cornmarket St.）、皇后街，还有高街（High Street）。

我们沿着高街走，看到了银匠铺的标志。在过去的一个月里，很少见到这么繁复的市招，它们更多在德国、瑞士等地出现。

街上不时出现深而窄的巷子，里面开着店家。

牛津大学出版社书店，店面的色彩是"牛津蓝"。

黄旻洁带我们走进一家她喜欢的手绘地图店。我把它发在微信上后，马上有朋友回应："这家店去过，老地图有点贵。"

牛津的手绘地图店

随后黄旻洁领我们进入自己暂时工作的奥利尔学院（Oriel College），它的对面就是圣母玛丽大学教堂（University Church of St. Mary the Virgin）。

奥利尔学院分为三部分，只有第三部分对公众开放。朋友圈有人评论："牛津的很多学院在假期里会把学生宿舍外租，我之前去牛津的时候就住到其中一个学院里面，然后你就可以随意参观学院了！"

牛津、剑桥以及哈佛大学，它们各个学院的饭堂大同小异，规模大小不同而已。

奥利尔学院的饭堂桌面已被磨得光光的，里面有专门为教师准备的主席台，台下吃饭的是学生。

黄旻洁告诉我们，奥利尔学院每周六天（除周日）有正式晚餐（Formal Dinner）。周六有四道菜，其他日子是三道菜。学生可以在网站上登记，每天的截止时间是上午11点。用餐者需要穿西装戴领带，还要披上gown这样的黑色长袍（想象一下"哈利·波特"系列电影中的场景）。可以自己来，也可以带朋友和家长。

正式晚餐时，除了院士和学生分坐台上台下外，喝的酒吃的菜也有所不同。因为学生付的钱比较少，学校会补助一些，而教授则要交比较多的钱。

正式晚餐一般会喝三种酒。

第一种白葡萄酒，用于佐食前菜和sorbet（果汁冰糕）。这种果汁冰糕虽然是甜的，但是主要的作用是清肠，为吃随后的主菜做好准备。

第二种红葡萄酒，用来佐食主菜，主菜一般是肉类。

第三种甜葡萄酒，用来佐食甜点。

奥利尔学院窖藏25000支葡萄酒（圣约翰学院则有10万支以上），每年会花费3万英镑购买各种葡萄酒用于正式晚餐。要知道，除了院士、学生来

Oriel College
奥利尔学院

奥利尔学院的饭堂

吃正式晚餐，社会名流甚至女王陛下也会每过十年来学院参加啊。

奥利尔学院礼拜堂的二楼有张 14 世纪 80 年代以来的讲道牧师名单。虽然我们也就是浏览一番，还是感到历史如此生动。

奥利尔学院墙上的涂鸦，大多是纪念学生们获得划船比赛的胜利。其中有一只乌龟，疑似该学院的绰号。

奥利尔学院不是牛津最知名的，但由微知著，也可以了解牛津大学的大概。

匹特金城市指南《牛津》中介绍奥利尔学院："踏入哥特风格的前方庭大门后，你会注意到前方低墙上的装饰性雕刻。上面的文字证明了英国内战时期，牛津对保皇党人的忠诚。"

确实，查理一世大部分时间都把牛津作为他的内战大本营。

奥利尔学院于 1326 年由爱德华二世创立。

2

我们离开奥利尔学院，不一会儿走到基督圣体学院（Corpus Christi College）。

黄旻洁说这里不开放。她有一天借着修电脑的机会进去过，拍的照片很美，我见过她的朋友圈。

我说我们试试吧。

哈哈，基督圣体学院今天竟然开放。

那就进去吧。

在主前庭里，有一座鹈鹕雕像，它正啄取胸前的血肉哺育幼雏。这只鹈鹕代表了圣体（基督的身体），这是基督教世界常见的象征寓意。学院于 1517 年创建。

在基督圣体学院的屋顶平台上,有位导游讲着远方那片绿地的故事:《爱丽丝漫游奇境》的作者刘易斯是一位数学家,闲暇之余他也很喜欢拍照,当时拍照可是高科技。他在那座花园里获得灵感,创作了《爱丽丝漫游奇境》。

我告诉黄旻洁,《爱丽丝漫游奇境》是我大学时候的最爱。

我读的是民国时代语言学大师赵元任的中译本,把刘易斯书中的各种妙处都传达出来了。后来我读到金庸小说中奇怪的"桃谷六仙"的言语,似乎也有这种味道。

相传维多利亚女王看了《爱丽丝漫游奇境》,马上说,这个作者的下一部著作无论如何都要给我看,结果刘易斯的下一部著作是深奥的数学专著。

30多年过去了,我还记得这么一个故事啊。

3

这再次勾起了我对刘易斯的兴趣,回上海翻阅了爱德华·韦克林的《刘易斯·卡罗尔传》,下面摘录一些有意思的叙述。

刘易斯本人集多重角色于一身。他是小说家、诙谐诗人、词作者、数学家、逻辑学家和摄影艺术家。他是孝顺的儿子,是十个兄弟姐妹的开心果,照顾未婚的姐妹、生活温饱的兄弟。在长达47年之久的时间里,他都是牛津大学基督堂学院的一员,他来到基督堂学院时才18岁,当时是本科生;他去世时已经65岁,是基督堂学院理事机构的一员。刘易斯的父亲是一位才华横溢的数学家和古典文学教师,1818年被牛津大学基督堂学院录取;1821年,他取得了数学和古典文学的双学位。

TORPIDS 1996
HEAD OF THE RIVER
XXV
YEARS
UNDEFEATED

2015
MEN'S
TORPIDS
WON
H.B.R
ICH DIEN
BUMPED
ST CATZ BALLIOL
MAGDALEN
CHRIST CHURCH

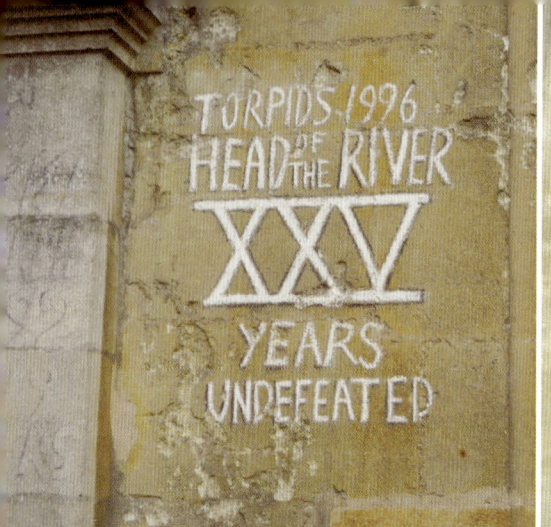

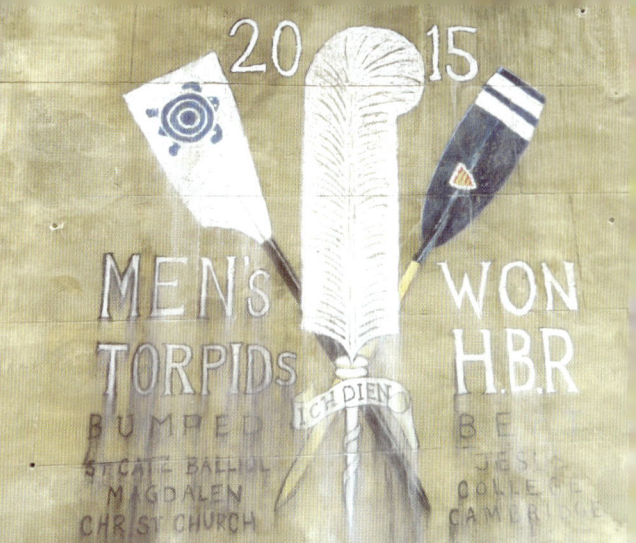

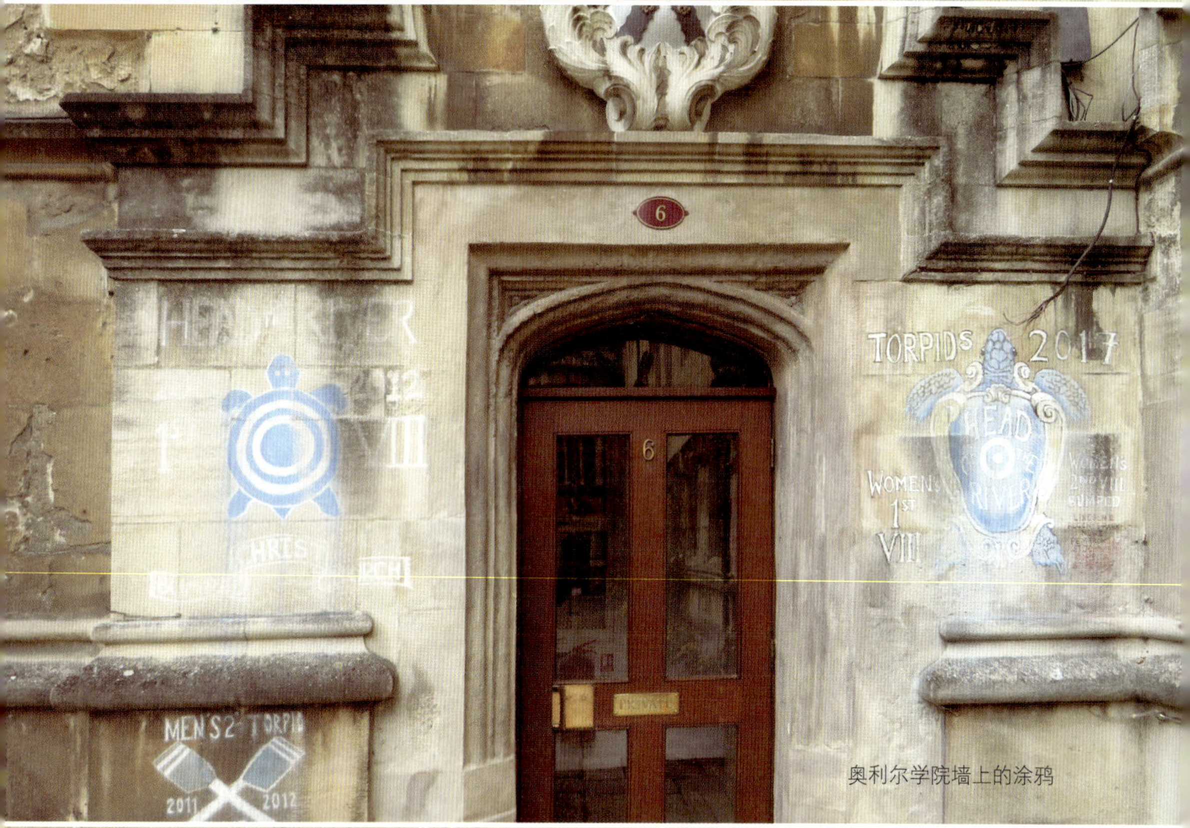
6
TORPIDS 2017
HEAD OF THE RIVER
WOMENS
1ST
VIII
MENS 2ND TORPID
2011
2012

奥利尔学院墙上的涂鸦

TORPIDS DOUBLE HEADSHIP
2006
WI BUMPED NEW COLLEGE

WOMENS 1ST TORPID
BUMPED
HERTFORD
CHRISTCHURCH
PEMBROKE
NEW
2013

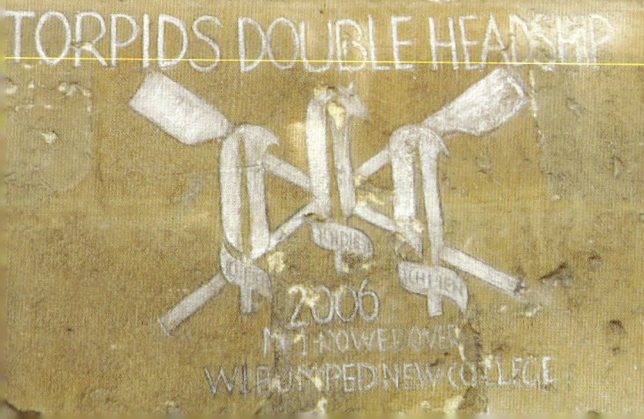

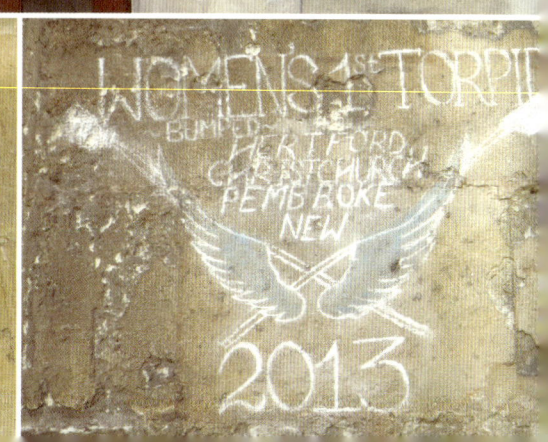

有证据显示，刘易斯的幽默感来自他的父亲，我们不妨看看他写给 7 岁时的刘易斯的信（选摘）：

我一到利兹就会站在大街中央尖叫：五金店老板，五金店老板。600 个人会立刻从他们的店铺里冲出来——飞出来，飞出来，从四面八方飞来——打响铃铛，呼喊巡逻员，在镇子里放把火。我将得到一把锉刀、一把改锥和一枚戒指，如果这些东西没有直接拿来给我，在 40 秒内，我在城里便不留活口，在整个利兹城里只留下一只猫，因为我怕没有时间杀死它。接着是可怕的大哭大叫和撕扯头发！猪和小孩儿、骆驼和蝴蝶一起在排水沟里翻滚——年纪大的妇女顺着烟囱往上爬，奶牛紧随其后——鸭子们窝在咖啡杯里，肥鹅想方设法挤进铅笔盒。最后，利兹的市长被发现躲在汤盘里，身上还盖着一层蛋奶糊，蛋奶糊里满是杏仁，他把自己装扮得像一块海绵蛋糕，只是为了从利兹城可怕的毁灭中逃走。噢，他太太哪儿去了？她躲在自己的针垫里安全得很，针垫上面还覆盖着有黏性的灰土，好掩盖她的驼背，她所有的宝贝孩子，78 个无助的小婴儿挤在她的嘴里，藏在她的双生牙后面。

刘易斯荒诞杂乱的想象和这封早年间来自他父亲的信件十分吻合。父子二人另外一项共同的天赋就是数学——两人均在大学期间在该学科上获得了相当高的荣誉。

4

1852 年，还是本科生的刘易斯就因为成绩优秀获得了特别的奖学金，每年都有薪俸，而且可以终身享有，只要满足以下条件即可：在若干年里履行

Corpus Christi College
基督圣体学院

圣职，且保持独身。19世纪70年代末，关于独身的条件已经松懈，但是刘易斯仍然遵守自己最初的承诺。

爱丽丝是基督堂学院（Christ Church College，又译基督教会学院）院长利德尔的第二个女儿。刘易斯与利德尔相熟，并利用院长家的花园作为摄影场所。1856年4月的一天，他和朋友因为院长家的花园拍摄大教堂视角好，偶遇了利德尔家的所有女孩，也包括7岁的爱丽丝。而前面导游指的那片绿地就是昔日院长家的花园吧。

有一次，刘易斯和朋友以及包括爱丽丝在内的利德尔院长家的3位千金泛舟河上，他讲了爱丽丝跟随一只白兔钻进兔子洞，进入了仙境。

旅程末尾，爱丽丝恳求刘易斯为她把故事写下来。近两年半之后，刘易斯完成了不朽的名著。

但爱丽丝长大后，已不再是爱开玩笑、爱问刘易斯先生问题的、早熟的思想活跃的孩子，她成为一名有自制力的年轻姑娘。她与刘易斯的关系也越来越淡。

爱丽丝和利奥波德王子一度恋爱，但她在28岁时嫁给了一位富庶的乡绅，后者曾是基督堂学院的本科生。他们在婚后育有3个儿子，前两个儿子都死于第一次世界大战，这给爱丽丝带来了毁灭性打击。

1932年，79岁的爱丽丝受邀去美国参加刘易斯诞辰100周年纪念活动。她承认："嗯，是的，这个故事是讲给我听的，还有我的姐妹们——我们都在船上，和刘易斯先生在一起，他为我们划船，船顺着河漂流而下。"

1934年，81岁的爱丽丝逝世。

5

附近的默顿大街由精致的鹅卵石铺就。朋友圈读者评论:"若有一部马车经过,发出哒哒声音,仿佛回到过去。"

黄旻洁说她来牛津的 5 个夏天,就是没进过默顿学院(Merton College)。

我建议我们去看看,即便它拒绝我们,至少可以看一下它如何拒绝我们的吧。

没想到,今天周四竟然对外开放。

我们刚去过的两所学院已经够有年头了,默顿学院则更为古老,是英格兰的大臣默顿于 1264 年建立的。学院大门上装饰着狮子、麒麟、羔羊、施洗者约翰和默顿下跪的雕像。

Merton College 默顿学院

默顿学院的墙上镌刻着第一次世界大战与第二次世界大战中阵亡的毕业生名单，我在伊顿公学与麻省理工学院等学校都看到过类似的景象。就像前面说到的爱丽丝，看到她的两个儿子死在了战场，那是何等的痛。

我现在遇到任何战争鼓吹者，第一句话就是："你先把自己的孩子送到战场上去？"

无论把目标和理想吹得多么美好正确，只要自己不愿意承受刻骨铭心的代价，都是值得质疑的。

默顿学院小道旁的花园有一张鲜红的椅子。黄旻洁说她每天晨练都会在外面透过栏杆看到这张椅子，今天终于坐在上面了。

6

快黄昏的时候，我们来到牛津最著名的基督堂学院。

基督堂学院是在一座小修道院原址上建立的，1525年，亨利八世的大法官沃尔西把野心和金钱都倾注在这里。可惜，4年后沃尔西失宠。

只要熟悉都铎王朝的人，都会对沃尔西这个人物印象深刻。他是一名屠夫之子，却被刚成为国王的亨利八世选中。当时亨利八世的大部分时间都花在休闲娱乐上，把政务交给了能干的年长自己20岁的沃尔西。

沃尔西1515年当上大法官，权倾一时，生活奢靡。1530年，他死在了从约克南下去伦敦塔的路上。《英格兰简史》一书中写道，和很多曾经炙手可热的人一样，他抗议道："如果我拿出侍奉国王的勤奋劲儿侍奉上帝，我主就不会叫我双鬓染雪。"

基督堂学院最有名的是大厅。据学院的官方指南介绍，进入大厅的楼梯蔚为壮观，大队人马也能同时通过，光线透过窗户上呈辐射状的窗条洒向级级台阶，上方是精美雅致的扇形天花板。

大厅是学院生活的核心，每天学术界的学者们在此就餐。在正式大厅就餐须着礼服，一位本科生教员或一名贵宾席（High Table）的资深会员，会在读经台前用拉丁文做谢恩祷告。餐前可从旁边的饮食服务处购买葡萄酒、啤酒和其他饮料。

大厅每年要为基督堂学院全体师生提供80000人次用餐。

大厅可容纳300人，是牛津大学所有学院大厅中最大的。大厅恢弘的天花板为"悬挑式拱形支撑"（hammerbeam）结构，墙上挂有多幅基督堂学院名人肖像，有13位英国首相曾在此就读，墙上就有他们其中几位的画像。

牛津大学基督堂学院是皇家机构，在任的英国君主作为创始人的代表行使职权，被称作学院的督导（Visitor）。大厅高桌的后方有伊丽莎白二世女王陛下的半身像以及学院创始人亨利八世的肖像。

大厅从进口处开始计数，左手边高墙的第五扇窗户描绘了爱丽丝和书中生物的样子。

"哈利·波特"系列电影中霍格沃茨魔法学校的大厅样貌的灵感也来自这间大厅。

基督堂学院的一学年分为三学期：米迦勒（Michaelmas，10月到12月）、希拉里（Hilary，1月到3月）和三位一体（Trinity，4月到6月），每学期有10周。

学院共有100名教学人员、240名研究生和430名本科生。

7

牛津基督堂学院还有一座大教堂。据匹特金城市指南《牛津》介绍，

基督堂学院大教堂

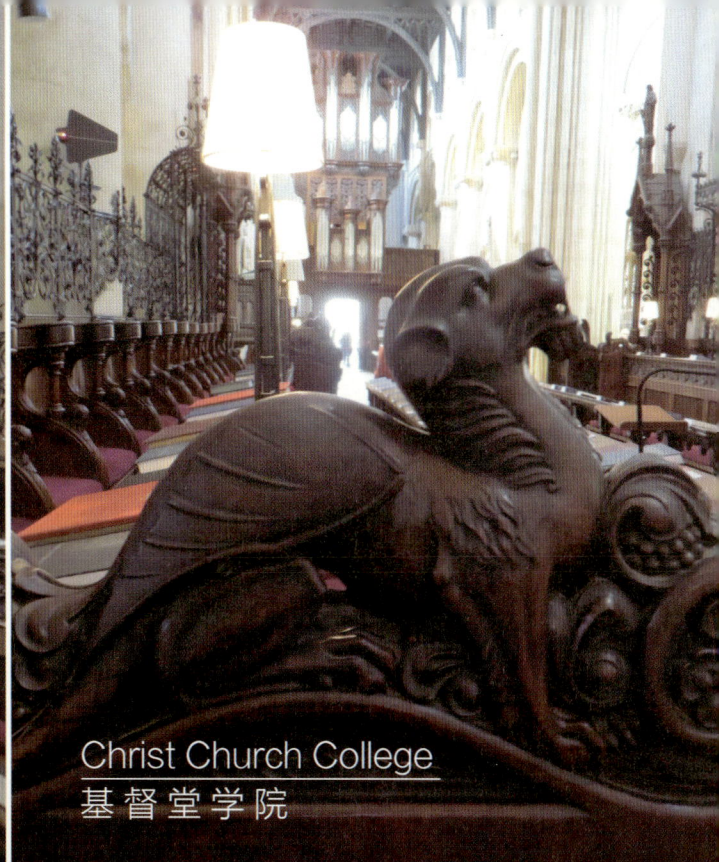

Christ Church College
基督堂学院

Christ Church College
基督堂学院

1546年，亨利八世把自己的图章印到了学院和他重新命名的大教堂之上，并宣布将这个气势恢宏的礼拜堂改为城市大教堂——这是世界上唯一用作大教堂的小礼拜堂。

此地原来是座古老的修道院，其建筑物的大部分重建于1170年至1190年。曾经的修道院一直延伸到汤姆方庭所在的地点（从大厅楼梯拾阶而下就是汤姆方庭，它是牛津大学最大的方庭）。沃尔西为修建这座宏伟的学院，拆除了修道院中殿的三个隔间。

万幸的是，这座12世纪古教堂的其他部分得以幸免。

《英格兰简史》书中写道：

大规模拆除小教堂和修道院，用来充实国库，是亨利八世时代的国策。大多数修道院被剥夺财产，然后拆毁，拆毁工具通常是火药，修道院里的物件在拍卖中不知所踪。很多修道院遗址变成了采石场，石块被用来扩建私人住宅和搭建大厅的烟囱。修道院礼拜堂变成了教区教堂。修道院土地被卖给愿意出钱的人，这掀起了一场革命，新兴的商人阶级可以买到先前贵族才有资格拥有的土地。自诺曼征服以来，从未发生过类似的财富转移。其结果极大地推动了英格兰迈入近代的步伐。

大教堂的南耳堂有1320年的贝克特窗，它是这里历史最悠久的窗户。

12世纪的托马斯·贝克特是伦敦一名商人的儿子，21岁的亨利二世（1154—1189年在位）登基后就任命他为大法官。他们一起工作，一起用餐，一起旅行，一起娱乐。

1162年，坎特伯雷主教空缺，亨利二世要求贝克特接任。贝克特起初不同意，因为他当时已是国家重臣——身为大法官，如果再任职大主教，一仆不能二主。亨利二世过于自信，坚持让贝克特出任坎特伯雷大主教。

贝克特对亨利二世说："上帝在我心里排第一，在您之前。"

当时英格兰教会的权力比北欧任何国家都大，教会雇用了全国六分之一的人口。贝克特出任圣职后立刻辞去大法官的职务，摆脱与世俗的干系，坚决主张政教分离，站在教会的立场上坚决反对国王对教会权力的干涉。

亨利二世当然不愿意，两人关系恶化。国王提醒主教记得自己卑微的出身，贝克特不以为然，说圣彼得也是渔夫出生。亨利二世大怒，贝克特逃亡巴黎，并在那里待了6年。

后来，两人达成暂时和解。但贝克特回到坎特伯雷后，又主张"君王权势越大，则手腕越硬，那么约束他的棍棒便要越结实，锁链便要越坚固"。

在诺曼底的亨利二世气病了，并暗示手下除掉贝克特。于是4名骑士立刻坐船赶往英格兰，在1170年12月29日找到了贝克特，要他对亨利二世的权威屈服，贝克特拒绝。后来，骑士要逮捕在坎特伯雷大教堂晚祷的贝克特，贝克特反抗，被乱刀砍死在祭坛前。

事情发生后，欧洲舆论一时哗然。中世纪的教会权力十分强大，亨利二世怕被革出教门，只能服丧3天，向教皇的权威低头，并承认教会法院不受王权的影响。

最戏剧的是，亨利二世在坎特伯雷忏悔，赤脚走到贝克特的神龛门前，脱光衣服整晚接受僧侣们的鞭笞之刑。

到了亨利八世时代，作为宗教革命家，他与教皇决裂，当然不能继续容忍作为神权挑战王权象征的贝克特。贝克特在坎特伯雷大教堂的圣祠被毁坏，圣祠的黄金被充入伦敦国库。

基督堂学院大教堂的贝克特窗再现了贝克特惨死的场景。当时，因为亨利八世要求销毁所有与贝克特相关的图像，教堂不得已将其污损，"贝克特最初的面孔现在也已经消逝在历史长河之中了"。

我们最后看了基督堂学院的画廊。据里面的华人讲解员介绍，几百年前一位学院毕业生将自己的收藏品捐赠给学院，构成了画廊的主要部分。其藏品中包含许多18世纪前欧洲画家的绘画和素描，主要是文艺复兴时期的风格，水平还可以，但谈不上很精彩。现在的展厅建于1968年，低调，与原来的历史建筑和谐，曾斩获建筑大奖。

8

我没有和小伙伴说明的是，我自己还在寻找年轻时代的感情寄托。

大约30年前，我曾读到伊夫林·沃的名作《故园风雨后》，感叹不已。

伊夫林·沃是20世纪20年代牛津大学贺特福学院（Hertford College）的学生，但他把《故园风雨后》开始的场景放在了基督堂学院内，主人公赖德与塞巴斯蒂安就是该学院的学生。塞巴斯蒂安出生于信奉天主教又有严重缺陷的贵族家庭，拥有庄园。但他父亲离开家庭，远赴海外；母亲表面端庄贤淑，其实自私奢靡。塞巴斯蒂安受不了压抑的家族环境，整日借酒消愁，因而退学，最后客死他乡。

多年后，赖德与塞巴斯蒂安的妹妹朱莉娅在游轮上偶遇，萌生了爱情。他们与各自的伴侣离婚，但在结婚前夕，朱莉娅因为宗教冲突还是离开了赖德。

小说写得很是凄婉，情节铺陈得也很舒展。我来英格兰前，又翻阅了一遍，还是好看，还是动人。

小说一开始就回忆道：

当时正值牛津大学划船比赛周。当时的牛津还是一座精雕细刻的城市——可现在，它就像被汹涌而至的海水迅速淹没的莱昂内斯，被人遗忘，也无法挽救。当时的牛津，街道是宽敞的、安静的，人们像纽曼笔下的人物那样走路、说话；牛津秋天的迷雾、春日的灰绿，还有她难得一见的夏季光芒——都散发出已存在数个世纪的青春而温柔的气息。我来时正值夏天，栗树开着花，嘹亮清晰的钟声飘荡在山形墙和圆屋顶上空。遁世的静谧让我们的欢声笑语有了回声，带着它穿越一切干扰嘈杂，欢快地久久回响。划船比赛周期间，一群女人不请自来，大约有数百之众，在鹅卵石小路上叽叽喳喳、蹦蹦跳跳，爬上台阶欣赏风景，寻找乐子。她们喝着干红葡萄酒，吃着黄瓜三明治，由船夫带领，坐在方头平底船里游河，还成群结队地涌上学校游艇。

赖德与塞巴斯蒂安一起郊游：

天气炎热，我们只能找地方遮阴。在山丘上的榆树林中，我们坐在被绵羊啃过的草坪上，吃着草莓，品着美酒——塞巴斯蒂安所言不虚，两者确实美味无比。接着，我们点燃粗大的土耳其香烟，仰面躺下。塞巴斯蒂安的眼睛盯着头顶的树叶，我看着他的侧脸。蓝灰色的烟雾升起，一直飘向绿色的树荫深处。没有一丝风扰动烟雾，烟草的香味与周围甜蜜的夏日气息混合在一起，醇香的金色葡萄酒让我们仿佛悬在离草坪一指高的空中，飘飘欲仙。

"应该在这里埋下一坛黄金，"塞巴斯蒂安说，"我应该在每个我得到快乐的地方都埋下一点宝贝。等我又老又丑又痛苦的时候，可以回到这些地方，把宝贝挖出来，回忆过去。"

塞巴斯蒂安住在学院有名的草甸大楼。据基督堂学院的官方指南，草甸大楼始建于19世纪，俯瞰着基督堂学院草甸，这片草场宁静祥和，曲幽小径两旁绿树成荫，查韦尔河和泰晤士河将其环绕。大楼的威尼斯哥特风格备受艺术史家罗斯金的青睐。罗斯金于1837年至1842年期间就读于此，当时他是学院的本科生，那时，他可能常常看到洪水淹没草甸的景象，颇有威尼斯的风貌。

伊夫林·沃对塞巴斯蒂安的描写是："他令人神魂颠倒，有一种中性的美，那种美在极致的青春中，高声歌唱爱情，可第一股寒风吹来，它便凋落了。"

9

赖德对塞巴斯蒂安家族产生了浓厚兴趣。但塞巴斯蒂安却严肃地说："我不想让你跟我的家人混在一起，他们都太有魅力。我这一辈子，他们都在夺走属于我的东西。你如果被他们的魅力迷住，就会变成他们的朋友，而不是我的朋友。我不会让他们这么做的。"

旁人是这么评论塞巴斯蒂安的母亲："美，非常美；没有任何掩饰。她的头发刚开始出现几缕银丝，显得特别优雅。她不施粉黛，肤色白皙，大大的眼睛——那双眼睛看起来真大，眼皮上隐隐可见蓝色的细微血管，别人大概只能用指尖上的一点颜料才能润出那样的效果。她戴着珍珠首饰和如星光璀璨的名贵珠宝，以及各种传家宝，都是古老的镶嵌工艺。她的声音像祈祷般宁静，但又充满力量。"

评论塞巴斯蒂安的妹妹朱莉娅："乌黑的头发并不比塞巴斯蒂安的头发长多少。她也和塞巴斯蒂安一样，把头发从前额直梳到脑后。她的眼睛紧盯着渐渐变黑的路面，那双眼睛也和塞巴斯蒂安的眼睛一样，但似乎更大。她涂着口红的嘴唇显出对这个世界的一丝恶意。她的手腕上戴着手链,手链上吊着各色小饰品,耳朵上是小小的金耳环。她的浅色外套下露出一两寸长丝绸印花裙边;裙子在当时算短的,她的双腿也是大家当时认为好看的纤瘦细长的形状,一直踩在汽车油门上。她那么性感,那种性感那么陌生又那么熟悉,填满我们之间的空隙。我觉得,她比我认识的所有其他女性都更具魅力。"

正是这种美艳家族的没落,才让人惆怅。

10

按《优雅的相遇》的作者尼克·钱纳的看法,伊夫林·沃为人温文尔雅,机智诙谐,而且按照当今标准来看,是个十足的势利眼式的人物。不过在很大程度上他也是时代的产物。

20世纪20年代初,沃在牛津大学读书的时候遇到了眉清目秀的大学生休·利贡,即塞巴斯蒂安的原型。1931年,沃首次受邀到利贡家的麦德瑞斯菲尔德庄园做客,庄园坐落在英格兰中部的马尔文山脚下。

28岁的沃来到庄园时,刚同妻子离婚不久,成为天主教徒,且居无定所。

牛津新学院路上的叹息桥

通过结识那位酗酒且性格有些缺陷的朋友休,麦德瑞斯菲尔德庄园已经成为沃的个人生活不可或缺的一部分。从他踏上这庄园的那一刻起,就对其神奇壮丽的景观心生敬畏之情。

后来沃经常去庄园,他认识了休的妹妹梅米。梅米同她的哥哥休相似,白肤金发,一双碧眼,五官比例匀称完美,极为优雅迷人。虽然沃爱慕着这位朱莉娅的原型,可是他缺乏追求梅米的信心。

11

黄昏时分,牛津城堡的露天小剧场上演着莎士比亚的《第十二夜》。黄旻洁昨天刚看过,说里面的气氛很好。

牛津城堡旁的餐厅与咖啡馆很有情调，但我们还是在旁边的商场里吃碗日本拉面吧，拉面很正宗，怪不得座无虚席。晚餐后，黄旻洁带我们在牛津街头漫步，宽街（Broad Street）让人印象深刻，谢尔登剧院（Sheldonian Theatre）的演出刚刚结束，里面的掌声经久不息。我很好奇，究竟演了什么戏剧？

最后走到新学院路上1913年建成的叹息桥（Bridge of Sighs）头，结束今天的牛津之行。

第十四章

牛津（下）

1

昨天晚上，胡杨觉得牛津脏乱差，到处是游人和大巴。我说，这是因为我们一路上游玩下来，除了个别如巴斯规模大的，其他都是小城小镇。牛津是名镇，现在是暑期，学生游学又多，嘈杂是正常的。

当然，我在计划苏格兰和英格兰乡村之旅时，已经感到牛津、剑桥与乡村精神未必合拍，所以安排的时间并不多。如果想要体会名校的文化内涵，这点时间完全不够。

我与小伙伴们的作息习惯不一样，晚睡早起。今天早上7点不到，黄旻洁骑车到我们住的民宿，带我去附近的泰晤士河走走。

我在路上遇到一处房子，红与绿最难搭配，但它的红绿却如此协调和舒服。一路走来，我很佩服英国人的配色感。

大约8年前，我们在温莎城堡附近也遇见了泰晤士河，那是黄昏时分，留下美好的回忆。现在我又见到清晨的泰晤士河，格外亲切。

河旁的红色砂石走起来很舒适，有种想在上面飞奔的感觉。

这时，红色的热气球在上空飘舞，真是神来之笔。

一只灰色的水鸟不断出现在我们的身边。

河对岸停着白色橙色红色蓝色的船，色彩的世界。

我们身旁出现了牛津大学各个学院的船屋，不是每个学院都有自己的船屋，有的是合用。我们估计是根据学院的富有程度自行选择的。

2

早晨7点30分，牛津泰晤士河上，单人、双人和八人划浆手的赛船不断出现，真是百舸争流。

清晨牛津泰晤士河上划船的人

我还记得2018年夏天苏黎世的早晨，我一个人在苏黎世河边走着。那天与今早惊人的相似，也是各种划船手在河上出现，却没有其他人。

只不过那次我刚到瑞士，还在倒时差中，上海与苏黎世环境差异又是如此之大，恍如做梦。

今天，我快要结束34天的英国乡村之旅，已经没有那么强烈的时空交错感了。

抬头望天，热气球最后慢慢消失了。

上次在苏黎世是远观，今天早上是近瞧赛船。我发现有教练坐在船头喊着拍子，让划桨手动作更加整齐划一，力量也更有效。

3

黄旻洁建议我们改走另一条更为幽深的小路，我们看到长满绿藻的河塘，3只鸭子在上面津津有味地吃着食物，极安静，极生机盎然。绿藻在晨光下，绿得炫目。

鸭子安乐的背景是基督堂学院，它宛如一座城堡，坐落在苍茫大地上。

我们一路走到牛津大学植物园旁边的玫瑰园。玫瑰园旁的石碑上写着：

花园下方是一座中世纪古墓。1190年，牛津的犹太人买下了城外河边的一块浸水草甸以建造墓地，也就是今天莫德林学院坐落的地方。但在1231年的时候，圣约翰医院将其侵占，只给犹太人留了一小片荒地——也就是现在这块纪念碑所在的位置。

在这片墓地与犹太街（今天的圣阿尔代兹街）之间，连接着一条古老的乡间小道。800年来，它一直被称为"亡者之路"（Deadman's Walk），默默见证着那些12到13世纪时期为这座城市与大学发展作出贡献的人。

1290年,所有犹太人都遭到了英王爱德华一世的驱逐,在长达350年的时间里都无法回来。

愿上帝保佑他们曾经的回忆。

我现在到处走读,很喜欢收集一些现场的石碑和指示牌之类的文字,这里往往浓缩着各种有价值的信息。我通过这块石碑再次体会到历史上的犹太人在欧洲的处境。

玫瑰园内则有另一块石碑:

谨以此玫瑰园来纪念牛津大学的医学科研人员。他们在临床上发现了青霉素在拯救生命与缓解痛苦上的重大意义,同时也为进一步研究奠定了基础。我们所有人都应该铭记他们的名字:爱德华·亚伯拉罕、厄内斯特·钱恩、查尔斯·弗莱彻、霍华德·弗洛里、亚瑟·加德纳、诺曼·希特利、玛格丽特·詹宁斯、杰纳·奥尔尤因、加布拉罕·桑得斯。

牛津大学植物园旁边的玫瑰园

牛津大学植物园旁边的玫瑰园

立碑时间是 1953 年。

阳光打在石碑上,我有些感动。

因为感动,我走进这所不起眼的玫瑰园,玫瑰半盛半衰,但在晨光下,突然大放异彩。

4

我们回到民宿旁的小店随意吃点早餐。

中国银行换任何外币都给最高面值,给我们的钞票也是 50 英镑。我们发现,几乎每个英格兰商家收到 50 英镑的钞票,都要用特殊的笔划几下,来辨别真假。

今天在这家早餐店第一次遇到死活不肯收 50 英镑的女店员。

我则坚持自己没有其他面值的钞票。

女店员反复强调是她老板的要求。最后,她做出抹脖子的手势。我屈服了,只能乖乖地回房间拿零钱给她。

早餐后,我们去特尔街上的顶盖市场(Covered Market),1772 年市场就从卡尔法克斯(十字路口)搬过来了。

顶盖市场售卖水果、农产品、鱼货、衣服、礼品、蛋糕和肥皂等杂物,还有一些餐饮店。我们后来在一家中餐厅吃了午餐,味道正宗,问题是只有 3 张很小的桌子,很难坐下吃饭。

一家肉店挂着一块火腿,有说明:

世界上最古老的火腿。早在 1892 年的时候,亚瑟·巴雷特先生从芝加哥的 Cudahay & Co 公司进口了这种古老的火腿。直到 1958 年自家公司关闭之前,

COVERED MARKET 1772 牛津盖顶市场

他都一直将其视为珍品挂在自己的办公室里。

火腿得以长期保存的秘诀在于硼砂的使用。理论上说今天依然可以食用，但无法保证。火腿魅力犹存，从未有苍蝇在上面停留过。

1940年，Cudahay & Co 对外宣称自己拥有世界上最为古老的火腿，投保额高达 5000 美元，并得到了妥善的保管，如果想要参观还得预约。当 Cudahay & Co 公司从巴雷特先生处得知火腿已经 15 岁"高龄"后，提议在给火腿上灾害险并承担全额费用的前提下，给它来上一场全美巡回展，但巴雷特先生最终予以回绝。

自 1958 年至麦克·菲勒 1993 年将其买下的这段时间里，巴雷特先生的女儿一直在悉心照看着这根火腿。此时距离巴雷特先生买下该火腿的时间已经超过了 1 个世纪。

5

往高街走，去昨天看到的圣母玛丽大学教堂，它也被称为牛津大学（官方）教堂，历史上与国家事务密切相关。

亨利八世去世后，年仅 9 岁的爱德华六世登基。他原本有希望成为一位守住父亲家业的英明国王，却在 16 岁死于肺痨。这样，他 37 岁的姐姐玛丽上位。玛丽信奉天主教，大肆复辟，对前朝的国教徒严酷镇压，被称为"血腥玛丽"。爱德华六世时期已经上了年纪的主教拉蒂默和里德利，在牛津大学教堂被宣判有罪并处以火刑。

在这里最著名的事件是坎特伯雷大主教克兰麦也步其后尘，被处以火刑。

克兰麦曾公开放弃新教信仰，可这未能保住他的性命。也许是因为他曾以玛丽母亲与亨利八世的婚姻"不合法"为借口宣布玛丽是私生女。

University Church of St. Mary the Virgin
圣母玛丽大学教堂

Trinity College
牛津三一学院

《英格兰简史》书中写道，在刑场的克兰麦又向众人宣布自己忠于新教，并猛然举起他的右手（这只手曾签署过放弃新教信仰的悔过书），然后一边将这只手伸进火焰，一边高喊："就是这只手犯了错。我的这只有罪的手啊！"

经过127级台阶，登上大教堂13世纪的古塔，俯瞰牛津市容。

6

圣母玛丽大学教堂的后门就是建于18世纪中期的雷德克利夫拱形建筑（Radcliffe Camera），牛津的标志性建筑，也是著名的图书馆。可惜今天学生毕业典礼，似乎没开放。

我在街道上看到一名流浪汉坐在地上看书，很有意思，为他拍照。没想到刺激了他，他怒目而视，骂道："见鬼，难道我是旅游景点吗？"这话说得有水平。

我们走到宽街去看牛津三一学院（Trinity College）。三一学院由托马斯·波普爵士与其夫人伊丽莎白建立于1555年，早期学院由1名校长、12名院士、12名学者和不超过20名本科生组成。如今三一学院有50名院士，大约300名本科生和140名研究生。

宽街上一排17世纪的房屋也属于三一学院，它是众所周知的"村屋"，却有童话的意味。学院正前四方院开阔宽敞，在牛津十分与众不同。

学院的花园也很美。据官方指南介绍，纵观三一学院的历史，花园的特点在不断改变，紧跟时代对花园设计的审美变化以及花园设计流行趋势的发展。16世纪"树丛"的雏形是开阔的稀树草原，以榆树为主。到了18世纪，花园变得非常正式，包括的元素有一条椴树走道、一座方尖纪念碑、几何形的小路、一座迷宫和修剪成类似板状的紫杉篱笆。最后的几棵椴树和几棵榆树如今自由自在地生长在主道南面的"荒野"中。自 19 世纪中叶以来，花园的主要区域已经不断与开阔处的草地融为一体，向外延展开去。

学院的礼拜堂是英式巴洛克风格的精品，内部使用了五种不同的木材——核桃木、栎木、梨木、椴木和百慕大刺柏。礼拜堂最精彩的也是木雕，其人物、水果和花果，皆雕刻得栩栩如生。

7

宽街上有布莱克威尔书店（Blackwell's），匹特金城市指南《牛津》介绍："过去只有三个顾客可以同时挤进布莱克威尔书店。1879 年，本杰明·布莱克威尔创办了这家二手书书店，现在它是世界上最大的书店之一，并配有一个延伸到三一学院、拥有约 5 公里长的书架的地下室（诺林顿书室）。你在宽街上可以发现几处布莱克威尔书店的出口，其原始建筑就在谢尔登剧院对面。"

现在布莱克威尔书店的二手书已经不多了，但有一个古稀书籍部门。

书店不远处有家"白马"（White Horse）酒吧，门口的小黑板上写着：

我们的故事从 20 世纪 80 年代一楼厨房的大火开始，这给酒吧造成了不小的损失，也正是那次大火，我们在墙壁那儿发现了一把"巫师"的扫帚！

由于迷信，当时没人敢碰那扫帚。自那以后，我们就把那里给封了起来，直到今天依然如此。

经常有人问我们酒吧里会不会闹鬼，我们的回答是：即使有，那也是一个开心的幽灵，我们相信这种愉快的氛围出自我们家的麦芽啤酒，如果不信就来尝尝吧。

8

　　白马酒吧可以追溯到1551年，是牛津地区历史最悠久的酒吧之一。当年罗杰·斯科特获得了经营许可，命名为"白色美人鱼"酒吧。1591年伊丽莎白女王在位期间，酒吧更名为"白马"。几个世纪以来酒吧历经数次更名，比如"志愿者乔利"和"大象"，即使街对面已经有了一家名叫"大象"的酒吧。进入18世纪中期以后，"白马"这个名字被正式确定了下来，后来再也没有改变过。

　　我们今天所看到的这座建筑修建于18世纪，内部也并未做出过什么改动。酒吧不愿屈服于现代文明的浪潮，所以里面并没有自动点唱机、电视或是酒吧音乐与游戏机，有的只是精挑细选的当地麦芽啤酒与英国传统食物。从正面看，它可能是牛津酒吧里最为狭窄的一家，狭小的正门，酒吧地板也位于地面以下。由于很受欢迎，所以里面相当拥挤，如果你幸运地在前面窗口处找到一个座位，或者是在后面寻得一个雅座，就果断坐下来尽情享受吧。

　　20世纪50年代酒吧重建期间，有人在墙壁后面发现了一把用石灰黏着的"女巫扫帚"，迷信的施工人员再在上面抹了一层石灰！按照女店主杰奎琳的说法，扫帚今天还在原处，只是用一块护板盖了起来，以防日后扫帚因为石灰泥碎裂而掉下来。庆幸的是，她最终还是克制住了将自家啤酒戏称为"女巫制造"的冲动。

　　小黑板上说的是1980年，一楼厨房里炸薯条的锅起火，差一点把整个酒吧烧毁。

9

　　来牛津的第一天晚上，黄旻洁就建议我们去酒吧看看，说这是当地的一大特色。可惜胡杨状态不佳，未能成行。

黄旻洁后来回上海前，特地从牛津的书店买了一本戴夫·理查森（Dave Richardson）写的《牛津酒吧》（*Oxford Pubs*）。

高街上的"契克斯"（Chequers）是牛津最有意思的一家酒吧。早在1260年的时候，这里建有大量经济型公寓。作为一家小酒馆，契克斯1500年的时候就已存在，只是"契克斯"这个名字直到1605年才见诸文字记载。

早在15世纪，该酒吧建成前不久，此地住着一个放高利贷的人。自罗马时代开始，契克斯棋盘（也就是西洋跳棋游戏的棋盘）就被用来指代放高利贷者。

你在这里会有一种置身古代的感觉。酒吧的庭院与啤酒花园的形状不太规则。正如酒吧门口的标识所述，除了穿过巷子来到酒吧的顾客，这里还容纳过各种来自异域的动物。1757年，这儿曾展出过一只来自开罗的骆驼；1762年，这里还有一家迷你动物园，内有海狮、鲨鱼等14种大型动物。

酒吧外面的牌匾上记录着这样一个传说：由于当时英王亨利八世解散修道院，一群僧侣被关进了酒吧下方的通道里，直至死亡。据说"在寂静之时，你可以听到僧侣们垂死的尖叫声"。当然，人们并没有在酒吧下方找到过什

牛津的咖啡店

么地下通道,更不要说那些僧侣们的尸骨了。但以前的确有僧侣在酒吧里待过,餐厅里那15世纪的祭坛围屏就是例证。

契克斯酒吧有三层,底层是最原始的酒吧,第二层是僧侣酒吧,第三层是餐厅。这里的风格较为另类,比如,让你忍不住想要许愿的喜鹊造型填充玩偶,以及一座1760年的帕莱门蒂钟。

10

圣吉尔斯大街上的"老鹰与小孩"(Eagle and Child)酒吧,这家美丽且文学气息浓厚的古老酒吧吸引了全世界的游客前来参观。有一群作家曾定期在这里饮酒聊天,其中包括《霍比特人》与《指环王》的作者托尔金以及《纳尼亚传奇》的作者刘易斯。

他们两人都在牛津大学英语系任职。酒吧后面那间房屋的牌匾上就记录着1939年到1962年间每周二早上他们在此会面的故事。对于他们的讨论,上面有一句话是这样评价的:"他们讨论的内容对20世纪英国文学的发展产生了深远影响。"另有一块1948年装裱起来的牌匾，上书"为你们的健康干杯"，落款处附有刘易斯与托尔金等人的签名，想必这是送给酒吧老板的。

"葡萄"（Grapes）酒吧坐落在牛津最主要的夜生活区，被附近的当代主题酒吧与餐厅所包围。可以说葡萄酒吧是周边唯一幸存的传统酒吧。它是乔治街上最古老的建筑之一，其历史可以追溯到1820年，后于19世纪70年代重建。之所以取名为"葡萄"（最开始曾取名"葡萄串"）酒吧，是因为当时这条街上其他酒吧都只卖啤酒，而该酒吧同时还贩卖红酒。乔治街上那些曾存在于19世纪80年代的酒吧都早已退出历史舞台，其中就包括船锚酒吧、共济会酒吧、宾治酒吧等。

直到1973年，该酒吧入口都位于走廊的尽头。当时有几家酒吧采用了美国西部酒吧的那种双开式弹簧门，葡萄酒吧正是其中之一。现在握有酒吧租约的是巴斯·阿莱斯酿酒厂。他们于2012年翻新了酒吧，纯正的维多利亚风格装饰，包括砖面，一扫阴暗忧郁的环境氛围。有些座位间还设置了间隔，给人一种温馨之感。酒吧正对面就是一家新剧院，这也给酒吧带来了生意。在演出间歇，观众会纷纷离开剧院前往葡萄酒吧，因为剧院酒吧不但价格更贵，还要排队。只是曾经张贴在墙上的剧院海报现如今已经不复存在了。

11

走进一家酒吧，如果你看到墙上挂满了老主顾们送上的照片、纪念品，还有诗歌与漫画，就可以想见它是何等深受顾客的喜爱。"国王纹章"（King's Arms）酒吧坐落在大学地区中心地带，周围有许多备受尊崇的研究机构，可以说是这座城市历史最悠久、最知名的酒吧之一。常来光顾的老主顾里，有一位名叫约翰·韦恩（John Wain，1925—1994年）的作家。他1953年写的小说《每况愈下》在当时获得了强烈反响，另外酒吧墙上还贴有他的手写诗《为帽子致谢》。

　　国王纹章酒吧可以追溯到1607年。此前这里也是一家酒吧，名为"狮子"酒吧。如果再往前追忆，这里还是一座奥古斯汀小修道院。"国王纹章"是现如今很普通的酒吧名，但在1607年还是非常新奇的。酒吧当时想借此来表达他们对国王詹姆斯一世的忠心。詹姆斯一世（1603—1625年在位）在伊丽莎白一世的漫长统治结束后继位。也正是因为詹姆斯一世的帮助，牛津大学建立了瓦德汉学院（Wadham College），后来学院又在1630年买下了酒吧。时至今日，国王纹章酒吧依然为瓦德汉学院所有，酒吧楼上的房间也是学生们居住的地方。从外观上看，整座建筑依然沿用了18世纪的风格。

　　国王纹章酒吧并非"与时俱进"的忠实拥护者。1973年以前，酒吧后方区域或者吸烟室一直都保留着"女士莫入"的标志。看到墙上挂着的一幅幽默漫画，人们就会回忆起以前那些可笑的事情。漫画里的两名男子在酒吧卫生间上厕所，其中一个人说这可能是该国最后一个"女士莫入"的酒吧了！有人可能会感到不解——据说即使是在1998年，女人身边若是无人陪同，也会遭到一些学界人士的冷遇。现在女性无论独来独往，还是有人陪伴，都会受到欢迎。经常可以看到只身一人的男女在电脑前奋笔疾书，不同的是他们的前辈用的是羽毛笔。

12

　　许多酒吧都以战争或战胜方命名，从某种意义上来说，圣埃比街上的"皇家布莱尼姆"（Royal Blenheim）酒吧正是如此。它得名于铁路出现前往返于伦敦与牛津之间的一种驿站马车。但是在1889年这座美丽的维多利亚式建筑落成之前，这种马车至少已经停运50年了。

布莱尼姆是位于德国南部巴伐利亚的一座小村庄，这里曾经发生过一场重要战争。这场战争于1704年由英国在内的大联盟发起，对抗计划攻占维也纳的法国与巴伐利亚军队，联军这边由英国将领——第一代马尔伯勒公爵约翰·丘吉尔率领。为了表彰他在这场战争中取得的决定性胜利，女王为他修建了布莱尼姆宫。宫殿位于伍德斯托克镇，距离牛津有10英里（16公里）。布莱尼姆宫是英国一流的豪华庄园，也是温斯顿·丘吉尔的出生地。

这家位于街角的酒吧保留了许多维多利亚时期的建筑特点，比如它的石造部分刻有建筑日期。酒吧隔壁现在是一家现代艺术博物馆，过去曾是一家啤酒厂，所以当时酒吧相当于啤酒厂的"专卖店"。皇家布莱尼姆酒吧颇具幽默感，在它的官网上点击有关酒吧的介绍，以下文字就能窥见一斑："与人们的看法相反，皇家布莱尼姆酒吧的确有一座大啤酒花园。你可以在午夜钟声敲响之时，从一处废弃的盥洗室进入。但冬至之后的第一个满月不要进去，因为那样你会穿越进入一个满是啤酒和炸猪皮的奇幻世界。"

13

如果不是太忙，那么在澡堂子小巷里经营"赛马"（Turf Tavern）酒吧多年的老板最喜欢挂在嘴上的一句话就是"来试着找找我们的酒吧，以后你还会再来的"。尽管地处城市中心的边缘地带，但比起以前，想要找到"赛马"酒吧的难度并没有降低。不过，还是有很多游客慕名前来，很多人在抵达牛津之前就早已借助网络安排旅行计划了。

酒吧有两个门，但都很窄。要想找到酒吧最容易的一条路就是先找到叹息桥。从凯特街上望过去，圣海伦通道就在这座桥后面靠左的位置。

赛马酒吧的名字始于1847年,因为这里是赛马庄家与赌徒经常聚集的地方,除此之外,像斗熊和斗鸡这一类的娱乐比赛也吸引了不少赌徒。

托马斯·哈代在他的小说《无名的裘德》(*Jude the Obscure*,1895年)中也提到了赛马酒馆,小说中基督教堂的原型其实就是牛津。"在街上一家天花板很低的酒馆"里,裘德向阿拉贝拉求婚了。酒馆的常客包括"一名涨红着脸的拍卖商,两名石匠,赌马圈子都熟悉的赌徒们,一名巡回演出的演员,还有没穿校服的在校大学生"等使用化名来下注的人。从哈代的描述中,我们不难看出他所指的是哪家酒吧,只不过现在出入赛马酒吧的早已不是那批人了。

数年来,这里接待过不少名人,露台黑板上也留下了他们的名字,比如美国前总统克林顿、英国前首相撒切尔夫人、斯蒂芬·霍金、本·金斯利等,毫无疑问,今后还会有更多名人前来光顾。就是在这里,克林顿假装吸了一口大麻烟卷却并未吸进肺里,但可以肯定的是,他没有假装喝啤酒,的确咽了下去。相传人们曾经看到过幽灵罗茜在酒吧里洗酒杯,因为她在等候打仗归来的丈夫(据传有位名叫罗茜的女子在酒吧附近的护城河里溺亡,她的丈夫当时正在参加英国内战)。

14

下午我们继续在牛津逛街。

圣吉尔斯大街竖立着牛津殉道者碑(The Martyrs' Memorial),纪念前面提到过的爱德华六世时期3位上了年纪的主教克兰麦、里德利和拉蒂默。

圣吉尔斯大街和博蒙特大街一角是艾希莫林博物馆(Ashmolean Museum),它是英国最早的一家博物馆,现在的艺术和古董藏品始于17世纪早期皇家园艺师约翰·特里兹肯特的收藏。

莫德林学院礼拜堂

莫德林学院格罗夫鹿园

路边有个年轻人竟然捧着一大颗卷心菜在啃,见我拍照,不禁遮住脸面。

我们走去莫德林学院(Magdalen College),早上的玫瑰园与植物园就在它对面。

莫德林学院也是牛津最富有的一个学院,由温切斯特主教威廉·韦恩弗利特创建于1458年,校址是原圣约翰施洗公会的医院所在地。莫德林学院的著名校友包括亨利八世时期的沃尔西主教、物理学家薛定谔和文学家王尔德。

莫德林的盾徽也是学院的创始人韦恩弗利特的盾徽。据说,在韦恩弗利特成为伊顿公学的首任校长之后,他在自己的盾徽上增加了百合花,因为伊顿公学的校徽也有百合花。

学院的回廊四方院给人印象深刻,回廊最早建于1474年至1480年,后来由于年久失修在19世纪20年代进行了翻修。20世纪80年代,回廊上方的大量空间被改造成学生的自习场所。走在回廊内抬头仰望,人们会看到莫德林盾徽和许多小怪兽雕刻,后者都是些表情滑稽的小妖魔和古怪的动物,还有带喷水嘴的怪兽石雕。

我也喜欢格罗夫鹿园,它是学院梅花鹿冬春季节的栖息地。这里也曾是国王查理一世的炮兵驻扎地。17世纪40年代内战期间,牛津是查理一世的大

莫德林桥河畔

本营。

据莫德林学院官方指南介绍，春季鹿园草甸中会盛开一种叫作"蛇头贝母"的紫色花卉。这是一种罕见的野花，莫德林学院是此花能茁壮成长的为数不多的几个地方之一。每年7月到12月初，鹿群会来到这片草甸。

走出莫德林学院大门，左面是莫德林桥（Magdalen Bridge），莫德林桥下可撑平底船游河。

我们的舵手是个少女，英气十足，有一张如希腊雕塑般的脸庞。

坐在船上游河，看着田园诗般的岸上风光，实在惬意。

15

我们走在步行大街上去吃晚餐。我走在前面，突然一群牛津女大学生围住我，问我的年龄是不是54岁？

我一愣。我还没到54岁，但我很奇怪，为什么要选这个年龄测试呢？

看着这群如此欢乐青春的女孩子，我怎能不答"是"呢？

她们乐坏了，有个女孩子走上来，与我击掌，然后有女孩在旁录视频。

她们对我坦然自若的神情有些奇怪。

我这时猛然反应过来。54岁对男人来说，应该是进入老境的开始，可谓男人的"更年期"，这时被人问到年龄，一般会拒绝回答。即便承认，神情也纠结，哪像我浑然无事的样子？

呵呵，这群女孩子的后面也许躲藏着一位狡猾的社会学教授老头。

我索性表现得更自信些吧，我拉了这群女孩中最漂亮的一位，与她合影。

这个举动让她们更为吃惊，笑得也更厉害了。

牛津河上泛舟

第十五章

剑桥（上）

1

今天大清早,黄旻洁又来到我住的民宿,我们朝泰晤士河的一个源头快步走去。

昨天的泰晤士河就在民宿或者说是市区附近,今天我们要去的地方却要走半个小时。

我们走过圣吉尔斯大街上的老鹰与小孩酒吧,看到两个比较现代化的牛津大学学院和一些住宅区。

黄旻洁昨天黄昏拜访了钱钟书曾就读的牛津埃克塞特学院(Exeter College)。她在朋友圈写道:"院子中的大树从古老的围墙里茂盛地探出头来,夕阳在树叶间跳动。第一次来 Exeter College,学院不大,但是礼拜堂美翻了。礼拜堂马上有一场音乐会,陆续有观众到场。趁着还没开始,我慢慢走入室内。和其他只有花窗的礼拜堂相比,这个礼拜堂多了一组拱形的神龛,越发显得金碧辉煌。这个礼拜堂的各处细节都很赞。即便绕到背面,仍然可以看到立柱上的形象,感觉有点像巴黎圣母院。夜晚的礼拜堂透出更柔和的光,美得不可方物。又是一个美好的夜晚。"

黄旻洁回忆起昨日她遇到维尔夫(Wilf)院士的故事,言语中很佩服这些学人安心做学问的态度。

2

这时我们的面前突然出现了小河,然后是铁路和火车站。最后一大片湿地(Port Meadow)呈现眼前,有很多牛在吃草、戏耍。哇,几匹马在我们面前飞奔而去。

再往前走,真正的诗意来了,白色的小桥弧度优美。这里的世界比昨天的泰晤士河边更加野趣自然，也更加静谧。那些多彩的河边小船算是给清冷的世界注入一些活力。

前面又出现了一条彩虹之桥。

黄旻洁与一位老伯聊天，他是河边唯一的钓鱼人。老伯说，钓鱼对自己来说就是一种运动，他即便钓到了鱼，也不会拿回家吃，仍会把鱼放生。

走过彩虹之桥，环境更为苍茫。

我坐在岸边的木板上，看着远处的湿地和牛马，眼前白晃晃的，一切都停滞了。我希望就这么坐下去，发呆下去，直到永远。

突然，一大群水鸟从天而降，在水里降落，然后在河边随意游玩。

不速之客。我也没办法，梦境打碎了。只能继续往前走了。

我当时随手拍了一些照片。这些画面不算漂亮，但很真实。照片很平常，每一张拿出来，不是很美。可如果你置身这种环境，也会情不自禁。

3

如今有 80% 的英国人居住在城市，但每个周末有 700 万人在乡村漫步，而且，这个数字还在逐年增长。

卡万·斯科特选编的《100 条独特的英国乡间步行小径》（*Great British Walks: 100 Unique Walks Through Our Most Stunning Countryside*）中说道："可我们能够自由漫步在大不列颠乡村的历史并不长，人们为实现这一权利进行了艰苦的战斗并取得了胜利，但平衡漫步自由与保护土地的斗争仍在延续。"

1932 年 4 月 25 日的《曼彻斯特卫报》对"金德斯科特高地"（Kinder Scout）事件的报道如下：

四五百名漫步者有组织地闯入金德斯科特高地,其中大多数人来自曼彻斯特。他们与当地守卫发生了短暂而激烈的肢体冲突,轻松突破防卫后,继续向着阿索河源(Ashop Head)前进。人们在抵达后召开了一次会议,随后以胜利者的姿态返回了海菲尔德。

首先让我们回到20世纪30年代初,去了解一下人们当时为何要离开城市向峰区(英格兰中部和北部的高地,金德斯科特为其中最高处)进发。当时的土地所有者极为珍视自己的财产,作为优质猎场,手中的土地可以带来丰厚的回报,所以他们自然会竭尽全力地保护自己对土地的掌控。而在附近的工业化城区,工厂与码头工人们一脸羡慕地望着远处的山丘,渴望能在周末摆脱工作的束缚,呼吸上新鲜的空气。虽心仪已久,但很多人即使去了也是被拒之门外,依旧无法脱离城市的桎梏。这是因为18至19世纪所颁布的一系列《圈地法案》,使得曾经的公共用地被迅速压缩而日益减少。20世纪初,英格兰北部工业中心遍地污垢,污染严重,而附近地区绝大多数的高沼地却不对外开放。1884年以来,英国议会内部关于山区自由通行法案的争论从未停止过,但每次尝试都以失败告终,一个重要原因就在于许多议员本身就是土地所有者,他们只对维持自己的特权感兴趣。

4

英国工人体育联合会(British Workers Sports Federation)是一个体育组织。1932年4月,该组织位于兰开夏郡分部的成员被赶出了布利克罗河源(Bleaklow Head)——那里是金德斯科特高地以北一座壮丽的砂岩山。这下人们忍无可忍了。争取自由漫步的运动始于1876年海菲尔德与金德斯科特峰古道协会(Hayfield and Kinder Scout Ancient Footpaths Association)成立之时,但始终进展缓慢。眼见官方组织无法取得成功，人们再也按捺不住内心燃起的怒火，当地联合会成员决定自己解决问题。4月24日下午2时许，一名来自曼彻斯特奇塔姆山（Cheetham Hill）的20岁机械师本尼·罗斯曼（Benny Rothman）带领着400名徒步者，朝着峰区的最高点进发。这样做的想法很简单：以人多势众来保证安全，因为没人能阻止一大群意志坚定的徒步旅行者。

　　回忆起当年如何挺进威廉·克劳峡谷，后来又是怎样遇上德比郡公爵领地的看守人，罗斯曼曾于1980年向BBC透露过当时的情形："我们天真地以为，只要参加漫步人群的规模足够庞大，人数上超过守卫，他们就无法阻挡。当时差不多有十来个守卫，他们一边挥舞着棍子，一边叫嚷着要我们'退回去'。我们自然不予理睬，或是直接把他们推开，直至登顶。"由于漫步者的人数远超守卫，所以有人就拽住守卫的棍子，其他人则趁机将守卫的皮带解了下来当鞭子，奋力向前。除了一些轻伤外，基本没有严重的身体伤害。但有个名叫比弗的守卫是个例外，他在混战中被打晕了，还伤到了脚踝。

　　你可以想象他们当时有多满意：突破守卫的封锁，抵达金德斯科特高地，按计划成功与另一群自峰区伊代尔村（Edale）出发的海菲尔德漫步者会师。人们随后分成伊代尔和海菲尔德两组，得意洋洋地沿着来时的路返回。他们回到出发地时与警察遭遇，6名带头人被捕，其中就包括罗斯曼。翌日，6人被指控涉嫌"暴乱性非法集会"。罗斯曼被判入狱4个月，但这种非暴力反抗的做法达到了预期目的，他的遭遇引起了公众的兴趣：为什么像罗斯曼这样努力工作的人会因为想要欣赏英国美丽的乡村风光而被关进监狱呢？

　　数周后，更多的徒步者聚集在卡斯尔顿村（Castleton）和伊代尔村之间的温纳特山口（Winnats Pass），准备进行第二次集体侵入。这次人数增长到了1000人。

5

一直到1951年工党执政时期，当局才把峰区、达特穆尔、湖区以及雪墩山设为英国的第一批国家公园。美国几乎在此80年前就建立了世界上第一座国家公园，也就是黄石公园。

随着21世纪的到来，苏格兰也首次建成了洛蒙德湖与特罗萨克斯山国家公园（Loch Lomond and the Trossachs），2003年苏格兰人又有了第二座国家公园——凯恩戈姆斯山（Cairngorms），这是英国最大的公园，比湖区国家公园还要大40%左右。

如今，英国国家公园占国土总面积的12%，覆盖30万人口，有超过2000英里（约3200公里）的公用道路。很多人误以为国家公园自然是国家所有，实则不然。此间多数土地依然是私人所有，是个人、农场主、企业与保护组织的财产，但令人兴奋的是旅行者也同样有权探索。这些充满着美景与奇遇的天然美景，每年多达一亿多人的客流量，难道不是一种奇迹吗？

国家公园的创建仅仅是个开始。1965年，英国开放了第一条国家步道——奔宁之路，自德比郡的伊代尔村一直延伸到苏格兰边界，全长268英里（约430公里），总计穿过3座国家公园。

2000年，乡村自由漫步的问题迎来了最大的变革。《乡村与道路通行权利法》（*The Countryside and Rights of Way Act*）保护了徒步旅行者在英格兰与威尔士自由穿行的权利，其中包括山岳、沼泽、丘陵、登记在册的公共用地，甚至土地所有者自愿对外开放的私人领地。

"漫步权"的提法经常令人费解。这并不意味着旅行者可以不经对方许可而在私人土地上任意穿行，因为该法案仅适用于对外开放的乡村地区。

苏格兰的情况略有不同。2003年的《土地改革法》（*The Land Reform*

Act）与 2004 年的《苏格兰户外通行法规》（Scottish Outdoor Access Code）赋予每个人通行苏格兰境内大部分土地与内陆水域的权利，但前提是人们要为自己的行为负责。这也开放了多数苏格兰乡村，让人们可以在乡村徒步、骑自行车、骑马或露营。就像在英格兰和威尔士一样，这些权利并不适用于建筑、住宅、学校、私人花园或种有作物的土地。

可惜的是，北爱尔兰既没有相关自由通行的法案，也没有通过类似法令的打算，但至少在英国别的地方，那 400 名向金德斯科特高地进发的漫游者实现了当初的梦想。

6

对岸有人牵着狗走在湿地的路边，我们也想走走，但没有桥可以通行。那能不能绕道过去呢？问前面过来的晨跑男子，他很热情地告诉我们，大概还有 6 英里（约 10 公里）的路程才能到达对岸。

这意味着，需要步行 2 个小时才能到。如果我们没有其他事情，一定走完这段路，一路上还会有惊喜。

但黄旻洁早上 10 点要与朋友一起乘车去伦敦，看国家画廊的作品。我们也要从牛津去剑桥了。我们必须往回走了。

回去的途中，看到一家隐蔽在绿色树林中的餐厅。

现在人开始多起来了。刚才我对着白晃晃的水面发呆的地方，有几个人正在游泳。

钓鱼人仍然在钓鱼，但已经有人在河中独自奋力游泳了。

河对岸的一艘船也苏醒了，先是有女人在窗前晃动，然后男主人在厨房里做早餐。有音乐声传来，很悦耳。

Emmanuel College
伊曼纽尔学院

我们改走一条通往牛津市中心的路，这是一条经典步道，乡村气息十足。我们又回到了牛津市中心。

7

年轻的时候，总以为牛津剑桥与清华北大一样，没有多少路途。其实，一个在英格兰南部，另一个在东部，从牛津去剑桥自驾需要 2 个多小时。如果坐公交车，加转车时间需要 4 个多小时。

我们到剑桥民宿已经是下午 2 点多了。民宿离剑桥市中心有些远，需要开车去，但干净舒适宽敞。

反观我们在牛津的民宿，离市中心只有几百米，但里面太拥挤了。号称有两间屋子，其实极小，两张床已经把空间占满，只有一张椅子。

我们办好手续，已是下午 3 点。开车去市中心，在它的边缘停车场停车，从停车场楼梯走下来，到处是尿骚味。

穿过一个大草坪，人们舒适地躺着，但与我们一路看过来的英国乡村不同，这里到处是垃圾。我不清楚这是不是有名的帕克草坪（Parker's Piece），英式足球发源于此，球门的宽度按周围树木的间距来确定。

在公园附近的餐厅吃完午饭，已经 4 点多了，我们朝剑桥市中心走去。

路过伊曼纽尔学院（Emmanuel College），它建于 1584 年。据说伊丽莎白一世曾说"我听说，沃尔特爵士，您设立了清教徒基金"，学院的创始人沃尔特·迈尔德梅爵士则答道："我只是种下了一粒栎子，等长成了栎树，只有上帝知道树上会结出什么样的果实。"

伊曼纽尔学院的"果实"不久便传播开来。1630 年代，学院的大学生约翰·哈佛漂洋过海来到美国，建立了美国的第一所大学——哈佛大学。

据《欢迎光临剑桥》旅游指南介绍,学院礼拜堂是由克里斯托弗·雷恩爵士在1677年设计的,每扇窗户都被用来纪念剑桥大学的重要人物,其中有哈佛。

但我最喜欢的是学校草坪中的池塘,鸭子在到处跑。据说这个池塘原先是16世纪时该地修道院内的养鱼塘,是修士们所吃鱼类和鸭肉的来源。

8

接着是基督学院(Christ's College),关门了,我们只能在门口往里张望。它已经有500多年历史了(1505年建)。17世纪时,学院的原石红砖看上去很是破旧,人们不愿意将自己的儿子送来读书。写《失乐园》的诗人约翰·弥

尔顿于1625年在此就读,花园里有一颗400年的桑树,据说弥尔顿喜欢坐在这棵桑树下冥思。

弥尔顿的大学生涯有过间断,与导师查普尔争执后,他被勒令停学。大概是在1627年秋季他被允许回校复课。这一次导师换成托维,弥尔顿最终顺利拿到了学位。之后他返回剑桥,攻读文学硕士。他离开校园后,似乎几年间都久居家中、勤学苦读,成为大家公认的诗人。

作为基督学院的学生,达尔文知名度似乎更高一些,他曾在爱丁堡大学学医,在1827年转入这里学神学,但成绩平平,因为他的数学必修课成绩较差,主要是学习不刻苦。达尔文在1859年出版了《物种起源》,其进化论与"神

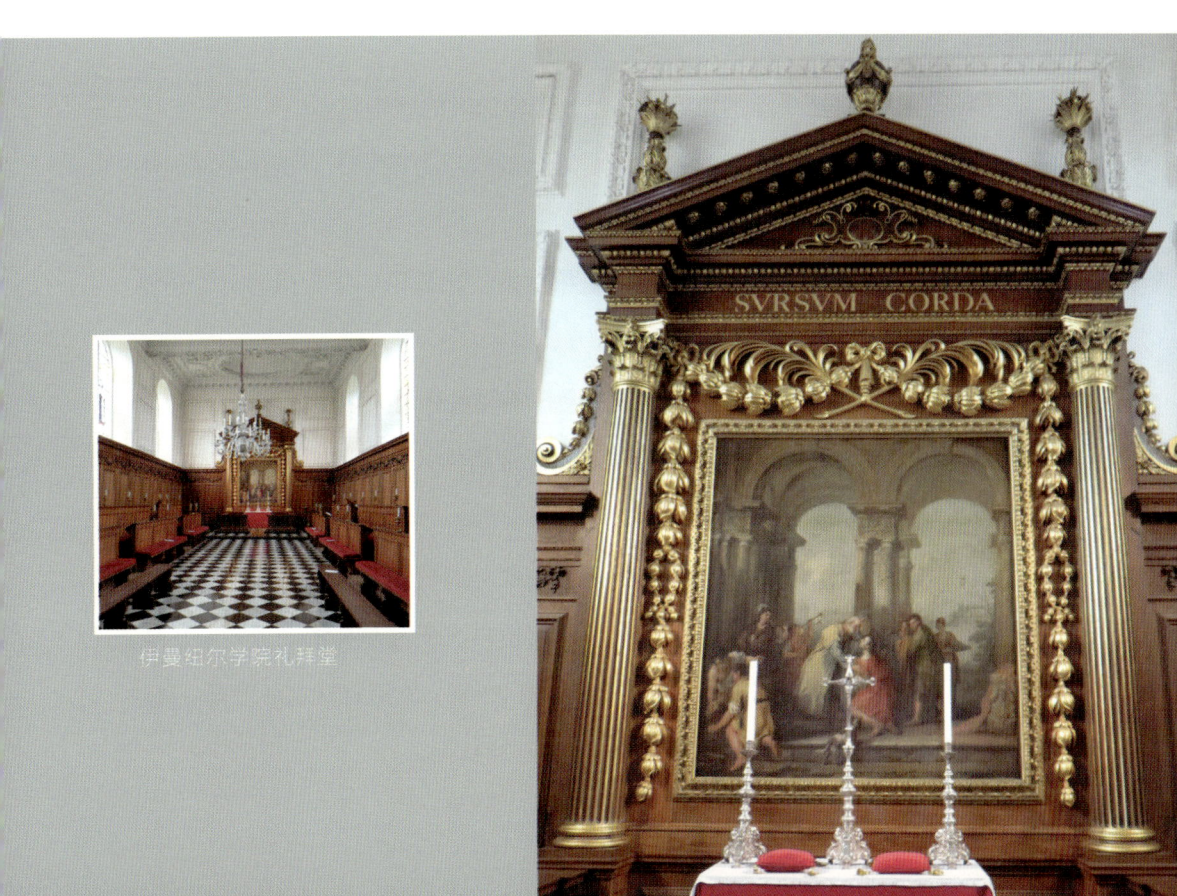

伊曼纽尔学院礼拜堂

创论"发生了冲突。

基督学院的创始人玛格丽特·博福德夫人是亨利七世的母亲，大门上方的纹章中有她的名字。据《剑桥大学新史》一书介绍，在剑桥大学从中世纪低谷中奋力走出的那个时期，博福德夫人慷慨解囊，是剑桥最重要的资助者之一。她还创建了圣约翰学院（St. John's College）。虽然统治阶层外露宗教情感不足为奇，但博福德夫人那种对于宗教显现出的极度的虔诚之心还是很少见的，由此她也闻名于世。

9

这时的剑桥是旅游旺季，到处都是人，即便是5点多的黄昏时分，依然如此。

胡杨觉得这里比牛津的市容还要差，很像深圳的城中村。

我建议胡杨回深圳建议城中村的村委会到这里考察一下，也建个深圳剑桥镇。

胡杨说，深圳城中村富裕啊，村里招女婿，比腾讯、华为招聘员工还要严格。村子中出个大学生，要奖励上百万。

我说城中村就办个深圳剑桥大学，全村年轻人都是大学生，多好。

我当然是开玩笑，但看着剑桥镇这么乱糟糟的，就想起《剑桥：大学与小镇800年》作者柯瑞思说的"鸠占鹊巢"。

剑桥人的历史比剑桥大学久远得多，在罗马时代剑桥就是战略重镇，后随罗马帝国的衰落而衰落。13世纪早期，剑桥再次成为重要的商业中心，成为王室的重要财税来源，旧式行会剑桥镇就有33家，该镇财富之巨可见一斑。到了14世纪，剑桥镇的皮革业和毛纺业已经成熟。

剑桥大学创始于1209年。当时牛津镇竟以强奸罪为名绞死了两名牛津大学学者，只因捉不到真凶。其实牛津镇就算捉到真凶，也无权处置，应该交给教堂根据宗教法进行审判、量刑。

为了抗议镇当局的行为，牛津学者纷纷离校，一般是投奔巴黎、雷丁或剑桥。来剑桥的学者创立了剑桥大学，剑桥是否紧跟牛津大学在1209年创立还有待商榷，因为直到1318年，该校才获得"大学"的地位。无论如何，在欧洲中世纪古校中，不管牛津还是剑桥大学，都算不上特别古老或学术地位非常突出的。而且，在中世纪，英格兰的斯坦福和北汉普顿各有一所与剑桥匹敌的大学，却未能得到国家的支持与照顾，后来都倒闭了。

正如柯瑞思所言：

剑桥大学谨小慎微地度过了一系列国家动荡，才成为如今的全球顶尖学府。学校掌舵人在15世纪和17世纪的内战中避开了战败方的阵营，在和平时期则要投身竞争。16世纪30年代修道院大解体，国会通过了一部法案，倘若实施，剑桥各学院的财富就会被转移给王室。只有精湛的领导术才能让学校在如此严重的威胁中历劫还生。此外，还要跟剑桥镇争夺霸权，剑桥大学利用一系列惊人的特权保住了自己的优势。

这些特权，有的优越无比，有的平凡琐屑。四百年以来，剑桥大学毕业生选出自己的议员，安插到下议院。学校还控制着剑桥镇的度量衡，酒馆营业执照的发放，向镇地方议会派遣代表，并禁止剑桥镇享受英国其他地区已经普及的多项权利，比如戏剧演出、星期天乘火车出镇等。

为回报这些特权，剑桥大学总是小心翼翼地顺应国家的要求，长期以来扮演顺应派。本世纪校领导对政界言论的关切，和中世纪校方对国王言论的关切别无二致。这是维护特权的代价，自始以来，剑桥大学和牛津大学都超越自身职责服侍着强大的利益集团。

10

柯瑞思写道，牛津剑桥两所大学的表现一旦达不到预期，国家就会出面干涉。托马斯·克伦威尔曾在担任亨利八世首席大臣期间任命自己担任剑桥大学校长。17世纪50年代，奥利弗·克伦威尔觉得牛津大学任性到危险地步，便亲自出任该校校长，进行改革。19世纪中期，议会觉得牛津剑桥与社会脱节，就在校内设立问责委员会，以便"监督这两所重要机构对现代社会的适应状况"。在剑桥大学珍视的"独立"背后，存在着国家机构如此这般的实际干涉。

剑桥大学的成功使之与剑桥镇的关系苦不堪言。这所庞大的机构每向前挺进一步，剑桥居民就得往"沼泽"中后退一步。学校地盘的扩张，把当地居民挤出了原先的镇中心，迫使他们搬到远郊，让位于原镇中心的教区教堂难以为继。

从14世纪30年代到17世纪，英格兰只有两所受王室保护的大学，而在统一程度不及英格兰的其他欧洲国家，学校数目远不止此。17世纪，相比英格兰的两所大学，法兰西有15所，德意志联邦有13所，甚至连苏格兰在15世纪晚期也已经有3所，1582年爱丁堡大学成立后增加到4所，意大利联邦则有22所，为数最多。法兰西、意大利和德国内部各个独立州都靠本地大学努力保护着自己的文化传统。直到19世纪，法国才由于拿破仑的雄心而像英国中世纪那样将本国高等教育国家化；意大利和德国则在19世纪晚期国家统一后才建立起国家高等教育系统。这时，欧洲大陆的地区性大学已经根深蒂固，很难出现首屈一指的国家性大学。英国高等教育在牛津剑桥这两所大学的集中，是两校成为欧洲大陆最顶尖高等学府的重要原因。受过高等教育的英国精英人士几乎都出自这两个非常相似的学府。其他欧洲国家精英的培育方式则大相径庭，这种状况具有深刻的历史和文化意义。倘若战争双方曾有同学之谊，每次内战过后的调解融合会容易得多。

11

黄昏的剑桥码头区实在拥挤，像下了锅的饺子，这个状态与节假日的中国景点有些相似。确实，无论牛津还是剑桥，暑假里都有太多太多的中国人。

但上船后，悠闲的感觉就来了。

剑河上有好多桥，而且每座桥都有些来历，这种感觉我似乎在巴黎塞纳河上有过，当然无论桥还是河，巴黎的都要壮阔得多。

几家著名的学院都占据了剑河最好的地段，它们的校园横跨剑河，这样小河两岸的一段土地都是它们私有的了。

第一座桥是莫德林桥，建造于1823年，在1982年重建。它属于剑桥莫德林学院，黄旻洁说她去过，学院有1660年的皇家海军部秘书长佩皮斯（Samuel Pepys）的图书馆，里面最著名的是他编有密码的日记，直到1825年才被人解读。我在拙作《思想英国》中提到过佩皮斯和他的日记。

佩皮斯日记中的6卷包含了150万字，时间跨度近十年。日记以托马斯·谢尔顿发明的速记法写就。约翰·史密斯花费了痛苦的3年时间来解读这些很小的花体字，没想到最后发现这种速写法的解读方法一直都放在图书馆的书架上。

佩皮斯有个奇怪的念头，认为3000本书足以承载世间积累的所有智慧，到达限度时，每添加一本新书，就必须撤掉一本旧书。如今这些藏书仍遵照

圣约翰学院叹息桥

剑河上的桥

佩皮斯的命令按高度排列，摆放在佩皮斯1666年请某位木匠制作的橡木书架上，连书架也给了莫德林学院。

我也知道国内读书人有类似的做法，只藏有固定数量的书籍，新买了书，就必须有旧书被淘汰，但那是因为家里空间不够放，只能出此下策。

佩皮斯的遗嘱饱含着藏书家的忧虑：我逝世后，钟爱的书籍命运如何？《剑桥：大学与小镇800年》一书中写道，1650年在莫德林学院读本科的佩皮斯把藏书留给了学院，但他声明：如果莫德林学院拒不接受遗赠，则赠给三一学院；如果莫德林学院接受，则必须由三一学院进行年度清点，如有失散或保管不善，则藏书转给三一学院。从来没有三一学院的清点记录，尽管如此，19世纪莫德林学院想把藏书从图书馆挪到院长宅时，还是觉得要征求三一学院的同意，虽然这个计划最终并未实施。

12

接着是圣约翰学院的叹息桥和厨房桥。

叹息桥于1831年建成，备受维多利亚女王赞赏。但在1963年和1968年，一辆奥斯汀汽车和一辆三轮车分别吊到桥下，这是要考验桥的坚固了。

剑桥的书店也有卖专门叙述剑桥大学生捣蛋故事的书籍。1958年6月7日周六，一夜之间，一辆奥斯汀小汽车竟出现在参议厅房顶。冈维尔凯斯学院（Gonville & Caius College）的学生花了几周时间设计出一套吊机装备，把这个汽车外壳吊到参议厅房顶，同时让参议厅建筑丝毫未损。众目睽睽下摘取这辆车居然无比艰难，花了整整4天才搞定。冈维尔凯斯学院对这次夜攀颇为自豪，院长让人偷偷给捣蛋鬼送了一箱红酒。2008年吊车事件50周年庆，原团队11名成员在学院得到了盛情款待。

长期以来，在剑桥大学爬房顶是一小帮所谓"夜攀族"学生的消遣，他们并没有正式组织，小分组之外的成员通常互不认识，因为隐秘的身份有助于躲避校方的注意。顺着冈维奇斯学院前面的排水管爬上去，跃过参议厅道上方7英尺（约2.3米）宽的空隙窜到附近的参议厅房顶，方可获得夜攀族"成员"身份。

2002年，有人爬到国王学院礼拜堂屋顶并在上面放了个马桶，细心的学生给副校长写了封公开信，说礼拜堂尖端周围摇摇欲坠的卷叶饰如再不修缮的话，今后夜攀族的安全很让人担心。从礼拜堂底部看，许多石雕的状况确

实已经无法承载夜攀族的脚丫了。

恶作剧是剑桥大学文化的一部分。18世纪的诗人托马斯·格雷担任彼得学院院士时，住在学院礼拜堂和圣马利亚小教堂之间巴若楼顶层房间里。因他人缘一般，怕火怕得尽人皆知，学生们便利用他这个弱点，在他窗口下面放了一大桶冷水，然后高声叫嚷"着火了"。格雷慌忙顺着一根绳子从窗口滑下来，一下子跌到水桶里。此事发生在1756年，正是格雷离开彼得学院的年份——他不满院方对捣蛋学生的宽大处理，一气之下去了创平顿街对面的彭布罗克学院。

厨房桥则由罗伯特·格鲁姆博尔德建造于1712年。

13

三一桥建于1764年。在三一学院院长惠威尔博士的陪同下，19世纪维多利亚女王曾在这里停了下来，望着漂满污物的河面问道："那么多的纸片是做什么的？"

剑河岸上的美好黄昏

院长突发奇想地解释:"陛下,那些是禁止在此游泳的告示。"

葛兰特旅社桥的设计灵感来自海鸥展开翅膀时呈现的弧形,有意将桥面设计得很陡,骑车人到此只好减速!

1638年建成的克莱尔桥是剑河上最古老的桥,由厨房桥设计师罗伯特的父亲托马斯建造。

《欢迎光临剑桥》册子上建议大家数一数桥上有多少石球——14个?不对,是13.8个!传说是为了报复少付的3先令工资,托马斯削去了石球的一小部分。

不过有一个更说得通的解释,说这个角是为了偶尔检修球内与桥体相连的金属线而特设的,只是松掉了而已。近来,克莱尔学院有个学生铸了很轻的真球尺寸仿制品,拿到桥上,等一艘载满游客的小艇划过来,就佯装癫狂状,"使劲"把球从桥栏杆往下"掰",船上游客眼看球掰下了,纷纷跳进剑河逃命。这场天真无邪的闹剧让这位同学被校方停课处罚。

美国小说家亨利·詹姆斯对克莱尔桥大加赞赏,描述其栏杆的线条先是上升,而后在中部"缓缓地陷落"。

1749年的数学桥属于王后学院,这是剑桥仅有的木制桥。传说它是牛顿建的,其实不然,数学桥首次建造的时候,牛顿已经去世了。

14

岸上人看船中人,船中人看岸上人。

我们可以看到一对男女学生在岸上的青草地上对饮红酒。

河中几位男士自己撑着平底船,但明显是喝醉了,酒驾吧。

船回到码头,一对新婚夫妇在岸上拍照,可真是选对了地方,各种照相机与手机对准了他们。

我的一个朋友全家比我们提前一周去了牛津剑桥，是为了儿子报考英国大学选学校。

我们回到上海后，两家人聚餐。朋友的儿子说自己最喜欢剑桥大学，准备报考王后学院。

我很好奇："为什么报考这所相对冷门的剑桥学院？"

孩子分析道：剑桥虽然有30多所学院，但临河的没有几所。剑桥的精华就在于这条剑河，所以必须在这几所学院中选择。

临河的国王学院、三一学院和圣约翰学院都是剑桥的顶级学院，很难考进。综合考虑，他选择了相对较弱但同样临河的王后学院。

英国与美国的报考方式很不相同，剑桥大学的诸多学院，只能报考其中一所。如果申请美国大学，一所大学可以填报一至三个学院。美国这种报考方式的缺点是优秀的学生可能占据了太多的名校名额，最后却只会选择一所。

剑桥有三十多所学院

第十六章

剑桥（下）

1

今天是周日，我们想做礼拜，急匆匆来到圣约翰学院礼拜堂。但礼拜堂鸦雀无声，没有人做礼拜。

估计为了避免游人的影响，改成了夜场吧。

前面说过，圣约翰学院也是由亨利七世的母亲博福德夫人在1511年创办的。

学院有超过150名的院士、580多名本科生和300多名硕博研究生。

圣约翰学院的建筑外表很美，墙面细部精致，连水管都做了修饰。

1831年的新庭院因其哥特风格的装饰而经常被称为"婚礼蛋糕"。钟楼上的钟面为空白，传说是在建造比赛中为了赶在三一学院之前完工，但更可能的原因是经费短缺。数年后，有能干的学生画了一个钟面，直到学院派人上去拨钟才意识到这是个玩笑。

新庭院后面的一片地原来是一个果园，后来在1921年被改建成洗澡房。这还引得当时一位院士发出这样的感慨："学生要洗澡干什么，在这儿一次只待8个星期而已！"

2

圣约翰学院外有圆形教堂（Round Church），是在1130年建造的，英国还有其他4座中世纪圆形教堂。这座圆形教堂形貌甚特别，它已没有宗教功能，只是一座文物古迹了。

我们往圣约翰的另一头走。

不久就是热闹的国王大道了。

1348年创立的冈维尔凯斯学院，今天不开放，霍金曾是学院的院士。这家学院位列剑桥大学诺贝尔奖获得者人数第二多（三一学院第一），但它非

St. John's College
圣约翰学院

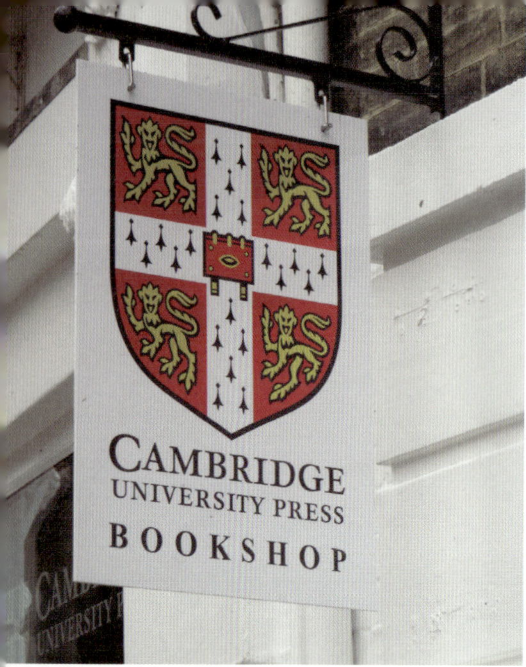
CAMBRIDGE
UNIVERSITY PRESS
BOOKSHOP

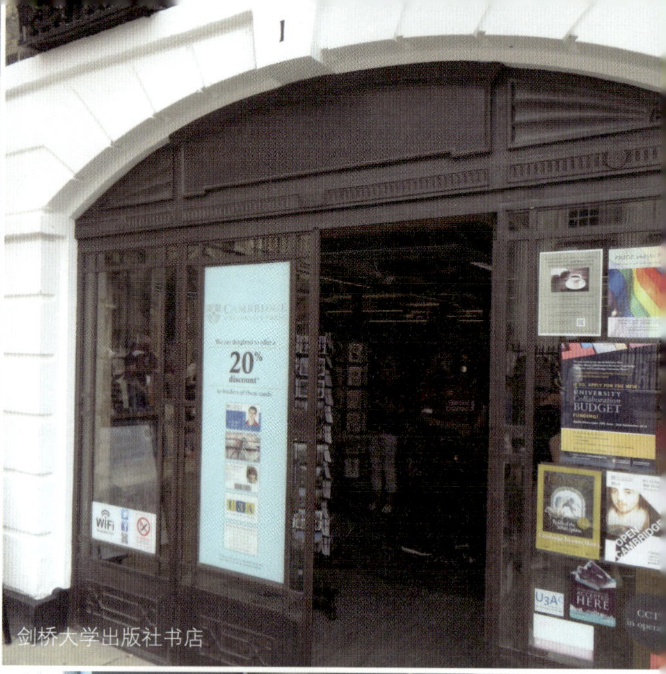
20%
discount

剑桥大学出版社书店

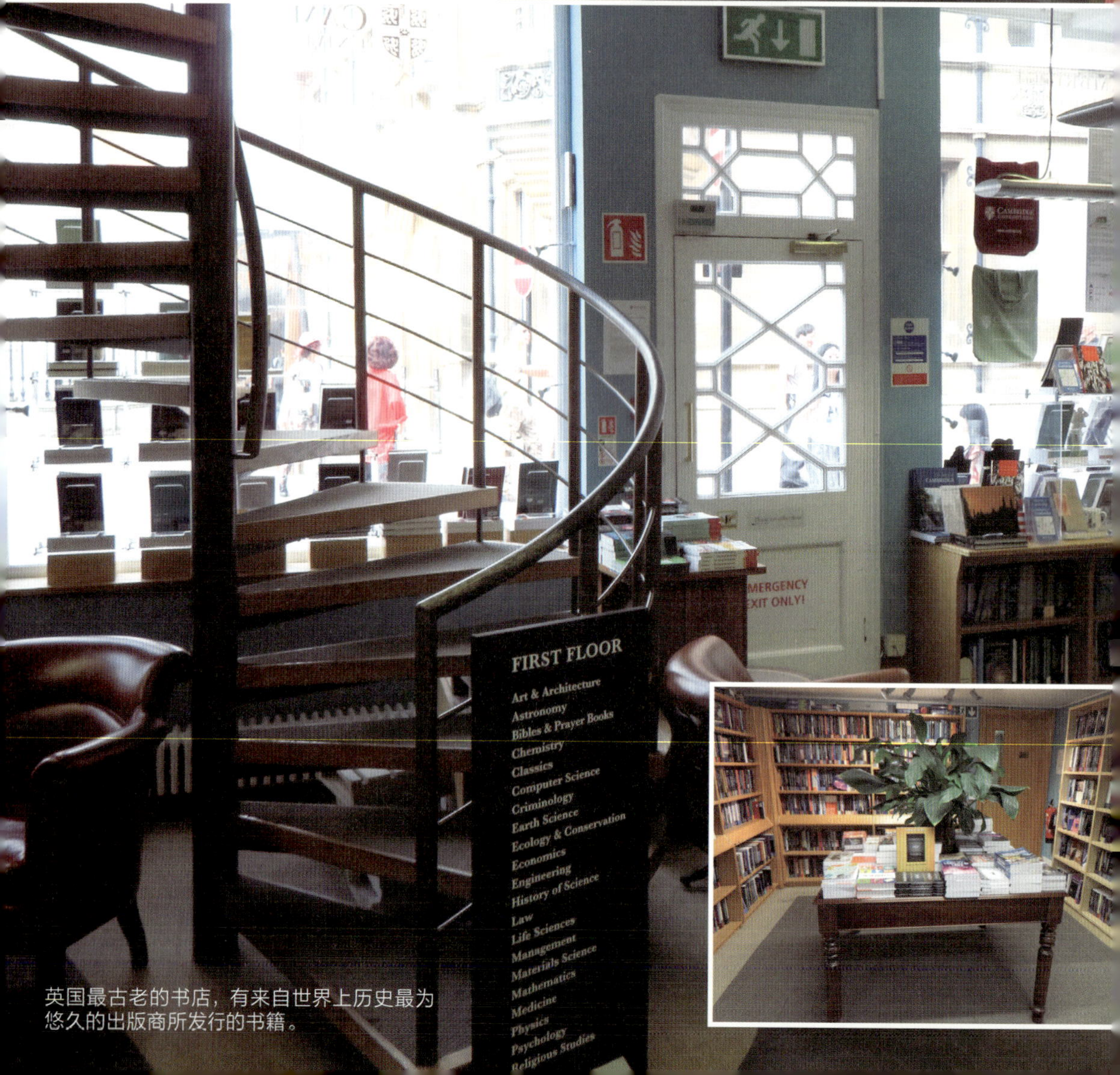
FIRST FLOOR
Art & Architecture
Astronomy
Bibles & Prayer Books
Chemistry
Classics
Computer Science
Criminology
Earth Science
Ecology & Conservation
Economics
Engineering
History of Science
Law
Life Sciences
Management
Materials Science
Mathematics
Medicine
Physics
Psychology
Religious Studies
MERGENCY
XIT ONLY!

英国最古老的书店，有来自世界上历史最为悠久的出版商所发行的书籍。

常谦逊，网站不愿列举著名毕业生，宣称"倘若过分关注'知名人物'，就可能忽略曾经而且继续让学院充满活力的众人"。

冈维尔凯斯学院对面是英国最古老的书店——剑桥大学出版社书店（Cambridge University Press Bookshop），这里至少从1581年起就开始出售图书。其陈列书籍的方式是保守的，不够活泼，但空间是舒适的，犹如置身于顾客自家窗明几净的书房里。

剑桥大学出版社的学术书籍作者名单中，有52位诺贝尔奖得主。剑桥大学出版社在历史上很优秀，但在1877年出版理事会拒绝了一项出版请求，后来这本书就变成了《牛津英语词典》，从而部分成就了剑桥大学出版社竞争对手的最终成功。

书店旁边是圣玛丽大教堂（Great St. Mary's Church），它是剑桥地理位置的中心，建于1478年，我们在这里做了中午礼拜。

1608年增建的钟塔有123级台阶，登上塔就能看到剑桥全貌。

我们俯瞰后，觉得剑桥的规模与美不及牛津；但剑桥的讨巧之处在于有几个大学院沿剑河而建，大开大合，而且靠得很近，让人感觉剑桥比牛津大气。

3

昨天黄昏我就觉得剑桥游客太多，今天中午感觉越发强烈了。中午到了国王学院（King's College），感受到多年未见的人流。

我忍不住说："他们来了。"

胡杨呵呵一乐，这让他想起一部僵尸电影，主人公也说"他们来了"。

还没进入国王学院礼拜堂，气势已经逼人。亨利六世在1441年创办了国王学院，目的是为了招收也是由他创办的另一所知名学府伊顿公学的学生。

1446年7月25日，他为礼拜堂奠定了奠基石。

1455年，约克公爵爱德华向亨利六世的王位继承权发起挑战，玫瑰战争爆发。1471年5月21日，亨利六世在伦敦塔被杀。

然后王位的更迭又经过了死于1483年的爱德华四世和爱德华五世、爱德华四世的弟弟理查三世、1485年杀死理查三世建立都铎王朝的亨利七世，一直到亨利八世去世的1547年，历经百年，国王学院礼拜堂终于大功告成。

《剑桥：大学与小镇800年》的作者柯瑞思认为，国王学院礼拜堂最显著之处可能在于其全国性影响，它是英国两百多年来最后一座大型宗教建筑，直到伦敦大火迫使圣保罗大教堂重建。国王学院礼拜堂建造前的几年内，也存在其他大型宗教建筑项目，最著名的是温莎圣乔治礼拜堂和西敏寺亨利七世礼拜堂。国王学院礼拜堂落成后（外墙于1512年完工），建筑焦点从宗教转移到世俗，部分是由于宗教骚乱，但也是由于天主教炼狱信念的淡化，倘若捐钱建造小教堂无法确保升入天堂，还不如纸醉金迷，把巨富挥霍在园林豪宅上。因此，沃尔西建造了汉普顿宫、法国弗朗索瓦一世建造了香波堡。从这个意义上讲，国王学院礼拜堂标志着一个时代的终结。

在整个建造期间，国王学院还换了八任院长，但这座礼拜堂最终形成了协调统一、令世人惊叹的建筑风格。扶垛、平拱、扇形穹顶天花板还有直线窗棂等，使国王学院礼拜堂成为哥特建筑的杰出典型。哥特建筑风格总体上分为前、中、后三段时期，国王学院礼拜堂所属的是最长的一段（约1350—1530年），也只有这段发源于英国。与欧洲国家形成的后哥特建筑风格迥异，英式哥特建筑的突出特色是宽大的窗户，部分是由于英国淡弱的光线与温吞的夏季。欧洲最优秀的彩绘玻璃师来自低地国家和英格兰，原因亦然。相比之下，欧洲南部的强烈阳光，肯定会减少透亮的非彩绘玻璃的使用。站在剑河岸边欣赏国王学院礼拜堂西端,坚实的力量、高耸的气势和华丽的彩绘,哥特式建筑的美感扑面而来。

确实,尽管我走过欧洲大陆许许多多的大教堂和礼拜堂,走进国王学院礼拜堂仍然有陌生的讶异感。我来来回回走了两遍,感受到了极为细腻的线条感,在如此庞大的空间里,能如此这般,真需要好好解析。

我很熟悉的是鲁本斯的祭坛画《贤士来朝》。这幅杰作是鲁本斯1634年为比利时修道院而作,1783年开始流失在外。1959年被人以当时创纪录的价格拍下,捐给了国王学院礼拜堂。

鲁本斯的画确实适合祭坛,在庞大的空间内,也只有他和提香等少数巨匠的大型画作才压得住。

我看了牛津剑桥的不少礼拜堂乃至教堂,国王学院礼拜堂可谓鹤立鸡群。

4

国王学院校友中我比较感兴趣的是经济学家凯恩斯与小说家福斯特,我对凯恩斯的投资思想有过比较系统的研究,写过专文。

至于福斯特,我曾在文章《文学青年的阅读往事》中写道:

福斯特的文学批评集《小说面面观》在1980年代的中国文学界有一定的影响力。他的作品类似于美国大作家亨利·詹姆斯,细腻委婉,只是比詹姆斯简约一些。我看过他的三部小说《天使不敢涉足的地方》《看得见风景的房间》和《印度之行》。导演们也特别偏爱福斯特的小说,他的几部小说改编的电影似乎都得了奖,大家一定看过奥斯卡获奖影片《霍华德庄园》,男主人公的表现极为上乘,虽然我没读过这部小说,却认为他符合福斯特风格。

电影《看得见风景的房间》也是部好片子,尤其是英国中产阶级小姐露西来到意大利的佛罗伦萨，嗅着城市中的空气，那种可爱劲儿，不比小说差。《印度之行》也有电影，但我觉得它无法表现小说迷离恍惚的情境。英国的穆尔夫人和阿德拉小姐来到了印度，一天由年轻的印度医生阿齐斯陪同游历当地胜景拉巴岩洞，在神秘色彩的岩洞里，阿德拉产生幻觉，认为阿齐斯企图调戏她。于是，原本对立不信任的两个民族和阶层间的悲剧产生了。

　　我对福斯特如何描绘岩洞的幻觉十分佩服，而电影的处理不得不简单化。后来我去了印度，才5月初，自己已被滚滚的热浪和诡秘离奇的景象弄迷糊了。我跑过很多地方，一般还是能吃得起苦的，但在印度，现实情况与我自己的

经验实在悬殊。我很好奇，英国人当年是如何适应印度的？从《印度之行》中可以看出，向来老谋深算、殖民经验丰富的英国人在印度也是疲于应付的，这是福斯特的高明之处。

我最近看了温蒂·莫法特《一段未被记录的历史：E.M. 福斯特的人生》一书，对福斯特认识更为深入。45 岁的福斯特在 1924 年出版了《印度之行》后，在接近 50 年的时光中，他再也没有创作过小说。直到福斯特生命要结束的时候，他才发表了隐藏近 60 年的同性恋小说《莫瑞斯》。

福斯特一直小心翼翼地隐瞒着自己的性倾向，这是有理由的。

第二次世界大战后的冷战加剧了大西洋两岸的英美对同性恋者的忠诚和爱国主义的担心，政府设立机构来收集证据、诱捕同性恋男子。在诱捕行动中，演员约翰·吉尔古德爵士在公厕被抓，当时他正处于伦敦戏剧事业的巅峰。国王学院的著名数学家艾伦·图灵也在这场诱捕中被抓，图灵对纳粹"恩尼格玛"（Enigma）密码机的破译为盟国赢得战争提供了极大的助力。为了避免 1895 年判奥斯卡·王尔德有罪的同一法律带来的牢狱之灾，图灵不得不接受注射女性荷尔蒙来"治愈"自己的同性恋欲望。几周后，图灵自杀了。

在福斯特 85 岁时，他回顾自己一生的努力："这个社会把同性恋当作犯罪，为此浪费了我很多时间，我真是很恼火。种种借口、自我意识本是可以避免的。"

5

对很多中国人来说，国王学院的徐志摩的《再别康桥》纪念石是必看的。昨天我们坐船游剑河时，船夫也提到这事。

在国王学院里，胡杨一直在与我探讨徐志摩。

King's College
国王学院

徐志摩的《再别康桥》纪念石

他问道：徐志摩在剑桥的时候是认真读书吗？他考过试吗？

我的回答是：徐志摩好像也没天天上课，他似乎在忙着探寻当地的名人。我记得年轻的时候读过他访谈英国美女作家的文章。至于考试没？天晓得。

胡杨又问：徐志摩为啥有名呢？

我回答：因为新文化与白话文运动，中国的文化与诗歌传统被割断了。擅长旧学和旧诗的人，没有用武之地了。这对有些懂外文和中国文字的徐志摩们非常有利。这种现象在20世纪80年代又出现过一次，当时文化彻底颠覆了很多年，我的上一代人头上又没有什么压力了，所以很容易成名。

真正在白话文诗歌上有所创造的是20世纪40年代的诗人。

直到今天，白话诗的创作仍然不够成熟。

徐志摩得了先机，但文学成就没有传说中那么高，我也没听说后来的优秀诗人承认是来自徐志摩诗歌的传承。

6

徐志摩纪念石是由国王学院的社会人类学院士艾伦·麦克法兰促成的。麦克法兰的《启蒙之所 智识之源：一位剑桥教授看剑桥》一书，多年前我就看过了，挺好。我下面摘录一些麦克法兰论剑桥的文字：

剑桥最有趣的特点之一是既变化又恒定。为了长达八百年的存续和繁荣，剑桥不得不规避两个极端。其一，假设剑桥向每一波新时尚和新压力让步，弄得瞬息万变，那么它早已面目全非，所有的历史遗踪也早已遁迹，它那独一无二的自我也早已不复存在。

建筑可为一例。如果每逢有新风格流行，立刻将古老建筑尽行拆除，我们今日就无缘欣赏八百年的精巧混搭——不会有国王学院礼拜堂，不会有三一学院雷恩图书馆，不会有参议厅，甚至不会有老卡文迪什实验室。再举一个比较抽象的例子：许多无形的价值观和风俗习惯也将无迹可寻——不会有学院制，不会有充满辩论精神的导师制，不会有行政体系中的权力制衡，那些无处不在的大小仪式也将消失。在剑桥历史上的无数个关头，这种事可以轻易发生。漫漫八百年，何事又不能发生！然而剑桥坚持认为，只要旧物还能使用，便应当继续保存："此物未坏，何须乱修！"——出于这种执念，剑桥终究保住了大部分传统。

其二，假设剑桥不具备变化能力，不能与时俱进，不能像竹子一样在风暴中屈伸自如，那也一样危险。它会和变化不息的本国大环境迅速失去联系。当英格兰演化为不列颠的时候，当封建农业社会演化为资本主义城市工业社会的时候，剑桥会独自搁浅，变成一堆反常的孤零零的废墟，或者变成一粒时间胶囊，除了展出狷介人物和古怪习俗以外，一无用处。

解决矛盾的诀窍是设计一种体系，它允许变化，但只是在考虑了结果之后，而且只是在一个无益的改革已经告退的舞台。为了存续下去，剑桥或任何其他机构都必须发明一种办法，选取那些明智而有益的改良，筛除那些破坏营养之根的革新计划。

剑桥犹如一棵渐渐老去却还在继续结实的苹果树。如果每百年将这棵树从根部锯倒，或者将它的主枝狂砍一顿，它要么只剩下一截残桩，要么彻底变作另一种东西。反过来，如果疏于打理，不常为它细心剪枝，不常激励它蓬勃生长，它将会枝叶散乱而果实稀少。

鲁本斯的祭坛画

国王学院礼拜堂

7

麦克法兰继续写道:

习惯是不成文的东西,他们比成文的东西更容易改变。任何希望小修小补的人都可以一口咬定"我们历来如此行事",如果恰好投合了听者的心理,微小的变化就会悄然发生。剑桥之能不息地变化、转向、成长、演变,这正是秘诀之一。但是表面看来,剑桥似乎除了恪守旧制以外并无动静。新来者以为他们遇到的行事方式一定是天长地久,孰料它有一天会突然消失。

从另一个角度看,习惯却也能阻止巨变和革命,防止改天换地。保持现状的最大理由是事情一贯如此,而结构性的巨变呢,不言而喻,一定是不符合习惯的新玩意——既然有悖习惯,自然难以贯彻。这好比一场浩大的游戏,人人都认为,规则的突变将导致不公平和不稳定,还可能彻底玩完。因此,如果生活真的像是一场板球或橄榄球游戏,你千万不要跑进场地乱改规则。

在实行成文法规的国家和组织,一个权威人物或权威机构便能改变成文大法,从而改变一切。而在习惯法地区,要想实现显著的变化,只能首先去逐步改变成千上万个不起眼的、未明言的惯例。一种缓缓演化和持续发展的走向就此形成,当然,这绝非出自"中央的"计划。实行刻板成文法的体系欲求发展,靠的是周期性地打破平静,相反,剑桥靠的是进化性的修正,也就是随机变化和有择保存。

确实,习惯体系必然产生"老房子老住户"的倾向。在盘根错节的习惯丛林里,"亟亟求变的毛头小子(或黄毛丫头)"是新来的住户,要苦熬多年才能接受大部分习惯。他们很难施展伤筋动骨的改革,仅能偶获小胜。20年后,当他们明白了当地习惯,学会了当地"语言",他们也会随波逐流,从体系中谋求牢固的既得利益，同时产生一种曾经沧海难为水的感觉：嗟，本人早已听过所有的求变之论，试过所有的未必高明之举！就这样，制度性的保守主义植入了体系。

然而，习惯又是一种解放元素，它将矛盾罩在同一张面具之下，使多元的世界成为可能。不同的习惯可以互相冲突、南辕北辙、步调不一，但是照样运行无碍。例如，剑桥有一种只允许院士踩踏草坪的习惯，但在举办儿童节或五月舞会的日子里，人人又都可以踩踏（牛津大学新学院对宠物有些规定，但是据说，有一只本当遭禁的狗却被定义为一只允许入内的猫，皆因大家喜欢其主人的缘故）。

托克维尔对英格兰法律的总体论述同样适用于剑桥大学："它可以比作一棵老树的主干，历代律师不断往上面嫁接千奇百怪的嫩枝，并暗自希望，在嫁接了新枝的尊贵古树上，哪怕新结的果实不一样，至少新叶能与旧叶相配。"

8

麦克法兰认为：

论古典美，唯一能与牛津剑桥匹敌的是京都。这座日本名城也有一条"哲人之路"，沿着一道溪流，蜿蜒穿行于神社和寺庙之间。从某种意义上，可以说整个剑桥就是一条"哲人之路"。剑桥是蕞尔小城，只要经由那几条拥挤的交通干道到达市中心，师生们便能在十分钟以内步行到任何地方；如果从熟悉的路线和庭院抄近路，还能徒步到达百分之九十的学院和大部分场所，途中只需花一两分钟应付大路上繁忙的车辆。我在剑桥的最初几年间，常常趿着卧室的拖鞋，从国王学院左近的寓所走到院内的工作室，并不觉得自己太刺目。

一个人吃什么、怎样吃、和谁在一起吃，这在任何社会都是重要的阶级标志，而由于多种原因，这在剑桥尤其重要。

餐厅是诸学院最大最美的建筑，甚至能与诸学院的礼拜堂并驾齐驱。如果说洁净近乎神性，那么我们也可以说吃喝近乎虔诚。一座学院餐厅有点像一座中国宗祠，墙上挂满"祖宗"的肖像。餐厅里的仪式和社交不仅表现了一种共同体氛围，也为剑桥师生创造了这种特殊氛围。

英格兰人或许不是厨艺大师，却一定是饕餮之徒。早在八百年前剑桥大学草创时代，英格兰的农业已经实现非凡的丰饶和多产，因此与邻国相比，大多数英格兰人的肠胃也已实现非凡的饱足。迟至19世纪下半叶，世界各地大批民众的口粮还只是勉强维生，且以粗粮和蔬菜为主。英格兰却不然，这里盛产小麦和可酿啤酒的大麦，又有广阔的牧野为人们提供精美的猪牛羊肉和其他肉食。而且英格兰周边环海，河流众多，能出产各种各样的鱼类。此外，这里的奶业也很发达，黄油和奶酪产品用之不竭。

13世纪剑桥师生享用的食材已经质高一筹，18世纪又再上层楼。剑桥的两个邻郡——萨福克和诺福克，当时掀起了人类历史上极其重要的一场农业革命，在此进程中，东英吉利的开阔农田种上了新的豆科作物和芜菁类根块作物。新法的采用让沃土得到了休息和复元，也让厩养牲畜有了过冬的饲料；牲畜的兴旺又为剑桥的餐桌提供了更丰美的肉食和奶制品，也为农田提供了更充足的粪肥。良性循环就此形成。

18世纪，剑桥诸学院的餐桌上不单摆满了来自东英吉利农田的本地产品，而且，由于剑桥已是一个冠盖欧洲的商品流通系统的枢纽，所以苏格兰的牛肉、威尔士和康沃尔的奶酪、法国和意大利的葡萄酒也一样琳琅满目。此前在中世纪，欧洲各地涌现了大量集市，主要分布在德国、法国和西班牙，但是到了17世纪下半叶，剑桥东北部边陲的斯陶尔布里奇却跃身成为全欧最大的集市。这不仅应当归功于英格兰的长治久安，更要归功于那条贯通大海、乌斯河和剑河的畅达水路。

9

我们从国王学院出来，饥肠辘辘，竟然看见对过有一幅"面"字广告，走进巷子的地下室才知道是家亚洲面店，吃了，味道正常。

昨晚在圣约翰学院对面看到一家名为"港式小厨"的饭店，还有香港名人照片，以为能吃到港味了。没想到一尝，味道实在太差，老板娘的态度也很不好。我把这事发在微信朋友圈上，老友应健中也说："那家店前年去过，

艾伦·麦克法兰

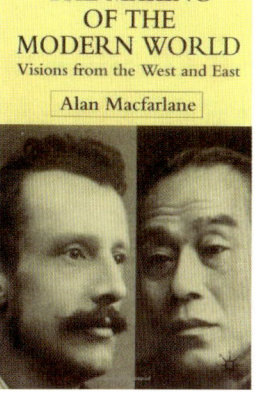

艾伦·麦克法兰的作品

难吃又贵，专门宰中国人的。"

下午接连去了国王学院附近的三个著名学院：克莱尔学院（Clare College）、三一学堂（Trinity Hall）和三一学院，全部关闭。

克莱尔学院是剑桥31个学院中第二古老的学院，1326年创立时叫大学堂，1338年重建为克莱尔堂，1856年变成了克莱尔学院。

《剑桥大学人文建筑之旅》书中写道，三一学堂位于克莱尔学院正北，传统上以法律研习见长，而且以其厨房膳食品质美名远扬。它与三一学院区别很大，后者比它晚成立200年左右。但是三一学院的存在使它无法跟随19世纪的潮流——将名字从"堂"改为"学院"。在剑桥的老学院中，它是唯一仍被称作"堂"的。

三一学院是剑桥大学所有学院中规模最大和最富有的。根据《剑桥：大学与小镇800年》一书介绍，三一学院年度总收入接近3000万英镑，总资产则接近8亿英镑。财富约为三一学院四分之一的圣约翰学院位居剑桥财富榜第二，与牛津大学最富有的学院相匹敌。剑桥大学家底最薄的学院是1896年靠诺福克公爵的资金创办的圣埃德蒙研究生院。

剑桥大学通过学院基金对财富不均状态进行调整。目前，三一学院每年向该基金捐款近200万英镑，以便让金钱流入不太富有的学院。根据财富多少，即非经营性资产的价值，学院共分为三大组，第一组富有者向基金捐款最多，包括三一学院、圣约翰学院、伊曼纽尔学院、国王学院、冈维尔凯斯学院、耶稣学院和彼得学院；中间组捐款不多，包括克莱尔学院、基督学院、唐宁学院、莫德林学院、王后学院和三一学堂等；贫穷的第三组是纯受益者，有10个学院。

贫富差距也源于学院理财能力的强弱。20世纪初集装箱码头尚未问世时，三一学院购买了费利克斯托附近4000英亩（约1600万平方米）的土地，或许是出于嫉妒，有财务官谣传三一学院的这项手笔纯粹是为了在那儿钓鱼，但无论怎么说，这块地绝对是在集装箱码头远未问世前购买的。20世纪50代中期，圣约翰学院、国王学院和三一学院的财富实力不相上下，然而21世纪早期，三一学院的财富已跃居另两者的4倍，重要原因就是前面说的学院购买的后来成为费利克斯托港口的土地。

曾担任国王学院财务官的凯恩斯确实让该院赚了大钱，但后继无人。

在校友募捐方面，剑桥牛津也不如美国常春藤大学，整体来看，美国顶级大学从毕业生那里筹款的能力比牛津剑桥强7倍。

10

我们问三一学院的保安，今天学校为什么要关闭呢？

没想到保安傲慢地说："关了就关了，无须理由。"

我怀疑他不是英国人，至少不是剑桥人。因为我觉得这么有文化的小镇的人，应该都是有素养的。

我们前天在牛津的耶稣学院花园里遇到一名花匠，他在这里已经工作了30年，感情很质朴，他指着新建的图书馆，说他花了很长时间才适应这么现代的建筑。花匠还告诉我们，他们的工作不是对外公开招聘的，而是由熟人介绍的。在这种小镇，人情还是很重要的。

我们今天在停车场付费，自动收费机不接受50英镑，我们只能刷卡。

这时，从肮脏黑暗的一个角落里跳出了一个流浪汉，手里拿着一本厚厚的书。

他以为我们不会使用付费机器，耐心地告诉我们如何将纸币插入。

剑桥玫瑰新月街集市
Rose Crescent Market

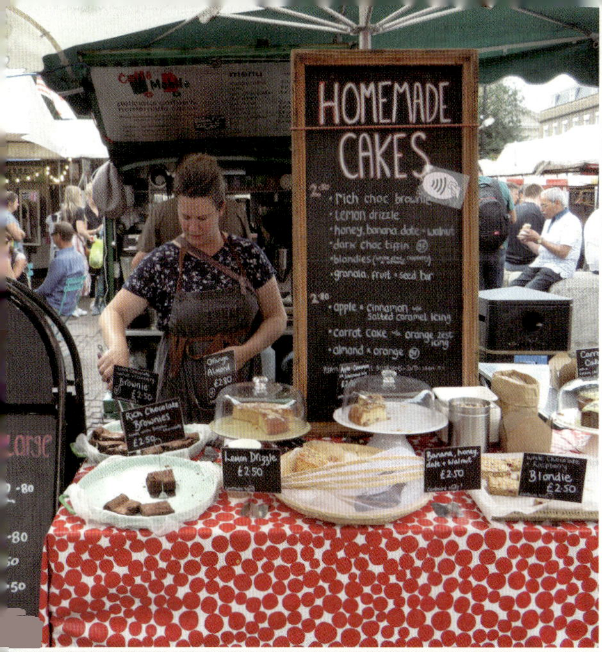
HOMEMADE
CAKES
Rich choc brownie
Lemon drizzle
Lemon Drizzle £2.50
Blondie £2.50

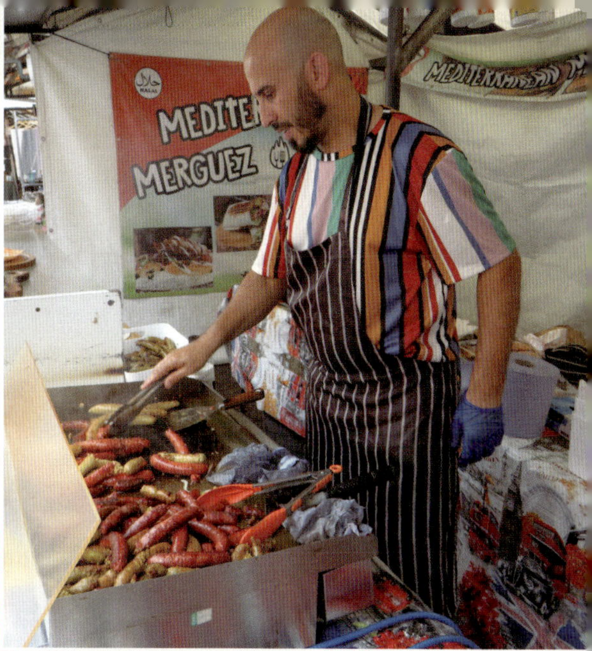
MEDITER
MERGUEZ

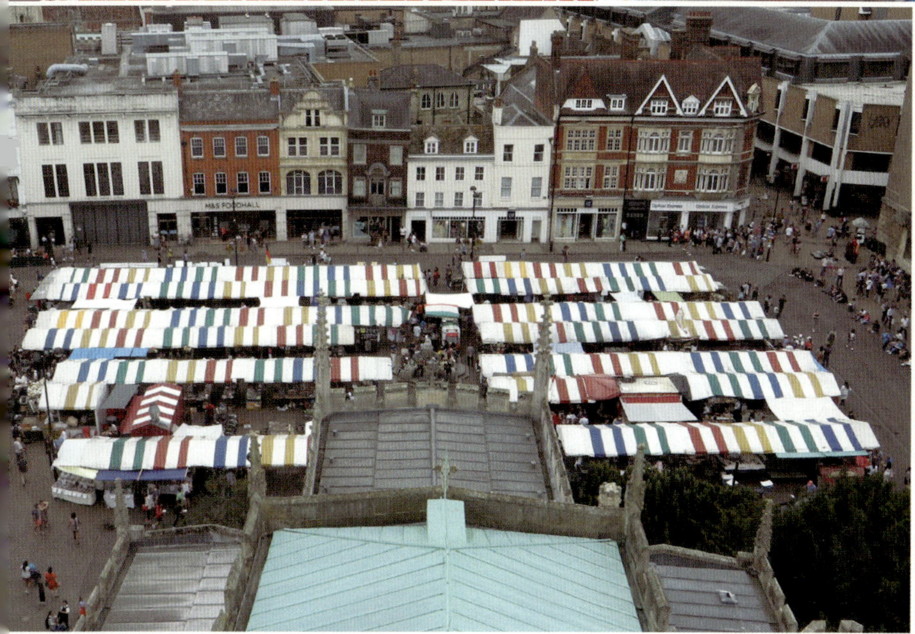

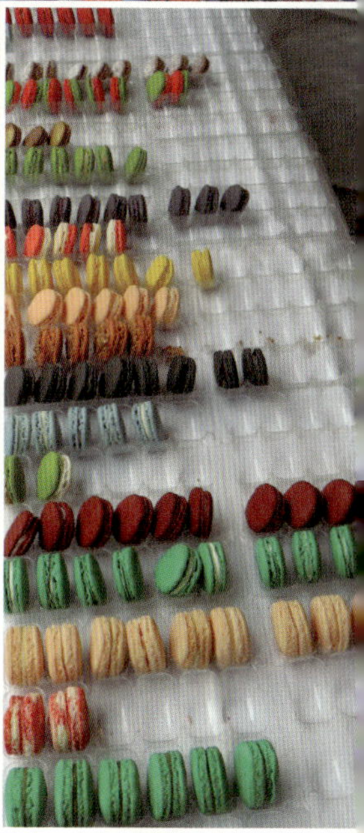

SUMOL
PINEAPPLE

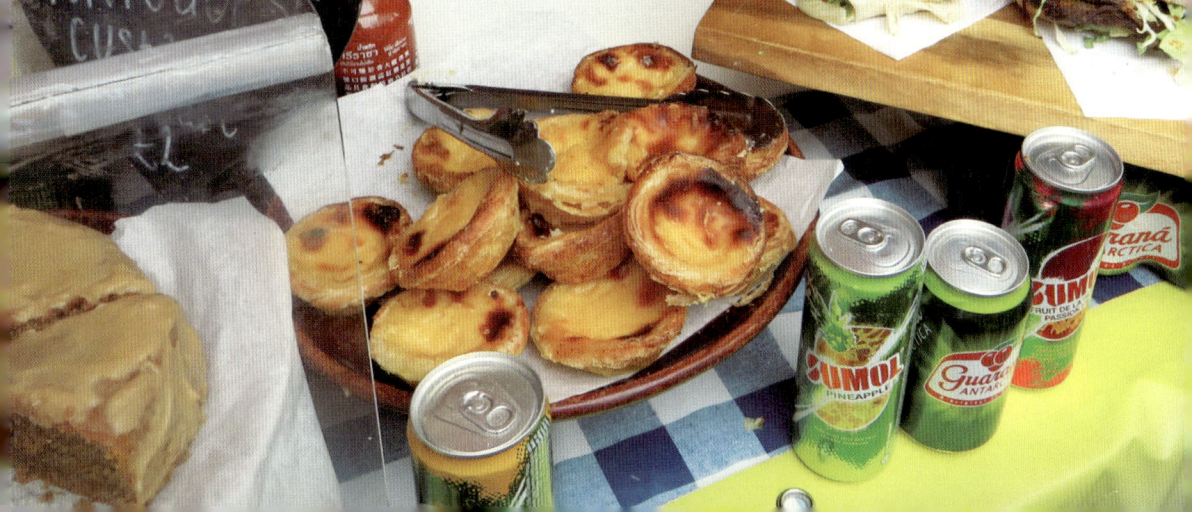

当知道是机器不接受50英镑时,他马上说不好意思,又坐回去看书了。我们转身去开车时,他又很礼貌地祝福我们。

11

今天是周日,圣玛丽大教堂后面的玫瑰新月街有集市开放。

据《欢迎光临剑桥》介绍,玫瑰新月街以玫瑰客栈命名。17世纪中期,作家佩皮斯曾在这家客栈住宿。一千多年前这里便有了集市,在中世纪的市镇与大学冲突中,从各个学院洗劫出来的书籍在这里被焚烧。这里还曾经是公开示众的地方!在1849年的剑桥"大火灾"之后,重新修整了集市。人们特别偏爱到此购买食物、衣着和礼物。

我逛世界各地集市,大部分时间和注意力不在货物和食品上,而是那些小贩,我觉得他们很生活化很生动。但他们不愿意我拍其神态,我只能偷拍。

然后我们漫步剑桥街道。

绿街,当年这里发生大瘟疫,不得不封闭街道,导致杂草丛生。现在走在鹅卵石的街道上,有思古之幽情。

三一巷,据说这里的三一学院堡垒般的木门成为大学和市镇的分界线,凸显出享有特权的学府与贫穷卑微的市民截然不同的生活方式。

这时有个中国男人跑过来,劈头盖脸地问:"那棵苹果树在哪里?"

牛津与剑桥都有三一学院。传说中那棵启发牛顿发现万有引力定律的苹果树的后代在剑桥三一学院草坪上,但今天进不去。

12

在剑桥市区街头反复走,不久我们就熟悉了。看到几家不错的小书店,可惜都关门了。

我这次在英国，一直对二手书店很感兴趣。回到上海，正好看到了最新出版的《书店日记》，作者肖恩·白塞尔（Shaun Bythell），他在苏格兰小镇威格敦经营了 15 年书店，如今它成为苏格兰最大的二手书店。

我一直渴望有一家自己的书店，可看完《书店日记》后，觉得自己不必开了，因为我 17 年来做的事情，与他很相似。

白塞尔每天遇到的形形色色的顾客，与进入我的微书店和志雄走读微信群的不少客户多少有些相似，这也是最让我们哭笑不得的。英国著名作家奥威尔在《书店回忆》中描述的场景，是我们很多年以后才明白的：别以为二手书商的世界是一曲田园牧歌——炉火烧得很旺，你坐在扶手椅上，搁起穿着拖鞋的脚，一边抽烟斗一边读吉本的《罗马帝国衰亡史》，与此同时，络绎不绝往来的客人个个谈吐非凡，在掏出大把钞票买单前还要同你来一段充满智慧的交谈。事实情况简直可以说完全是另一个样子。最贴切的评论或许还要数奥威尔那句"上门来的许多人不管跑到哪里都是讨人厌的那一类，只不过书店给了他们特别的机会表现"。

真正的爱书人少之又少，不过自认为爱书的人却有许多许多。后一种人很好辨认——他们常常一走进书店就自我介绍说是"读书人"，还要向你强调"我们热爱书籍"。他们穿的 T 恤或者拎的袋子上印着的正是表明他们觉得自己有多爱书的标语，不过要识别这种人最万无一失的办法也很简单：他们从来不买书。

一个顾客打来电话说他从白塞尔的书店买的一本书是某"三部曲"中的第一部，连运费他花了 7.2 磅。书他很喜欢，现在他想买第二部，但书店里的第二部是网上在售的唯一一本，标价 200 镑。他不打算按这个价格付钱，他想花跟第一部一样的钱买到第二部。白塞尔只好认真跟他解释书店里的这本第二部是网上在售的唯一一本,所以比第一部珍稀很多,要买就得200镑。顾客对白塞尔说他"感到恶心",随后挂了电话。

13

白塞尔收购图书遇到的人和事也很有趣。

一位顾客抱着4箱书来到店里:"这些书准对你胃口,都是畅销货。"白塞尔挑了几本,说可以付给他5镑。他大惊失色,说他宁可把书给慈善商店,那边的人——他满怀信心地向我断言——"懂得欣赏品质"。

出版业中的现象级畅销书到了二手书行业里似乎无法复制其辉煌。肯为畅销书这一概念买单的人总是会买最当红的新书,而不太会去买已经退潮的旧作。可能也因为丹·布朗和汤姆·克兰西的书在全世界的发行不计其数,对于书商和收藏家而言,它们永远不会成为身价倍增的稀缺品,因此新书市场上的畅销书恰恰是旧书市场上的滞销书。

有对小两口抱着两箱书等在柜台前,都是品相完好的现代小说。他俩刚结婚,要搬进两人的第一套公寓了,说好各自把藏书减半。这做法真是老派得可爱啊。白塞尔给了他们45镑书款。

一个看上去年近80的老太太拿着一袋子书来卖,都是20世纪60年代的写真画册。白塞尔翻看了一两本,觉得挺有价值,便给了她50镑。离开前她拿起其中一本,说:"看你能不能认出里面哪个模特是我。"

白塞尔以前买到过一本《智慧七柱》,书里夹了超过一百封致一位寡妇的吊唁信,其中有许多来自从未与她谋面的人,不过他们的人生曾受过她先夫的影响。"这些物事总能激起我的好奇心,我很难不去遐想这些寄信人和收信人究竟是谁。"

14

白塞尔引述的《星期日泰晤士报》的有关英国书业的分析同样适用中国书业：

一方面，亚马逊看似惠及了消费者，但另一方面，却有许多不为外界所知的人因为它给卖家带来的严酷环境蒙受损失——过去十年里，作家眼见着自己的收入直线下降，出版商亦是如此，这么一来，他们不再有勇气冒险力推无名作者，而现在经纪人也不复存在了。即便还没有到通过削价来打压竞争对手的地步，亚马逊似乎也将重点放在了匹配敌我价格上，乃至在某些销售里，你简直没法看出如何才能有利可图。随之而来的经济压力不仅落到了独立书店头上，也令出版商和作者陷入困难，而最终受损害的是创造力。悲惨的真相就是：除非作者和出版商联合起来坚决抵制亚马逊，不然图书产业将面临荒芜。

15

我们在剑桥市中心边缘的烧腊茶餐厅晚餐。这里有三家中餐厅，我们毫不犹豫地选择了这家港式酒家。

这家店快有十个年头了，服务公道，价格实惠。一般中餐厅没必要给小费，但我们还是给了。

这家店的烧味鸭子可以与香港的比拟。

胡杨认为，好的烧味鸭子，第一，皮要酥脆；第二，肉要松软。这家店

符合这个标准。

然后胡杨又开始发挥自己的喜剧天性了。他认为这是因为食材好，这里的野鸭子多啊，老板肯定每天晚上到野地抓个三五只，那可是走地鸭啊。

茶餐厅对面的教堂也在做晚祷。我一路上感觉，英国人要比欧洲大陆其他国家，尤其是新教国家，信仰虔诚得多。

16

34天的苏格兰和英格兰旅程结束了。我们从剑桥到伦敦希思罗机场。

胡杨去还车。

我们租的车是全新的。一个月来，行驶了5000多公里，车难免有些磕磕绊绊。胡杨担心租车行会挑我们毛病，罚我们的款。

胡杨回来了。我马上问："租车行没找你麻烦吧？"

胡杨说："验车的人看见我们车屁股后面的威尔士、苏格兰和英格兰旗的贴纸，乐了，再也不仔细查看我们的车了。"

哈哈哈。

我们刚到苏格兰，不习惯当地人彪悍的超车。胡杨说在深圳从没人能超他车，很伤自尊，认为是车屁股后面的租车行标志造成的，当地人因此欺负我们外地人。

胡杨到了苏格兰斯凯岛，就用英格兰、苏格兰和威尔士的旗帜贴纸遮盖车屁股上的租车公司标志，希望超车的当地人高抬贵手，把我们看成是一伙的。

没想到人家照样超车。

我们只能认为是北爱尔兰人超的车。

胡杨见我这两天终于感冒咳嗽了，得意地说："嘿嘿，我没事啊，就是因为我喝威士忌啊。"

他一本正经地解释：威士忌在古时候被传教士用来防止瘟疫和各种流感，所以又被称作"神仙之水"。

现代科学分析，威士忌内含奎宁等多种成分。

胡杨说，估计是威士忌长期与橡木桶接触的结果。

一路上，胡杨一直宣传威士忌的好处。

他说威士忌是苏格兰之魂。

胡杨今天总结，说我这一个月来喝了30瓶红酒和半瓶威士忌，而他喝了两瓶威士忌。

我其实喝了一瓶半威士忌。

胡杨喝酒是喝着玩的，他喜欢闻酒，说威士忌有十几种味道。

胡杨经常身处各种乡村环境中，说自己熟悉各种乡土气息。

希思罗机场

他属狗。

我认识一位属狗的朋友，也对气味极为敏感。

有时胡杨喜欢在我们喝的当地清水中，滴一两滴威士忌，说是既消毒又让水有香味。

滑稽的是，他将一个威士忌空瓶灌上茶水，每天在车上喝。

我一直期待他有一天堂而皇之地边驾车边喝威士忌，然后被警察看到，那个效果会怎样？

可惜，我们只看到英格兰警察在抄牌或者发生了什么交通事故才出现。

苏格兰更绝，那两周我们只见到一个警察。

17

一个多月前，我们到达英国的第一天，就是在希思罗机场的一个登机口旁买了两杯饮料，然后转机去苏格兰格拉斯哥。

现在还历历在目。

我似乎又要走过去，搭乘飞机，再飞一次格拉斯哥。

坐在休息室，等待几个小时后起飞的飞机，人总算松弛下来了。一个月来，只要有空，我就是在微信朋友圈里写啊写，尽一切可能把记忆留存下来。晚上有时写到凌晨3点，最后总是以语无伦次结束。第二天早上接着写，但早上要出去游玩，经常来不及。

2018年夏天在瑞士，我还可以坐在火车上写。

这次英国自驾，在汽车上，太不平稳，没法动笔。

但每天的细节与感受，如果不记录下来，就随风而逝。等到了上海再追忆，此情此景早已干枯。

尾声

1

回到上海，继续阅读英国《乡村生活》周刊，2019 年 5 月 22 日一期的《棚屋：给人生一点光亮》（Shed Some Light），说的是英国花园棚屋：

一张帆布躺椅，一把小铲子，一袋发霉的种子，轮式烧烤架，斑斑白漆痕迹的收音机，自行车内胎，一只装狗狗的篮子，一罐除漆剂，一个装满钉子的饼干盒，哦对了，或许当中还坐着一个人。

这是因为棚屋里的东西是一种不断增加与变化着的有机体，它是一种情不自禁的、已然逝去的各种情感的纠葛：良好的动机（如一辆健身自行车），对某事的执念（如绿篱修剪机），怀旧之情（如装着票根、《威斯登板球年鉴》与铁路模型等旧物的鞋盒），还有真挚的友谊（如一盘西洋双陆棋外加两个污迹斑斑的威士忌酒杯）。

英国人与棚屋的关系具有两面性。从表面上看，这是一个热情洋溢的地方，但也只不过是一处坚固的、能够遮风避雨的贮藏库。事实是，对于花园棚屋里的物件来说，几乎每件都可以同样轻松地放在车库甚至是闲置的卧室里。但男人们（几乎总是男人）对园艺一窍不通，同时也没有丝毫的热情，却依然强烈渴望能拥有一座自己的花园棚屋。

这是为什么呢？因为它不仅是储存园艺工具的地方，同时还是一个可以让我们保守秘密、细数过往怨恨、放飞希望的梦想，甚至是可以偶尔放纵欲望的地方。

花园棚屋所散发出来的一种独特气息——泥土、油、飞蛾、霉菌与潮湿，似乎带有一种令人舒缓且难以表达的惆怅之感。话虽如此，这并不会给你的睡眠带来什么帮助。

花园棚屋可以是家中一半男性成员闲坐、喝酒、发泄不满情绪的地方，英国著名广播剧作家彼得·泰尼斯伍德曾在一篇小说中写道：

"然而，等他们来到自家小块园地上搭建着的棚屋时，雨又下起来了。落在屋顶上，发出咚咚的声响，敲打着窗户，不断传出噼啪作响的音符，就连洒在阳台遮檐下花盆叶子上的声音都是如此的清脆悦耳。

"布兰登先生用铰刀末端相对较钝的部分开了一瓶淡啤酒。

"莫特叔叔把啤酒倒进一磅重的土灰色果酱罐里，卡特·布兰登打开小瓶的白兰地酒并递给大家。

"他们慢悠悠地喝着，心满意足。"

棚屋不仅仅是厌世者存放旧粗革拷花皮鞋和酒瓶的地方，它还具有典型的英国特色。安静、不张扬又带有一丝哀伤。即使在最悲伤的时候，它仍然能够给人们带来情感上的共鸣、真挚的友谊和内心的宁静。

2

同期的《对蜜蜂的热爱》（Giving a Buzz About Bees）：

英国养蜂人协会的会员数量在过去的30年就翻了一番，高达26000人。
英国女王在白金汉宫养蜂的历史可谓由来已久，威尔士亲王也紧随其脚步,开始在格洛斯特郡的海格洛夫养蜂。康沃尔公爵夫人则在私人花园饲养蜜蜂,并将蜂蜜卖给慈善机构。萨塞克斯公爵夫人也很喜欢蜜蜂——她从皇家花园与绿地里选择了那些由蜜蜂授粉的鲜花来装扮自己的婚礼。

好莱坞名流也同样热爱蜜蜂。2014年,演员、导演摩根·弗里曼眼见蜜蜂数量急剧减少,于是从自己位于密西西比州占地124英亩(约50万平方米)的牧场中划出一部分充当蜜蜂保护区。他一开始就搭建了26个蜂箱,很快就感到自己与蜜蜂"融为一体"了,在接下来的日子里,摩根·弗里曼又种下了玉兰树、薰衣草以及三叶草,以供蜜蜂采食花蜜。

"它们来自阿肯色州,需要一段时间来适应新的环境,所以在它们能够找到新的食物来源之前,我必须定期给它们提供所需的糖与水。"摩根·弗里曼解释道,"在喂蜜蜂的时候,我并不需要穿防护服,因为我已经和它们产生了共鸣,所以并不会被蜇。"

演员塞缪尔·杰克逊曾选择将蜂巢作为结婚礼物送给女演员斯嘉丽·约翰逊,自那以后,斯嘉丽也开始养起了蜜蜂。帕特里克·斯图尔特爵士最近透露,自己在家中已习惯了那种群"蜂"缭绕的感觉,他曾在推特上这样写道:"在我小时候,就一直期待能养蜂蜜,现在我的愿望终于实现了,所以请称呼我蜜蜂·斯图尔特吧。"

"快乐星期一"(Happy Mondays)乐队的摇滚歌手贝茨讲述过检查蜂箱的一小段插曲:有一次,他忘记把裤子的拉链给拉上了,正好养蜂外衣也没有把那里遮住,于是裤子里钻进了大约100只蜜蜂,当时身上被蜇了个遍。

不过,"疯狂"(Madness)乐队的萨格斯和妻子也曾试着养过蜜蜂,但最后都养死了。

3

2019年6月12日《乡村生活》周刊。

《乡村老鼠》栏目的《风调雨顺》（As Right as Rain）：

号称酷热难耐的6月却迎来了飓风"迈克尔"，伴随着风暴的到来，大量雨水倾泻而下，席卷全境，国内一下子被雨水浸透。或许人们对1英寸（2.54厘米）降雨量的概念并没有一个直观的概念，这么说吧，1英亩（约4000平方米）土地上雨水量相当于27154加仑（约10.2万升），重达113吨。这样我们就能理解为什么会有洪涝灾害发生了——因为水量是随着地方面积的增大而成倍增长的。对地表径流进行正确的管理是至关重要的，特别是夏季暴雨频发，更容易导致降雨量激增。另一方面，我们也需要在降水流入大海前，对其实行充分的利用。

然而，雨水也并非总是坏事。每年这个时候，园丁们都希望能降一些雨，但不要太多，而农场主则希望能下得再多一点。我认识当地一位农场主，他一边坐在酒馆里望着窗外，一边对其他人说道，这就像看着天空飘下来一张张5英镑的纸币一般，他甚至请旁边所有人喝酒。

雨水一直以来都是英国不可分割的一部分。在许多外国人看来，雨水和烤牛肉与皇家家族一样，颇具英伦范儿。从英格兰大湖区到奔宁山脉，如果没有雨水的滋润，我们的乡村就不可能如此美丽富饶。雨水把我们的家园雕琢成一幅幅犹如出自大师手笔般的画作。如果有一天我们要带伞出门，请不要感到不满。

《城镇老鼠》栏目的《独自在家》（Home Alone）：

上周，飞机引擎像大黄蜂一样咆哮着，我跟着声音跑到窗前，正好看到载着特朗普的直升机从屋顶飞过，前往白金汉宫。这也是我距离国事访问最近的一次。

在特朗普总统抵达伦敦之际，我的其中一个孩子正在前往多塞特郡的路上。根据他们行前大费周章的准备来看，这次旅途可能会比较漫长，恐怕不仅仅在海边待上几天而已，光是打包就花费了周末大部分时间，房间里可以说是一片混乱。

后来，我在家收到了孩子们已安全抵达活动中心的短信，随后便没有更多的消息了。我心想，没有消息就是好消息。

由于少了几个家庭成员，房间里异常安静。当被问到身边没有别的兄弟姐妹是一种什么感觉的时候，留下的其中一个孩子说道："没有别的事情让我分心，也不会遭到别人取笑，我很开心。"不过接下来，孩子们又抱怨说他们非常想念自己的兄弟姐妹。听到他们这样说，我非常感动，但他们接下来所说的话却让我大跌眼镜——孩子们说他们不开心的主要原因是他们被单独留下来了，所以没有可以恶作剧或戏弄的对象。

4

同期《乡村生活》的《痛苦与求助》栏目：

《悲欢离合》（Home and Away）

读者求助：

我们想卖掉度假别墅，但是又不想张扬，主要是不想让亲戚们知道我们真实的经济状况。现在问题是，过去我们一家都很慷慨，现在有人问我们能否借度假别墅一用，请问我怎样才能在不尴尬的情况下说出实情呢？

栏目解答：

度假别墅本来就只是用来娱乐的地方，其存在的目的并非攀比，你过去的慷慨并不会让现在的你感到尴尬。

告诉大家你要卖掉度假别墅是出于自己实际的经济状况，你再也不用心疼机票钱，也不用再因为当地人无力承担房价而感到愧疚了（意思是：因为你不会再去那里了）。不管怎么说，不主动提供帮助反而伸手向别人要东西的人，根本就不是真正的朋友，你也无须要求他们会对你有多好。如果你怀念度假时所能享受到的阳光，那就去报名参加在马拉维的志愿者工作吧（意思是：马拉维在南非，阳光很充裕）。

参考书目

1.[日]村上理子：《图说英国管家》，曹逸冰译，天津人民出版社，2018年版。

2.[英]维多利亚·贺胥黎、杰弗里·史密斯：《英国的世界遗产：带你游遍英国26个世界遗产地》，李畅译，安徽人民出版社，2012年版。

3.[英]保罗·约翰逊：《新艺术的故事》（全三册），黄中宪译，中信出版社，2019年版。

4.[英]西蒙·詹金斯：《英格兰简史：从公元410年到21世纪的帝国兴衰》，钱峰译，化学工业出版社，2017年版。

5.[英]克莱尔·高格蒂：《英国小镇秘境之旅：90个英国小镇的前世今生》，任艳、丁立群译，华中科技大学出版社，2019年版。

6.[英]索菲·柯林斯：《奥斯丁传》，宋悦玮译，江西美术出版社，2018年版。

7.[英]西蒙·沙玛：《英国史I：在世界的边缘 3000BC—AD1603》，彭灵译，中信出版社，2018年版。

8.[英]西蒙·沙玛：《英国史II：不列颠的战争 1603—1776》，彭灵译，中信出版社，2018年版。

9.中国地图出版社编：《英国地图册》，中国地图出版社，2007年版。

10.[英]安妮·布伦：《牛津》，（英国）匹特金出版公司，2014年版。

11. [英]安妮·布伦：《巴斯》，（英国）匹特金出版公司，2018年版。

12. [英]安妮·布伦：《剑桥》，（英国）匹特金出版公司，2014年版。

13. 陈志华：《外国造园艺术》，河南科学技术出版社，2014年版。

14. 英国DK出版社：《莎士比亚百科》，徐嘉、鲍忠明、于军琴译，电子工业出版社，2016年版。

15. [英]詹姆斯·本特利：《英国最美乡村：接近无限温暖的旅行，去英国最英国处》，宋娟娟译，广东旅游出版社，2014年版。

16. [英]爱德华·韦克林：《爱丽丝梦游仙境的创造者：刘易斯·卡罗尔传》，许诺青译，黑龙江教育出版社，2016年版。

17. [英]莎士比亚故居信托编：《莎士比亚工作、生活和时代》（官方指南），（英国）Jigsaw Design and Publishing，2018年版。

18. [英]劳伦斯·詹姆斯：《中产阶级史》，李春玲、杨典译，中国社会科学出版社，2015年版。

19. [英]特雷弗·约克编：《英式乡村建筑艺术》，潘艳梅译，华中科技大学出版社，2018年版。

20. [英]阿萨·布里格斯：《英国社会史》，陈叔平、陈小惠、刘幼勤、周俊文译，商务印书馆，2015年版。

21. [英]尼尔·麦克格雷格：《莎士比亚的动荡世界》，范浩译，河南大学出版社，2016年版。

22. [英]保罗·埃德蒙森：《如何邂逅莎士比亚》，王艳译，四川人民出版社，2017年版。

23. [美]威廉·德雷谢维奇：《简·奥斯丁的教导：细读六部小说，获得自我成长》，刘倩译，生活·读书·新知三联书店，2017年版。

24.澳大利亚 Lonely Planet 公司编：《英国》，邱绪萍、顾捷昕、王红丽等译，生活·读书·新知三联书店，2011 年版。

25.[英]丽贝卡·弗雷泽：《英国人的故事：从罗马时代到21世纪》，叶锨焰、史林译，中信出版社，2018 年版。

26.许洁明、王云裳：《英国贵族文化史》，上海社会科学院出版社，2019 年版。

27.[英]理查·戴文波特-海恩斯：《多面英雄凯因斯：史上第一个明星经济学家的七幕不凡人生》，陈荣彬、朱沁灵、汪冠岐译，（中国台湾）大写出版社，2017 年版。

28.[英]戴伦·麦加维：《英国下层阶级的愤怒》，曹聿非译，新星出版社，2019 年版。

29.邱翔钟：《权贵英国》，上海人民出版社，2016 年版。

30.郝田虎编：《英国中世纪诗歌选集》，沈弘译，浙江大学出版社，2019 年版。

31.[英]朱利安·理查兹：《巨石阵》，英国文化遗产协会，2013 年版。

32.[英]杰夫·霍奇：《英国皇家园艺学会植物学指南》，何毅译，重庆大学出版社，2016 年版。

33.张讴：《英国风物记》，旅游教育出版社，2018 年版。

34.[英]汤姆·特纳：《英国园林：历史、哲学与设计》，程玺译，电子工业出版社，2015 年版。

35.[英]伊夫林·沃：《故园风雨后》，王一凡译，人民文学出版社，2018 年版。

36.[法]米歇尔·帕斯图罗：《色彩列传：蓝色》，陶然译，生活·读书·新知三联书店，2016年版。

37.谢孟乐：《走在欧洲小镇的石板路上》，（中国台湾）魔法动画工作室，2018年版。

38.[日]宫崎正胜：《身边的世界简史：腰带、咖啡和绵羊》，吴小米译，浙江大学出版社，2019年版。

39.[英]罗宾·希思：《巨石阵》，袁月扬、郑安澜译，湖南科学技术出版社，2013年版。

40.[英]迪莉娅·加拉特、塔拉·哈姆林编：《莎士比亚博物馆珍宝》，王静译，黑龙江教育出版社，2018年版。

41.Edison & Sasa：《英国开车玩一圈》，（中国台湾）太雅出版有限公司，2013年版。

42.[英]J.C.D.克拉克：《1660—1832年的英国社会：旧制度下的宗教信仰、观念形态和政治生活》，姜德福译，商务印书馆，2014年版。

43.[英]V.S.奈保尔：《奈保尔家书》，冯舒奕、吴晟译，南海出版公司，2016年版。

44.[日]中西辉政：《大英帝国衰亡史》，王敬翔译，湖南人民出版社，2018年版。

45.[英]鲍里斯·约翰逊：《伦敦精神：伦敦市市长鲍里斯·约翰逊的伦敦生活指南》，何虑译，重庆出版社，2014年版。

46.实业之日本社海外版编辑部编：《英国》，张玉、满新茹译，旅游教育出版社，2015年版。

47.[英]露西·沃斯利：《如果房子会说话：一部家的秘密历史》，林俊宏译，中信出版社，2015年版。

48.[英]保罗·诺布利：《这就是英国》，孟雪莲译，商务印书馆国际有限公司，2015年版。

49.[英]尼克·钱纳：《优雅的相遇》，杨献军译，中国友谊出版公司，2019年版。

50.[英]玛姬·佛格森编：《珍爱博物馆：24位世界顶级作家，分享此生最值得回味的博物馆记忆》，周晓峰、沈聿德译，（中国台湾）宇宙文化创意有限公司，2019年版。

51.柯瑞思：《剑桥：大学与小镇800年》，陶然译，生活·读书·新知三联书店，2019年版。

52. 德国梅尔杜蒙公司编：《英格兰》，刘秋叶译，北京出版社，2019年版。

53.[英]玛丽·拉塞尔·米特福德：《我们的村庄》，吴刚译，漓江出版社，2016年版。

54.吴静雯：《英国》，（中国台湾）太雅出版有限公司，2017年版。

55.[英]露丝·古德曼：《百年都铎王朝》，杨泓、缪明珠、王淞华译，广东人民出版社，2018年版。

56.[英]伊迪丝·霍尔登：《一九〇六：英伦乡野手记》，紫云译，上海译文出版社，2016年版。

57.[英]尼克·钱纳：《走进大文豪的家》，杨献军译，北京联合出版公司，2017年版。

58.[英]G.R.埃文斯：《剑桥大学新史》，丁振琴、米春霞译，商务印书馆，2017年版。

59.王佐良：《英国浪漫主义诗歌史》,生活书店出版有限公司,2018年版。

60.杨冰莹：《隐藏的风景：英国乡村风景画中的农民形象研究》，重庆大学出版社，2016 年版。

61. 王佐良：《英国文学史》，商务印书馆，2017 年版。

62.[英] 肖恩·白塞尔：《书店日记》，顾真译，广西师范大学出版社，2019 年版。

63.[英] 温蒂·莫法特：《一段未被记录的历史：E.M. 福斯特的人生》，王静译，黑龙江教育出版社，2017 年版。

64.[英] 罗伊·阿德金斯、莱斯利·阿德金斯：《简·奥斯汀的英格兰》，陆瑶译，上海文艺出版社，2019 年版。

65. 日本大宝石出版社编：《英国》，李明刚译，中国旅游出版社，2001 年版。

66.[英] 费奥纳·斯塔福德：《简·奥斯丁：短暂的一生》，张学治译，江苏人民出版社，2019 年版。

67.[英] 理查德·杰弗里斯：《威尔特郡的乡野生灵》，石梅芳、赵永欣译，百花文艺出版社，2016 年版。

68. 英国 DK 公司编：《英国》，李秀杰、关晓鸣等译，中国旅游出版社，2008 年版。

69.[英] 西德尼·比斯利：《莎士比亚的花园》，张娟译，商务印书馆，2017 年版。

70.[英] 艾琳·鲍尔：《中世纪人》，韩阳、罗美钰、刘晓婷译，北京时代华文书局，2018 年版。

71.[英] 大卫·赛尔温：《简·奥斯汀的休闲人生》，许可译，黑龙江教育出版社，2017 年版。

72.[英] 比尔·布莱森：《趣味生活简史》，严维明译，接力出版社，

2017 年版。

73. 周康梁:《英国那一套:带着好奇心探寻大不列颠》,南方日报出版社,2018 年版。

74.[英]伊恩·莫蒂默:《漫游十七世纪古英国:光荣革命、理性主义、咖啡馆文化诞生,奠定现代英国基础的四十年》,温泽元译,(中国台湾)时报文化出版公司,2018 年版。

75. 阿健大叔:《英国说明书》,上海科学技术出版社,2014 年版。

76.[英]维夫·克鲁特:《莎士比亚传》,许蔚译,江西美术出版社,2018 年版。

77.[英]乔纳森·贝特、多拉·桑顿:《英国的黄金时代:莎士比亚的世界》,刘积源、韩立俊译,中国友谊出版公司,2018 年版。

78.[英]弗朗西斯·凯莉:《树的艺术史》,沈广湫、吴亮译,鹭江出版社,2016 年版。

79. 刘亮:《剑桥大学史》,上海交通大学出版社,2012 年版。

80.[英]马克辛·伯格:《奢侈与逸乐:18 世纪英国的物质世界》,孙超译,中国工人出版社,2019 年版。

81.[英]彼得·威尔汀:《英国下一步:后脱欧之境》,李静怡译,(中国台湾)远足文化事业股份有限公司,2017 年版。

82.[英]艾伦·麦克法兰:《启蒙之所 智识之源:一位剑桥教授看剑桥》,管可秾译,商务印书馆,2011 年版。

83. 桂涛:《英国:优雅衰落》,生活书店出版有限公司,2019 年版。

84.[英]W.G.霍斯金斯:《英格兰景观的形成》,梅雪芹、刘梦霏译,商务印书馆,2018 年版。

85. 陈立军：《社会转型时期英国乡村基层组织研究》，人民出版社，2018年版。

86. 王佐良：《英诗的境界》，生活·读书·新知三联书店，2017年版。

87. [英]罗伯特·麦克法伦：《古道》，王青松译，上海译文出版社，2015年版。

88. [英]毕翠克丝·波特：《彼得兔的故事》，吴宁译，译林出版社，2018年版。

89. [英]安·贝尔：《中世纪女子：英格兰农村人妻的日常》，翁仲琪译，（中国台湾）时报文化出版公司，2019年版。

90. [英]苏珊·布兰琪：《爱上英国乡村》，谢雅文、廖亭云译，（中国台湾）联经出版公司，2015年版。

91. [英]露丝·古德曼：《成为一名维多利亚人》，亓贰译，广东人民出版社，2018年版。

92. [英]萨莉·杜根、戴维·杜根：《剧变：英国工业革命》，孟新译，中国科学技术出版社，2018年版。

93. [英]凯文·泰勒：《剑桥大学人文建筑之旅》，杨莫译，上海交通大学出版社，2014年版。

94. [英]特雷弗·约克：《工艺美术建筑艺术》，潘艳梅译，华中科技大学出版社，2018年版。

95. Fotogenix编：《欢迎光临剑桥》，（英国）Fotogenix有限公司，2017年版。

96. [英]约瑟芬·沃瑞尔：《剑桥国王学院教堂介绍》，（英国）剑桥大学国王学院，2018年版。

97. 三一学院编：《牛津大学三一学院导览》，（英国）三一学院。

98.[英]琳达·斯科菲尔德编：《牛津大学莫德林学院》，马骋译，（英国）斯卡拉艺术与文化遗产出版社，2015年版。

99. David Watson: *A Guide to Castlerigg Stone Circle*, Photoprint Scotland, 2015.

100. Neil Walden: *Walks for All Ages: 20 Circular Walks in The Cotswolds*, Bradwell Books, 2018.

101. Adrian Tinniswood: *Life in the English Country Cottage*, Phoenix Illustrated Orion Publishing Group, 1997.

102. Dave Richardson: *Oxford Pubs*, Amberley Publishing, 2015.

103. Susan Crewe: *Blackwell, The Arts & Crafts House Guidebook*, Lakeland Arts, 2019.

104. Cavan Scott: *Great British Walks: 100 unique walks through our most stunning countryside*, BBC Book, Penguin Random House, 2010.

105. Paul Freund: *Snowshill Manor and Garden*, National Trust (Enterprise) Ltd, 2018.

106. Lawrence Garner: *Dry Stone Walls*, Shire Publications, 2018.

107. Alex Black: *Dove Cottage*, The Wordsworth Trust, 2007.

108. Editd by Mark Hedges: *Country Life (December 2018–June 2019)*, TI Media.

109. John Prizeman: *Houses of Britain: the Outside View*, Quiller Press, 2003.

110. Whipplesnaith: *The Night Climbers of Cambridge*, Oleander Press, 2007.

111. Charles MacLean: *Balmoral: A Highland Estate*, Nevis Design.

112. Gill Knappett: *Salisbury Cathedral Guidebook*, Pitkin Publishing, 2015.

113. Bath Preservation Trust: *No. 1 Royal Crescent*, Bath Preservation Trust.

114. The Jane Austen Centre: *Jane Austen's Bath: A Souvenir Guide*, The Jane Austen Centre and Regency Tearooms.

115. Chris Andrews Publications Ltd: *Cotswold Lavender*, Chris Andrews Publications Ltd.

116. James Hamilton–Paterson: *What We Have Lost: The Dismantling of Great Britain*, Head of Zeus Ltd, 2018.